अग्निपथ

राम प्रताप सिंह

उठो,जागो और तब तक मत रुको जब तक लक्ष्य की प्राप्ति न हो जाए
|- स्वामी विवेकानंद

सत्य को हजार तरीकों से बताया जा सकता है, फिर भी हर एक सत्य ही होगा |-स्वामी विवेकानंद

क्रम-सूची

क्रम-सूची

प्रस्तावना

अग्निपथ का अर्थ है कठिनाइयों से भरा हुआ मार्ग | यह एक ऐसा ही कहानी संग्रह है जिसके पात्रों को जीवन में घोर संघर्ष और कठिनाइयों का सामना करना पड़ा | इस कहानी संग्रह में एक सामान्य सैनिक से लेकर सैन्य अधिकारियों के न्याय के लिए संघर्ष की कहानी है |वहीं दूसरी ओर एक आम युवक और युवतियों के जीवन की भी कहानी है जिन्होंने मेहनत से अपनी किस्मत बदल दी और समाज की तरक्की में महत्वपूर्ण योगदान दिया | हर एक कहानी अपने आप में अनोखी है और प्रेरणादायक है | हर एक पात्र अपने लक्ष्य के लिए जी जान से प्रयत्न करता है | उसकी जद्दोजहद ,उसकी जिजीविषा,उसके संघर्ष भरे रास्ते और उनसे जूझने की उद्दाम इच्छा किसी के लिए भी प्रेरणास्रोत हैं |

उदाहरण के लिए इसमें एक ऐसे युवा आई पी एस की भी कहानी शामिल है जो नौवीं और दसवीं की परीक्षा में तृतीय श्रेणी से उत्तीर्ण हुआ ,12 वीं कक्षा में फेल हुआ,उसकी प्रेमिका ने उसे छोड़ दिया , उसने एक चपरासी की नौकरी की,ऑटो रिक्शा चलाया,आजीविका के लिए कुत्ते घुमाने का भी काम किया पर हौसला नहीं छोड़ा और अंततः एक आई पी एस अधिकारी बन गया |पढ़िए यह शानदार कहानी संग्रह – अग्निपथ |rps1959@gmail.com Mobile No 91-7000153809.

भूमिका

राम प्रताप सिंह भारतीय सेना, मैकनाइज्ड इनफेन्ट्री रेजीमेंट व सीमा सुरक्षा बल में एक सैन्य अधिकारी थे | उन्हे सैन्य सेवा का 36 वर्षों का अनुभव है| अपनी सेवा काल के दौरान उन्हे भारत-पाकिस्तान व भारत -बांग्लादेश सीमा में कार्य करने का अनुभव है | इसके अलावा उन्होंने MA (English Literature),LLB, LLM, PGDHR (Post Graduate Diploma in Human Right),MDBA(Master Diploma in Business Administration), DLL&LW (Diploma in Labour Laws & Labour Welfare) and Diploma in Cyber Laws का अध्ययन किया है | सैन्य सेवा से मुक्त होने के बाद वो एक कंपनी में प्रशासनिक व सुरक्षा अधिकारी रहे| उन्होंने वकालत का पेशा भी अपनाया | अब वह अपना पूरा समय पठन-पाठन व लेखन में देते हैं | अग्निपथ हिन्दी भाषा मे लिखा गया उनका अठारवाँ उपन्यास है |

जब मैं 12 वर्ष का विद्यार्थी था तब मेरे पिता को ऐसा लगा कि गर्मियों की छुट्टियों में मुझे अपना समय यूं ही बर्बाद करने की बजाय कुछ प्रेरणादायक कहानियाँ या महापुरुषों की जीवनी पढ़ना चाहिए | यह सन 1971 की बात है जब भारत –पाकिस्तान का युद्ध हो रहा था | मेरे पिता ने मुझे इस युद्ध की किताबें देते हुए कहा " अपना समय बर्बाद करने की बजाय इन किताबों को पढ़ो, तुम्हारा दिमाग खुलेगा |" उन्होंने मुझे नेताजी सुभाष चंद्र बोस, सरदार बल्लभ भाई पटेल, झांसी की रानी लक्ष्मी बाई और कई अन्य महापुरुषों की जीवनी पढ़ने को दी | मैं उन्हे बड़े चाव से पढ़ता था और उन कहानियों का मुझ पर इतना असर पड़ा कि मैंने बचपन में ही ठान लिया कि एक सैनिक बनूँगा | कालांतर में मैं सैनिक बन गया पर मुझमें जो किताबों के प्रति रुचि पैदा हुई वह जीवन भर बनी रही | किताबें मेरी सबसे अच्छी दोस्त रहीं | उसी प्रेरणा से प्रेरित होकर मैंने इस कहानी संग्रह में प्रेरणादायक कहानियों का संकलन किया है और इसका नाम दिया है - अग्निपथ |

भूमिका

अग्निपथ का अर्थ है कठिनाइयों से भरा हुआ मार्ग | यह एक ऐसा ही कहानी संग्रह है जिसके पात्रों को जीवन में घोर संघर्ष और कठिनाइयों का सामना करना पड़ा | इस कहानी संग्रह में एक सामान्य सैनिक से लेकर सैन्य अधिकारियों के संघर्ष की कहानी है | वहीं दूसरी ओर आम युवक और युवतियों की भी कहानी है जिन्होंने अपनी मेहनत से किस्मत बदल दी और समाज की तरक्की में महत्वपूर्ण योगदान दिया | हर एक कहानी अपने आप में अनोखी है | हर एक पात्र अपने लक्ष्य के लिए जी जान से प्रयत्न करता है | उसकी जद्दोजहद ,उसकी जिजीविषा,उसके संघर्ष भरे रास्ते और उनसे जूझने की उद्दाम इच्छा किसी के लिए भी प्रेरणास्रोत बन सकती हैं | उदाहरण के लिए इसमें एक ऐसे युवा आई पी एस की भी कहानी शामिल है जो नौवीं और दसवीं की परीक्षा तृतीय श्रेणी से उत्तीर्ण की ,12 वीं की परीक्षा में फेल हुआ ,उसकी प्रेमिका ने उसे छोड़ दिया , उसने एक चपरासी की नौकरी की,ऑटो रिक्शा चलाया ,आजीविका के लिए कुत्ते घुमाने का भी काम किया पर हौसला नहीं छोड़ा और अंततः एक आई पी एस अधिकारी बन गया |पढ़िए यह शानदार कहानी संग्रह – अग्निपथ rps1959@gmail.com Mobile No 91-7000153809.

पावती (स्वीकृति)

आशा तुमने मेरे जीवन के अग्निपथ में पूरा साथ निभाया | तुम्हारी सेवा, समर्पण , त्याग और प्यार ने मेरे मुशीबत के दिनों को भी आनंदमय बनाया | तुमने पत्नीधर्म का वो कर्तव्य निभाया जो अब बिरले ही देखने को मिलता है | मैं तुम्हारा तहे दिल से शुक्रगुजार हूँ|

आमुख

जून 2022 की घटना है जब भारत की सरकार ने सेना में सैनिकों की भर्ती के लिए 'अग्निपथ' योजना लाई | देश में जैसे भूचाल आ गया | देश की विरोधी राजनैतिक पार्टियों ने देश के आम युवाओं को इस योजना के विरुद्ध भड़काने का खूब काम किया | परिणामस्वरूप देश का युवा भड़क उठा और सरकारी संपत्ति को आग लगाने लगा | करोड़ों की संपत्ति को स्वाहा कर दिया |पर सरकार अपने फैसले से पीछे नहीं हटी और योजना के तहत 'अग्निवीर सैनिकों की भर्ती शुरू कर दी | तभी मेरे मन में खयाल आया कि क्यों न इस विषय पर कुछ लिखा जाए | मैंने सरकार की 'अग्निपथ योजना की जानकारी देने के लिए एक अध्याय लिखा और इसके साथ ही जीवन में संघर्ष कर रहे युवक और युवतियों की कहानियाँ भी इसमें शामिल किया जिन्होंने अपने कठोर परिश्रम और पक्के इरादे से अपनी किस्मत बदल दी , अपने लक्ष्य को हासिल किया और समाज की तरक्की में महत्वपूर्ण योगदान दिया | यह ऐसी ही प्रेरणादायक कहानियों का संग्रह है |

1

अग्निपथ

अग्निपथ ! अग्निपथ ! अग्निपथ !
वृक्ष हों भले खड़े,
हों घने, हों बड़े,
एक पत्र छाँह भी माँग मत, माँग मत, माँग मत!
अग्निपथ ! अग्निपथ ! अग्निपथ !
तू न थकेगा कभी!
तू न थमेगा कभी!
तू न मुड़ेगा कभी! कर शपथ, कर शपथ, कर शपथ!
अग्निपथ ! अग्निपथ ! अग्निपथ !
यह महान दृश्य है
चल रहा मनुष्य है
अश्रु-स्वेद-रक्त से लथपथ, लथपथ, लथपथ
अग्निपथ ! अग्निपथ ! अग्निपथ !

हरिवंश राय बच्चनजी ने अग्निपथ कविता के माध्यम से हमें यह संदेश दिया है कि जीवन संघर्ष का ही नाम है। और उन्होंने यह कहा है कि इस संघर्ष से घबराकर कभी थमना नहीं चाहिए, बल्कि कर्मठतापूर्वक आगे बढ़ते रहना चाहिए। कवि के अनुसार, हमें अपने जीवन में आने वाले संघर्षों का खुद ही सामना करना चाहिए। चाहे जितनी भी कठिनाइयाँ आएं, हमें किसी से मदद नहीं माँगनी चाहिए।

अगर हम किसी से मदद ले लेंगे, तो हम कमजोर पड़ जायेंगे और हम जीवन-रूपी संघर्ष को जीत नहीं पाएंगे। खुद के परिश्रम से सफलता प्राप्त करना ही इस कविता का प्रमुख लक्ष्य है।

कवि ने हमें यह शिक्षा दी है कि अपने जीवन में हमेशा कर्म करते रहना चाहिए। हमारे सामने चाहे जितनी भी कठिनाइयाँ क्यों ना आएं, हमें कभी रुकना नहीं चाहिए। अपने कर्मपथ पर चलते हुए, अगर हमारे मित्र या संबंधी हमें सहायता देने आएं, तो वह हमें कभी भी स्वीकार नहीं करनी चाहिए। अगर एक बार सहायता ले ली, तो हम कमजोर पड़ जायेंगे और अपने कर्मपथ पर नहीं चल पाएंगे।

इसीलिए जीवन की कड़ी धूप में चलते हुए, चाहे जितने भी घने वृक्ष आपके अग्निपथ में क्यों ना आएं, आपको कभी भी उनकी छाँव का आसरा लेने के लिए रुकना नहीं चाहिए। आपको बस अपने लक्ष्य की तरफ बिना रुके चलते रहना चाहिए।

मनुष्य को अपने कर्म की राह पर चलते हुए कभी नहीं थकना चाहिए। चाहे वह कितना ही परेशान, बेचैन क्यों ना हो जाए, पर उसे अपने कर्म करते रहने चाहिए। कभी भी कर्मपथ पर चलते-चलते थमना नहीं चाहिए, अर्थात कभी अपने कर्मों को करते-करते रुकना नहीं चाहिए। आगे कवि कहते हैं कि मनुष्य को अपने जीवन में ये शपथ लेनी चाहिए कि वह कभी भी अपने कर्म के मार्ग से मुड़ेगा नहीं, चाहे उसके रास्ते कितने ही कठिन क्यों ना हों।

जब मनुष्य अपने कर्म के रास्ते पर चलता है, तो उसे धूल, तेज़ धूप, आंधी रूपी सामाजिक समस्याओं का सामना करना पड़ता है। इन समस्याओं का सामना करते-करते मनुष्य पसीने, आंसू एवं खून से लथ-पथ होकर भी अपने कर्म के सच्चे रास्ते पर आगे बढ़ता ही रहता है। ऐसे मनुष्य को उसकी मंज़िल के रास्ते पर चलते हुए देखना एक अद्भुत अनुभव होता है, इसीलिए अग्निपथ कविता की उपर्युक्त पंक्तियों में कवि ने इसे एक महान दृश्य कहा है। उनके अनुसार कठिनाइयों का सामना कर बिना रुके सच्चे रास्ते पर चलते-चलते ही मनुष्य अपनी ज़िंदगी की मंज़िल को पा सकता है।

अग्निपथ पर चलने वाले प्रथम अग्निवीर कौन थे?

जिन्होंने न पेंशन मांगी, न वेतन,
जान जरूर दे दी देश के लिए,
देश के प्रथम अग्निवीर ,
आजाद हिन्द फौज के बलिदानी .....!!

जी हाँ, सही अर्थों में देश के प्रथम अग्निवीर आजाद हिन्द फ़ौज के सिपाही थे जिन्होंने वेतन और पेंशन की परवाह किये बिना देश की आजादी के लिए स्वेच्छा से आजाद हिन्द सेना में भर्ती हो गए और अपने प्राणों को न्योछावर कर दिया |

उन अग्निवीरों के बारे में थोड़ी सी जानकारी ले लें |आजाद हिन्द फौज का गठन 1942 में किया गया था। 28-30 मार्च, 1942 को टोक्यो में रह रहे भारतीय रासबिहारी बोस ने आजाद हिन्द फौज के गठन पर विचार के लिए सम्मेलन बुलाया। कैप्टन मोहन सिंह, रासबिहारी बोस एवं निरंजन सिंह गिल के सहयोग से इण्डियन नेशनल आर्मी का गठन किया गया। आजाद हिन्द फौज की स्थापना का विचार सर्वप्रथम मोहन सिंह के मन में आया था। इसी बीच विदेशों में रह रहे भारतीयों के लिए इंडियन इंडिपेंडेंस लीग की स्थापना की गई, जिसका प्रथम सम्मेलन जून 1942, को बैंकाक में हुआ। आजाद हिन्द फौज की प्रथम डिवीजन का गठन 1 दिसम्बर, 1942 को मोहन सिंह के अधीन हुआ। इसमें लगभग 16,300 सैनिक थे। कालान्तर में जापान ने 60,000 युद्ध बंदियों को आजाद हिन्द फौज में शामिल होने के लिए छोड़ दिया। जापानी सरकार और मोहन सिंह के अधीन भारतीय सैनिकों के बीच आजाद हिन्द फौज की भूमिका के संबध में विवाद उत्पन्न हो जाने के कारण मोहन सिंह एवं निरंजन सिंह गिल को गिरफ्तार कर लिया गया।

आजाद हिन्द फौज का दूसरा चरण तब प्रारम्भ हुआ, जब सुभाषचन्द्र बोस सिंगापुर गये। सुभाषचन्द्र बोस ने 1941 में बर्लिन में इंडियन लीग की स्थापना की, किन्तु जब जर्मनी ने उन्हें रूस के विरुद्ध प्रयुक्त करने का प्रयास किया, तब कठिनाई उत्पन्न हो गई और बोस ने दक्षिण पूर्व एशिया जाने का निश्चय किया। जुलाई, 1943 में सुभाषचन्द्र बोस पनडुब्बी द्वारा जर्मनी से जापानी नियंत्रण वाले सिंगापुर पहुँचे। वहाँ उन्होंने दिल्ली चलो का प्रसिद्ध नारा दिया। 4

जुलाई, 1943 को सुभाषचन्द्र बोस ने आजाद हिन्द फौज एवं इंडियन लीग की कमान को संभाला। आजाद हिन्द फौज के सिपाही सुभाषचन्द्र बोस को नेताजी कहते थे। बोस ने अपने अनुयायियों को जय हिन्द का नारा दिया। उन्होंने 21 अक्टूबर, 1943 को सिंगापुर में अस्थायी भारत सरकार आजाद हिन्द सरकार की स्थापना की।

सुभाषचन्द्र बोस इस सरकार के राष्ट्रपति, प्रधानमंत्री तथा सेनाध्यक्ष तीनों थे। वित्त विभाग एस.सी चटर्जी को, प्रचार विभाग एस.ए. अय्यर को तथा महिला संगठन लक्ष्मी स्वामीनाथन को सौंपा गया। आजाद हिन्द फौज के प्रतीक चिह्न के लिए एक झंडे पर दहाड़ते हुए बाघ का चित्र बना होता था। कदम कदम बढाए जा, खुशी के गीत गाए जा इस संगठन का वह गीत था, जिसे गुनगुना कर संगठन के सेनानी जोश और उत्साह से भर उठते थे।जापानी सैनिकों के साथ तथाकथित आजाद हिन्द फौज रंगून (यांगून) से होती हुई थलमार्ग से भारत की ओर बढ़ती हुई 18 मार्च 1944 को कोहिमा और इम्फाल के भारतीय मैदानी क्षेत्रों में पहुँच गई। जर्मनी, जापान तथा उनके समर्थक देशों द्वारा आजाद हिन्द सरकार को मान्यता प्रदान की गई। इसके पश्चात नेताजी बोस ने सिंगापुर एवं रंगून में आजाद हिन्द फौज का मुख्यालय बनाया। पहली बार सुभाषचन्द्र बोस द्वारा ही गाँधी जी के लिए राष्ट्रपिता शब्द का प्रयोग किया गया। जुलाई, 1944 को सुभाषचन्द्र बोस ने रेडियों पर गाँधी जी को संबोधित करते हुए कहा भारत की स्वाधीनता का आखिरी युद्ध शुरू हो चुका हैं। हे राष्ट्रपिता! भारत की मुक्ति के इस पवित्र युद्ध में हम आपका आशीर्वाद और शुभकामनाएँ चाहते हैं। इसके अतिरिक्त फौज की बिग्रेड को नाम भी दिये गए महात्मा गाँधी ब्रिगेड,अबुल कलाम आजाद ब्रिगेड, जवाहरलाल नेहरू ब्रिगेड तथा सुभाषचन्द्र बोस ब्रिगेड। सुभाषचन्द्र बोस ब्रिगेड के सेनापति शाहनवाज खाँ थे। सुभाषचन्द्र बोस ने सैनिकों का आहवान करते हुए कहा तुम मुझे खून दो, मैं तुम्हे आजादी दूँगा। फरवरी से जून, 1944 ई. के मध्य आजाद हिन्द फौज की तीन ब्रिगेडों ने जापानियों के साथ मिलकर भारत की पूर्वी सीमा एवं बर्मा से युद्ध लड़ा, परन्तु दुर्भाग्यवश दूसरे विश्व युद्ध में जापान की सेनाओं के मात खाने के साथ

ही आजाद हिन्द फौज को भी पराजय का सामना करना पड़ा।मित्र राष्ट्र की सेनाओं को जीत मिली | कालांतर में नेताजी ने आजाद हिन्द फौज का विघटन कर दिया | आजाद हिन्द फौज के सैनिक एवं अधिकारियों को अंग्रेजों ने 1945 में गिरफ्तार कर लिया। साथ ही एक हवाई दुर्घटना में सुभाषचन्द्र बोस की भी 18 अगस्त, 1945 ई. को मृत्यु हो गई। हालांकि हवाई दुर्घटना में उनकी मृत्यु अभी भी संदेह के घेरे में हैं। बोस की मृत्यु का किसी को विश्वास ही नहीं हुआ। आज इतने वर्षों बाद भी नेताजी की मृत्यु रहस्य बनी है। आजाद हिन्द फौज के गिरफ्तार सैनिकों एवं अधिकारियों पर अंग्रेज सरकार ने दिल्ली के लाल किले में नवम्बर, 1945 को मुकदमा चलाया। इस मुकदमें के मुख्य अभियुक्त कर्नल सहगल, कर्नल ढिल्लों एवं मेजर शाहवाज खाँ पर राजद्रोह का आरोप लगाया गया। इनके पक्ष में सर तेजबहादुर सप्रु, जवाहरलाल नेहरू, भूला भाई देसाई और के.एन. काटजू ने दलीलें दी। लेकिन फिर भी इन तीनों की फांसी को सजा सुनाई गयी। इस निर्णय के खिलाफ पूरे देश में कड़ी प्रतिक्रिया हुई, नारे लगाये गये लाल किले को तोड़ दो, आजाद हिन्द फौज को छोड़ दो। विवश होकर तत्कालीन वायसराय लॉर्ड वेवेल ने अपने विशेषाधिकार का प्रयोग कर इनकी मृत्युदण्ड की सजा को माफ कर दिया। नमन है ऐसे अगनिवीरों को |

****

आइए जानते हैं अगले अध्याय में भारत सरकार की अग्निपथ योजना के बारे में जिसका विरोध देश के भटके हुए युवा कुटिल राजनेताओं के बहकावे में कर रहे हैं | ये वही नेता हैं जिन्हे देश के भविष्य की चिंता नहीं है बल्कि अपनी खोई हुई कुर्सी पाने की बेचैनी है |उनकी इसी बेचैनी ने देश के युवाओं के मस्तिष्क में सरकार विरोधी जहर भर दिया | परिणाम स्वरूप जिन युवाओं को अग्निपथ पर चलते हुए अग्निवीर बनना चाहिए उन्होंने पत्थरवीर

बनकर देश की संपत्ति को आग में झोंक दिया | इसका परिणाम ऐसे युवाओं के लिए कितना घातक होगा इसका उन्हे आज अंदाजा नहीं है पर आने वाले कल में वो अपनी किस्मत पर रोयेंगे जब उनके ही कुछ साथी सरकार की अग्निपथ योजना का लाभ उठाते हुए अग्निवीर बनकर

भारतीय सेना में अपनी सेवाएं देंगे और बहादुरी का परचम लहराएंगे |

2

सेना की अग्निपथ योजना

“पहले हर अच्छी बात का मजाक बनता है ,फिर विरोध होता है और फिर उसे स्वीकार कर लिया जाता है |”

- स्वामी विवेकानंद

अग्निपथ स्कीम भारत सरकार द्वारा भारतीय सेना में कम अवधि के लिए भर्ती की नई योजना की शुरुआत 14 जून 2022 को की गई है, जिसका नाम है अग्निपथ स्कीम है । अग्निपथ योजना के माध्यम से अब दसवीं व बारहवीं पास युवाओं को सेना के तीनों अंगों थल सेना, जल सेना और नौसेना में अग्निवीर के रूप में 4 साल तक पेशेवर सैनिक के रूप में सेवा देने का मौका मिलेगा। अग्निपथ योजना के लागू हो जाने से वे सभी भर्तियाँ जिनके परिणाम आने शेष हैं या जिनकी प्रक्रिया चल रही है तत्काल प्रभाव से रद्द कर दी गई हैं।

जून 2022 में सैनिकों की भर्ती की 'अग्निपथ योजना' का विरोध बहुत ही ज्यादा हिंसक हो गया । प्रदर्शन का केंद्र बिहार है, जहां ट्रेनें फूंकी गईं , लेकिन इस हिंसा से पैदा हुई आग की लपटें, यूपी, हरियाणा से लेकर कई राज्यों तक फैल गई । सरकार ने बार बार समझाने की कोशिश किया , इससे जुड़े मिथकों को दूर करना चाहा लेकिन, युवा प्रदर्शनकारी कुछ भी सुनने को तैयार नहीं थे और देश की सेवा के लिए जान की बाजी

लगाने वाली नौकरी में जाने के लिए आम भारतीयों की संपत्ति को ही नष्ट कर दिया।

बहरहाल, आइए जानते हैं कि युवा प्रदर्शनकारियों के मन में इस 'अग्निपथ योजना' को लेकर क्या चिंताएं हैं और सरकार की ओर से उनकी चिंता के समाधान के लिए क्या किया जा रहा है? 'अग्निपथ योजना' पर सरकार फिलहाल अडिग है | 'अग्निपथ योजना' के विरोध में प्रदर्शन हिंसक होते जाने के बीच रक्षा मंत्री राजनाथ सिंह ने तीन ट्वीट किए हैं, जिससे जाहिर होता है कि सरकार फिलहाल अपने फैसले से पीछे हटने के मूड में नहीं है। उन्होंने कहा है कि 'अग्निपथ योजना' भारत के युवाओं को देश की रक्षा व्यवस्था से जुड़ने और देश सेवा करने का सुनहरा अवसर है।' उन्होंने कहा है कि दो वर्ष से सेना में भर्ती नहीं होने की वजह से प्रधानमंत्री नरेंद्र मोदी के निर्देश पर अग्निवीरों की भर्ती की उम्र सीमा सिर्फ इस बार के लिए 21 साल से बढ़ाकर 23 साल की गई है। अगले ट्वीट में उन्होंने लिखा है, 'मैं युवाओं से अपील करता हूं कि सेना में भर्ती की प्रक्रिया कुछ ही दिनों में प्रारम्भ होने जा रही है। वे इसके लिए अपनी तैयारी शुरू करें।'

इस योजना को लेकर अग्निवीरों की आशंकाएं क्या हैं ? 'अग्निपथ योजना' को लेकर एक तो यह दलील दी जा रही है कि सिर्फ 4 वर्षों की सेवा का मतलब है कि सेना में प्रोफेशनलिज्म नहीं रह जाएगी और ना ही रेजिमेंट वाली प्रकृति बचेगी और ना ही सेना वाली युद्ध भावना रह जाएगी। लेकिन, विरोध प्रदर्शन की मुख्य वजह ये है कि सेना में जाने के इच्छुक युवाओं को यह लग रहा है कि चार साल तक सेना की नौकरी के बाद उनका भविष्य अनिश्चित हो जाएगा। क्योंकि, रिटायरमेंट के बाद ज्यादातर अग्निवीरों को नए सिरे से रोजगार के दूसरे विकल्प तलाशने होंगे, जो कि उनके लिए बहुत ही ज्यादा मुश्किल साबित हो सकता है।

सरकार ने भी 'अग्निपथ योजना' से जुड़े तमाम भ्रमों को दूर करने के लिए मोर्चा खोल दिया है। सरकार ने भरोसा दिया है कि 25% अग्निवीरों का चार साल बाद स्थायी कैडर में चुनाव हो जाएगा। बाकी जो लोग स्थायी कैडर का हिस्सा नहीं बन पाएंगे उन्हें करीब 12 लाख रुपये का वित्तीय पैकेज मिलेगा, जिससे वह नए रोजगार की शुरुआत कर सकते

हैं। अपना व्यवसाय शुरू करने वालों को बैंक लोन में भी प्राथमिकता दी जाएगी। जो आगे की पढ़ाई करना चाहते हैं, उन्हें 12वीं पास का सर्टिफिकेट दिया जाएगा। उनके लिए ब्रिजिंग कोर्स का भी इंतजाम किया जाएगा। लेकिन, जो आगे भी नौकरी ही करना चाहेंगे, उन्हें भी केंद्रीय सशस्त्र पुलिस बलों (सीएपीएफ), असम राइफल्स और पुलिस या इस तरह के दूसरे बलों में प्राथमिकता मिलेगी। ऐसे अग्निवीरों का इंजीनियरिंग, लॉ एंड ऑर्डर में अनुभव मिलेगा और उनकी स्किल भी बढ़ेगी। इसका लाभ प्रमुख कंपनियों और आईटी सेक्टर में भी मिल सकता है। कई कंपनियां अग्निवीरों को प्राथमिकता देने की भी घोषणा कर चुकी हैं।

आंदोलनकारी इस बात का भी विरोध कर रहे हैं कि इस योजना में रिटायरमेंट बेनिफिट के तौर पर कोई पेंशन या ग्रेच्युटी की व्यवस्था नहीं है। लेकिन, सरकार का कहना है कि सिर्फ चार साल की सेवा में 12 लाख का पैकेज दिया जा रहा है |

25% अग्निवीरों को सामान्य कैडर में बहाल किया जाएगा, जिससे वह आगे और 15 साल सेना में योगदान दे सकेंगे। बाकी 75% के लिए जो व्यवस्था की गई है, उसका जिक्र ऊपर किया जा चुका है। एक मिथक यह भी है कि अग्निवीर समाज के लिए खतरा साबित हो सकते हैं और वह आतंकी संकठनों में शामिल हो सकते हैं। सरकार का कहना है कि यह भारतीय सशस्त्र सेना की प्रकृति और मूल्यों का अपमान है। सरकार का कहना है कि जो युवा चार साल तक वर्दी पहन लेगा, वह पूरी जिंदगी देश के प्रति समर्पित रहेगा।

एक दावा यह भी किया जा रहा है कि अग्निपथ योजना की वजह से युवाओं के लिए अवसर कम होंगे। लेकिन, सरकार का कहना है कि, दरअसल आने वाले वर्षों में सेना में भर्तियां तीन गुना बढ़ने की उम्मीद है। एक दावा यह भी किया जा रहा है कि 21 साल के युवा सेना के लिए अपरिपक्व और गैर भरोसेमंद होंगे | सरकार का कहना है सेना में ज्यादातर युवा ही हैं |सरकारी सूत्रों के मुताबिक युवाओं और अनुभवियों का 50-50 का तालमेल रहेगा।

किन देशों के मॉडलों को देखा गया है ? अगला मिथक ये है कि इस योजना से सशस्त्र सेना पर अच्छा असर नहीं पड़ेगा। सरकार का कहना है कि ज्यादातर देशों में इस तरह की कम समय की भर्ती योजना लागू है और सेना के नजरिए से युवा सैन्य बल वाली यह योजना काफी सोचसमझकर तैयार की गई है। सरकार का यह भी कहना है कि इस योजना को लागू करने से पहले इजरायल, अमेरिका, चीन, फ्रांस, रूस, यूके और जर्मनी के भर्ती मॉडलों को परखा गया है और फिर उसे हमारी सेना की जरूरतों के मुताबिक विकसित किया गया है।

सेना में औसत उम्र 24-26 साल होने की उम्मीद है | 'पहले साल जितने अग्रिवीरों की नियुक्ति होगी वह सशस्त्र सेना का सिर्फ 3 फीसदी होगा।' यही नहीं, जो अग्निवीर चार साल बाद सेना के स्थायी कैडर में बहाल होंगे, वे और भी ज्यादा सक्षम होंगे। सरकार ने जो इसके फायदे गिनाए हैं, उसके मुताबिक इस योजना की वजह से सेना में मौजूदा औसत उम्र जो 32 साल है, वह घटकर 24-26 साल रह जाएगी । सरकार की यह भी दलील है कि युवाओं की भर्ती की वजह से भविष्य में युद्ध के लिए हमारी सेना ज्यादा तैयार होगी | यही नहीं , सेना का अनुशासन सीखने के बाद ये युवा समाज के लिए भी बेहतर साबित होंगे। सरकार इसके जरिए सैलरी और पेंशन के बढ़ते बोझ को भी सीमित करना चाहती है। बचे हुए पैसों का इस्तेमाल सेना के आधुनिकीकरण और तकनीक पर किया जा सकता है।

****

भारतीय सेना ने अग्निपथ सेना भर्ती प्रक्रिया से पहले ये साफ कर दिया है कि अग्निपथ योजनाके लिए आवेदन करने वाले युवाओं को आवेदन करने से पहले एक शपथ पत्र जमा करना होगा जिसमें वे स्वीकार करेंगे कि अग्निपथ प्रदर्शनके दौरान वे किसी भी तरह की हिंसा में सम्मिलित नहीं थे। इसके बाद इन उम्मीदवारों का पुलिस वेरिफिकेशन भी करवाया जाएगा ताकि उनकी सत्यता प्रमाणित हो सके। यदि कोई भी उम्मीदवार पुलिस वेरिफिकेशन में फेल होता है तो उसे अग्निपथ सेना भर्ती प्रक्रिया में सम्मिलित होने की अनुमति नहीं मिलेगी।

अग्निपथ सेना भर्ती प्रक्रिया के अनुसार अग्निपथ स्कीम के लिए आवेदन करने वाले उम्मीदवारों की न्यूनतम शैक्षणिक योग्यता दसवीं पास होनी आवश्यक है। ऐसे में इन उम्मीदवारों के सामने अग्निपथ योजनाके तहत सेना में 4 साल की सेवा देने के बाद आगे की पढ़ाई को लेकर प्रश्नवाचक चिह्न लगा था, लेकिन अब स्कूली शिक्षा विभाग ऐसे उम्मीदवारों को NIOS (राष्ट्रीय मुक्त विद्यालय) के माध्यम से 12वीं की पढ़ाई करने का विकल्प देने की तैयारी कर रहा है। NIOS में इस पाठ्यक्रम के लिए उचित बदलाव की प्रक्रिया जल्द शुरू होने वाली है।

अग्निपथ सेना भर्तीको लेकर भारतीय सेना के तीनों अंगों के प्रमुखों द्वारा किए गए संयुक्त प्रेस कॉन्फ्रेंस में एयर मार्शल एस.के झा ने यह बताया कि अग्निपथ योजनाके तहत वायुसेना में भर्ती हेतुअग्निपथ पंजीकरण 2022 का कार्य शुरू कर दिया गया है। वहीं अग्निपथ परीक्षा 2022,24 जुलाई को आयोजित की जाने की बात कही गई। एयर मार्शल ने उम्मीद जताई है कि 30 दिसंबर तक वायुसेना अग्निवीरों के पहले बैच को ट्रेनिंग देने का कार्य शुरू कर देगी। वहीं सेना की विभिन्न भर्ती इकाई अग्निपथ अधिसूचना जारी कर दी गई है । अग्निपथ सेना भर्ती योजना को लेकर देश भर में 83 भर्ती रैलियाँ आयोजित की जाएंगी जिसकी प्रक्रिया अगस्त, सितंबर और अक्टूबर महीने तक पूरी कर ली जाएगी।

अग्निपथ सेना भर्तीको लेकर भारतीय सेना के तीनों अंगों के प्रमुखों द्वारा किए गए संयुक्त प्रेस कॉन्फ्रेंस में यह बताया गया कि अग्निपथ स्कीम में प्रत्येक साल भर्ती होने वाले जवानों की संख्या निश्चित नहीं है। उन्होंने बताया कि अगले चार से पाँच साल में अग्निपथ योजनाके माध्यम से सेना की इनटेक 50-60 हजार हो जाएगी और उसके बाद अग्निपथ सेना भर्तीके माध्यम से भर्ती होने वाले जवानों की संख्या बढ़ाकर 90 हजार से लेकर 1.25 लाख की जा सकती है। उन्होंने जानकारी देते हुए बताया कि अग्निपथ सेना भर्तीमें शुरुआत कम भर्तियों से इसलिए की गई है ताकि अग्निपथ सेना भर्ती प्रक्रिया में मौजूद कमियों को शुरुआत में ही दूर किया जा सके। अग्निपथ स्कीमके माध्यम से साल 2022 में 46,000 जवानों की भर्ती की जाएगी।

अग्निपथ सेना भर्तीको लेकर चल रहे तमाम उठापटक और अटकलों के बीच भारतीय सेना के तीन प्रमुख अंगों यानि कि थल सेना, वायु सेना और नौ सेना के प्रमुखों ने रविवार 19 जून, 2022 को प्रेस कॉन्फ्रेंस करते हुए ऐलान किया है कि **अग्निपथ योजना**वापस नहीं ली जाएगी। उन्होंने कहा कि सेना भर्ती प्रक्रिया में सुधार की कवायद साल 1989 से ही लंबित थी, जिस पर समय-समय पर काम किया गया। हालांकि इस कड़ी में उम्र से संबंधित सुधार नहीं हो पाए थे, जिसे लागू करके अब **अग्निपथ योजना**का रूप दिया गया है। ऐसे में **अग्निपथ स्कीम** को वापस नहीं लिया जा सकता है और सेना में भर्ती अब **अग्निपथ स्कीम** के ही माध्यम से होगी।

अग्निपथ योजनाको लेकर चल रहे घामसानके बीच रक्षा मंत्रालय ने अग्निवीरों के लिए एक बड़ा फैसला लिया है। अग्निवीरों को रक्षा मंत्रालय में 10 फीसदी आरक्षण दिया जाएगा। जानकारी के मुताबिक रक्षामंत्री राजनाथ सिंह के द्वारा इस फैसले को मंजूरी दे दी गई है। अग्निपथ योजना को लेकर अग्निवीरों को इससे पहले CAPF और असम राइफल्स में भी 10 फीसदी आरक्षण देने का फैसला लिया गया था। वहीं अग्निपथ सेना भर्ती प्रक्रिया के लिए आवेदन 01 जुलाई 2022 से स्वीकार किये जा रहे हैं । अग्निपथ सेना भर्ती प्रक्रिया की अधिसूचना सेना के आधिकारिक वेबसाइट joinindianarmy.nic.in पर 23 जून 2022 को जारी कर दी गई ।

अग्निपथ सेना भर्ती : यूजीसी और इग्नू साथ मिलकर शुरू करेंगे अग्निवीरों के लिए तीन वर्षीय कौशल आधारित बी ए प्रोग्रामः यूजीसी और IGNOU साथ मिलकर **अग्निपथ स्कीम** के माध्यम से सेना में भर्ती हुए युवाओं के लिए तीन वर्षीय बी ए प्रोग्राम शुरू करने की तैयारी में है। इस शैक्षणिक योजना को **अग्निपथ सेना भर्ती** योजना पर लागू करने के लिए थल सेना, वायु सेना और नौ सेना को इग्नू के साथ एक एमओयू पर हस्ताक्षर करने होंगे। यह एक कौशल आधारित प्रोग्राम होगा जहां **अग्नि पथ योजना**के तहत सेना में भर्ती हुए युवा/युवतियों को प्राप्त कौशल से स्नातक डिग्री में 50 प्रतिशत क्रेडिट दिया जाएगा। बाकी के 50 प्रतिशत युवाओं द्वारा चुने गए विभिन्न विषयों (भाषा, इतिहास,

अर्थशास्त्र, राजनीति विज्ञान आदि) से प्राप्त होंगे।

अग्निपथ योजना के तहत 10वीं और 12वीं पास योग्य उम्मीदवारों को ही सेना में भर्ती दी जाएगी। दसवीं पास उम्मीदवारों को चार साल के कार्यकाल के दौरान ही कक्षा बारहवीं की तैयारी भी करवाई जाएगी।

अग्निपथ स्कीम को लेकर देश के विभिन्न हिस्सों में बड़ी संख्या में छात्र विरोध प्रदर्शन कर रहे हैं। अग्निपथ प्रदर्शनको देखते हुए विभिन्न राज्यों ने अग्निवीरों के लिए महत्वपूर्ण घोषणाएँ की हैं। मध्य प्रदेश के मुख्यमंत्री शिवराज सिंह चौहान ने घोषणा की है कि अग्निपथ योजना के तहत सेना में भर्ती होने वाले युवाओं को मध्य प्रदेश पुलिस में भर्ती में प्राथमिकता दी जाएगी। वहीं उत्तर प्रदेश के मुख्यमंत्री योगी आदित्यनाथ ने भी ऐलान किया है कि अग्नि पथ योजना से सेना में भर्ती हुए जवानों को उत्तर प्रदेश पुलिस और उससे जुड़ी अन्य सेवाओं में प्राथमिकता दी जाएगी। इसके अलावा उत्तराखंड सरकार ने भी राज्य में पुलिस और उससे संबन्धित अन्य सेवाओं में अग्नि पथ योजना 2022के माध्यम से सेना में भर्ती हुए युवा/युवतियों को वरीयता देने की घोषणा की है।

अग्निपथ योजना को लेकर चल रहे घमासानके बीच सुप्रीम कोर्ट में अब तक अग्निपथ सेना भर्ती प्रक्रिया पर रोक लगाने के लिए तीन याचिकाएं दाखिल की जा चुकी हैं। याचिकाओं की बढ़ती संख्या को देखते हुए केंद्र सरकार ने भी अग्निपथ सेना भर्ती प्रक्रिया को लेकर सुप्रीम कोर्ट में कैविएट दाखिल कर दिया है। केंद्र सरकार ने सुप्रीम कोर्ट से अनुरोध किया है कि इस मामले में केंद्र सरकार का पक्ष सुने बिना कोई भी एकतरफा फैसला ना दिया जाए। आपको बता दें कि सुप्रीम कोर्ट में कैविएट दाखिल करने पर बिना दूसरे पक्ष की बात को सुने हुए कोई भी फैसला नहीं लिया जाता है।

क्या है अग्निपथ स्कीम?

अग्निपथ भर्ती योजना 2022 क्या है ? यह प्रश्न उठना स्वाभाविक है। आइए जानते हैं कि अग्निपथ भर्ती योजना 2022 क्या है, अग्निपथ स्कीम भारत सरकार द्वारा सेना में 4 साल के लिए भर्ती हेतु लाई

गई एक महत्वाकांक्षी योजना है जिस पर सरकार 90 दिनों के भीतर एक्शन लेगी। अग्निपथ भर्ती योजना के माध्यम से भारतीय सेनाओं को ज्यादा युवा और नई तकनीकों में माहिर बनाने की योजना है। इस स्कीम की सहायता से सरकार को सेना की औसत उम्र 32 साल से 26 साल करने में सहायता मिलेगी जिससे न सिर्फ सशस्त्र बल में युवा शक्ति का संचार होगा, बल्कि बहुत से युवाओं को नौकरी भी मिलेगी। अग्निपथ स्कीम 2022 के आ जाने के बाद सेना में सिपाही के पद पर नई भर्तियां अब अग्निपथ योजना के तहत होंगी। साथ ही इसके तहत भविष्य में मेरिट और संगठन की जरूरत को देखते हुए 25 प्रतिशत तक अग्निवीर सैनिकों को सेना में 4 वर्ष की सेवा के बाद भी रिटेन किया जाएगा। वहीं चार साल की नौकरी के बाद बाकी के 75 प्रतिशत युवाओं को एक मुश्त राशि के साथ-साथ सरकार की तरफ से तकनीकी योग्यता का सर्टिफिकेट दिया जाएगा, जिससे उन्हें भविष्य में विभिन्न क्षेत्रों में क्षमता अनुसार नौकरी पाने में सहायता प्राप्त होगी। इसके साथ ही सभी उम्मीदवार नियमित संवर्ग में भर्ती के लिए बतौर वॉलन्टियर आवेदन कर सकते हैं।

क्या होगी अग्निपथ योजना भर्ती प्रक्रिया?

अग्निपथ स्कीम भर्ती के लिए आर्मी के पुराने तरीके का ही पालन किया जाएगा। इसके लिए शारीरिक परीक्षण के साथ-साथ युवाओं को लिखित परीक्षा से भी गुजरना होगा। अग्निपथ पात्रता मानदंड के अनुसार यदि अग्निपथ भर्ती योजना के लिए आवेदन देने वाले युवाओं की उम्र सीमा पर गौर करें, तो इस योजना के लिए आवेदन देने वाले युवाओं की न्यूनतम आयु 17 साल 6 महीने और अधिकतम आयु 21 साल निर्धारित की गई है। अग्निपथ भर्ती योजना के तहत युवाओं को ट्रेनिंग पीरियड समेत कुल 4 वर्षों के लिए स्शस्त्र सेवा बल में फुल टाइम काम करने का मौका मिलेगा, जिसके लिए भर्ती सेना के तय नियमानुसार ही होगी। खास बात ये है कि इस योजना के तहत न सिर्फ पुरुष, बल्कि महिलाएं भी आवेदन कर सकती हैं। युवा इस योजना के माध्यम से सेना

के तीनों प्रमुख अंग यानि कि थल सेना, वायु सेना और नौ सेना में बहाल हो सकेंगे।

अग्निपथ योजना भर्ती प्रक्रिया की खास बातें

1. युवा की उम्र साढ़े 17 से 21 वर्ष के बीच होनी चाहिए।

2. भर्ती के लिए आर्मी के पुराने तरीके का ही पालन किया जाएगा। शारीरिक परीक्षण के साथ-साथ लिखित परीक्षा ली जाएगी।

3. ट्रेनिंग पीरियड (6 माह) समेत कुल 4 वर्षों के लिए स्शस्त्र सेवा बल में फुल टाइम सेवा करने का मौका मिलेगा।

4. पुरुष और महिला दोनों अग्निपथ योजना के लिए आवेदन कर सकते हैं।

5. सेना के तीनों अंगों के लिए अग्निपथ योजना से की जाएगी भर्ती।

अग्निपथ स्कीम सैलरी की बात करें, तो अग्निपथ स्कीम के तहत पहले साल युवाओं को 30 हजार रूपए प्रति माह मिलेंगे, जिसमें से लगभग 9000 रूपए उनकी मासिक आय से काट ली जाएगी और उसे उनके बचत खाते में जमा किया जाएगा। इसके बाद उतना ही हिस्सा सेना भी उनकी सेविंग में मिलाएगी। प्रत्येक साल सैलरी बढ़ने के साथ-साथ बचत खाते में जमा की जाने वाली रकम भी बढ़ेगी। साथ ही 4 साल बाद जब ये युवा सेना को छोड़ेंगे, तब उन्हें लगभग 11,70,000 सेवा निधि के रूप में दिए जाएँगे जो कर मुक्त होगी । अग्निवीरों का वेतन पैकेज पहले और अंतिम वर्ष कुछ इस प्रकार का होगा-

1. प्रथम वर्ष का पैकेज 4.76 लाख रुपये

2. अंतिम वर्ष का पैकेज 6.92 लाख रुपये

इसके अलावा सेना की तरफ से ऐसे युवाओं एक विशेष सर्टिफिकेट भी दिया जाएगा जिसकी वजह से उन्हें विभिन्न पदों पर नौकरी पाने में सहायता मिलेगी। विभिन्न राज्यों ने अग्निवीरों को सेवाओं में प्राथमिकता देने की बात भी कही है। खास बात ये है कि इन सब के अलावा अग्निवीरों का 48 लाख रुपए का गैर-अंशदाई जीवन बीमा भी किया जाएगा।

अग्निपथ स्कीम 2022 : मृत्यु की दशा में क्षतिपूर्ति

अग्निपथ योजना के तहत सेना में भर्ती होने वाले युवाओं का 48 लाख रुपयों का गैर-अंशदाई जीवन बीमा किया जाएगा। वहीं यदि सेवा के दौरान किसी की मृत्यु हो जाती है, तो 44 लाख रुपये पीड़ित परिवार को दिए जाएँगे। इन 44 लाख रुपयों के अलावा सरकार ऐसे शहीदों के बचे हुए सेवाकाल (अधिकतम 4 साल) के वेतन का भुगतान भी करेगी। साथ ही अन्य अग्निपथ योजना के माध्यम से भर्ती हुए जवानों को मिलने वाली सेवानिधि भी, शहीद के परिवार को दी जाएगी।

वहीं यदि कोई जवान सेवा के दौरान दिव्यांग हो जाता है, तो उसे उसकी दिव्यांगता के प्रतिशत के आधार पर मुआवजा दिया जाएगा। 100 % दिव्यांगता मे 44 लाख रुपये, 75 % में 25 लाख और 50 % मे 15 लाख रुपये मुआवजे की राशि मिलेगी |

अग्निपथ योजना में भत्ते में क्या मिलेगा?

अग्निपथ योजना में बेसिक पे के साथ-साथ युवाओं को भत्ते भी दिये जाएंगे। इन भत्तों में रिस्क एंड हार्डशिप, राशन, ड्रेस और ट्रैवल एलाउंस प्रमुख भत्ते हैं। इसके अलावा सेवा निधि के तहत मिलने वाले रूपए को 'कर मुक्त' किया गया है जिससे युवाओं की आर्थिक स्थिति को भी बल मिलेगा।इसके अलावा साल में 30 दिन की छुट्टी,मेडिकल छुट्टी ,कैंटीन सुविधा, चिकित्सा सुविधा भी सेवाकाल के दौरान मिलेंगी | हालांकि अग्निवीरों को ग्रेच्युटी और पेंशन संबंधी लाभ नहीं प्राप्त होंगे।

आम तौर पर अग्निपथ योजना के तहत अग्निवीर की योग्यता, आयु सीमा, रिक्तियां, अप्लाई लिंक, सैलरी के बारे में पूछे जाने वाले सवाल

प्रश्न:अग्निपथ स्कीम में कितनी सैलरी मिलेगी?

उत्तर:अग्निपथ योजना के माध्यम से पहले वर्ष में भर्ती किए गए युवाओं को प्रति माह वेतन 30 हजार रुपए होगा जो कि आखिरी वर्ष तक 40 हजार रुपए प्रति माह हो जाएगा। इसके अलावा सेवा निधि, बीमा और भत्ते की सुविधा भी दी जाएगी। हर माह वेतन का 30% हिस्सा सेवानिधि में जमा किया जाएगा और इतनी ही राशि भारत सरकार भी जमा करेगी।

- प्रथम वर्ष का पैकेज 4.76 लाख रुपये
- अंतिम वर्ष का पैकेज 6.92 लाख रुपये

प्रश्न:क्या अग्निपथ योजना से भर्ती हुए जवानों को पेंशन मिलेगी?

उत्तर:नहीं, अग्निपथ योजना से भर्ती हुए जवानों को कोई पेंशन नहीं दी जाएगी। इसके बदले उन्हें एक मुश्त रकम दी जाएगी, जिसे 'सेवानिधि' कहा जाएगा। ये सेवानिधि पूरी तरह से टैक्स फ्री होगी।

प्रश्न:अग्निपथ स्कीम के लिए उम्र सीमा क्या है?

उत्तर:अग्निपथ भर्ती उम्र सीमा के अनुसार इस स्कीम के लिए आवेदन देने की न्यूनतम उम्र 17 साल 6 महीने है, जबकि आवेदन करने की अधिकतम उम्र 21 साल निर्धारित की गई है।

प्रश्न:अग्निपथ स्कीम कब शुरू हुआ?

उत्तर:अग्निपथ स्कीम 14 जून, 2022 को शुरू की गई जिसके तहत सेना में जवान लोगों को रोजगार देने का फैसला किया गया है। इसकी मदद

से सेना की औसत उम्र 32 साल से घटकर 26 साल हो जाएगी।

प्रश्न:अग्निपथ योजना में कितने साल के लिए नौकरी मिलेगी?

उत्तर:अग्निपथ योजना के माध्यम से युवाओं को 04 साल की नौकरी मिलेगी। इसका अर्थ है कि अग्निपथ योजना की अवधि चार साल होगी। हालांकि 04 साल बाद इन युवाओं में से 25 प्रतिशत को रिटेन कर लिया जाएगा यानि कि 25 प्रतिशत युवाओं को पूर्णकालिक नौकरी मिलेगी।

प्रश्न:अग्निवीर क्या है?

उत्तर:अग्निपथ भर्ती योजना के माध्यम से सेना में भर्ती किए गए युवा सैनिक "अग्निवीर" कहें जाएँगे, 04 साल के कार्यकाल के बाद इनमें से 25% को सेना में रिटेन कर लिया जाएगा।

प्रश्न:अग्निपथ सेवानिधि क्या है?

उत्तर:अग्निपथ योजना के तहत भर्ती किए गए युवाओं को चार साल का कार्यकाल पूरा करने के बाद मिलने वाली एक मुश्त रकम सेवानिधि है। यह पूरी तरह टैक्स फ्री होगी और इसमें हर माह वेतन का 30% हिस्सा अग्निवीर के वेतन से काटकर जमा किया जाएगा और इतनी ही राशि भारत सरकार भी जमा करेगी। जमा राशि में 4 वर्ष के दौरान ब्याज भी मिलेगा और सेवा निधि के रूप में सेवा उपरांत लगभग 11.70 लाख की राशि मिलेगी।

प्रश्न:क्या अग्निपथ स्कीम में मिलने वाली सेवानिधि पर टैक्स लगेगा?

उत्तरःनहीं अग्निपथ स्कीम के तहत मिलने वाली सेवानिधि पर किसी भी तरह का कोई टैक्स नहीं लगेगा। यह पूरी तरह से कर मुक्त रहेगी।

प्रश्नःअग्निपथ स्कीम में कौन कौन से भत्ते दिए जाएंगे ?

उत्तरःअग्निपथ स्कीम के माध्यम से सेना में भर्ती युवाओं को रिस्क एंड हार्डशिप, राशन, ड्रेस और ट्रैवल एलाउंस जैसे प्रमुख भत्ते प्राप्त होंगे।

प्रश्नःअग्निपथ स्कीम से सेना के किस अंग में नौकरी मिलेगी?

उत्तरःअग्निपथ स्कीम से युवाओं को सेना के तीनों अंग यानि कि थल सेना, वायु सेना और नौ सेना में नौकरी मिलेगी।

प्रश्नःक्या महिलाएं भी अग्निपथ योजना के लिए पात्र हैं?

उत्तरःहाँ, अग्निपथ योजना के लिए महिलाएं भी आवेदन कर सकती हैं और सफल रहने पर समान सुविधाओं की हकदार होंगी।

****

अग्निपथ स्कीम पर मचे बवाल के बीच तीनों सेनाओं की ओर से एक बार फिर प्रेस कॉन्फ्रेंस की गई। मिलिट्री अफेयर्स के अपर सचिव लेफ्टिनेंट जनरल अनिल पुरी ने कई तरह की आशंकाएं खारिज करते हुए कहा कि अगर अग्निवीर कहीं लड़ाई लड़ेगा तो उसे परमवीर चक्र भी मिलेगा। उसे किसी भी तरह से अलग नहीं रखा गया

है।

उन्होंने कहा कि हम देशभक्ति का चांस दे रहे हैं। अग्निपथ टैलेंट को आकर्षित करने की योजना है, जिससे सेना को बेस्ट मिले। फौज के लिए काम करना एक जुनून, जज्बा है, नौकरी के लिए प्रावधान नहीं है। उन्होंने चीन, अमेरिका और इजरायल का उदाहरण देते हुए बताया कि कहां मिलिट्री सर्विस कितने साल की होती है, कैसे प्रशिक्षण होता है।

लेफ्टिनेंट जनरल पुरी ने बताया कि हाल में देखा गया है कि कई जगहों पर नौजवानों ने फिर से फिजिकल प्रैक्टिस शुरू कर दी है। उन्होंने कहा कि हम लोग सोल्जर की प्रोफेशन में हैं। यह देश का सबसे बड़ा एसेट है और हम जो भी सॉल्यूशन बनाएंगे वो देश की रक्षा के लिए होगा। जो भी सॉल्यूशन बनेगा उसमें तीन चीजें होंगी वह देश की रक्षा, यूथ और सोल्जर पर केंद्रित होगा।

अग्निवीर क्यों? यह समझाते हुए उन्होंने कहा कि अरुण सिंह कमेटी ने 1989 में, कारगिल रिव्यू कमेटी 2000 में, ग्रुप ऑफ मिनिस्टर्स ने 2001 में, 6वें पे कमिशन ने 2006 में और 2016 में शेकतकर कमेटी ने कई चीजें स्पष्ट रूप से कही हैं। 1989 में बनी कमेटी ने कहा था कि हमें जवानों की उम्र और उन्हें कमांड करने वालों की उम्र कम करने की जरूरत है। कमेटियों ने रक्षा सुधार, सीडीएस की तैनाती, डिफेंस इंटेलिजेंस एजेंसी, आधुनिकीकरण आदि चीजों की सिफारिश की थी। इसमें से कुछ काम हुए हैं। इन्हीं में से एक है कमांडिंग ऑफिसर और सोल्जर की यंग प्रोफाइल करने की जरूरत थी। कमांडिंग ऑफिसर के लिए काम हो चुका है , अब सोल्जर की बारी है ।

अमेरिका और चीन में क्या है प्रक्रिया ?

सेना के वरिष्ठ अधिकारी ने बताया कि अमेरिका में 8 साल की नियुक्ति होती है, जिसमें 4 साल ऐक्टिव और 4 साल रिजर्व होता है। 10 हफ्ते की ट्रेनिंग और औसत उम्र 27 साल रखी गई है। यूके में 16 साल की उम्र रखी गई है। वहां इंगेजमेंट 12 साल का होता है। चीन का उदाहरण देते हुए उन्होंने बताया कि अनिवार्य मिलिट्री सर्विस केस में 18

साल की उम्र में 2 साल का इंगेजमेंट होता है। 6 महीने की ट्रेनिंग होती है। यह सब बताते हुए पुरी ने कहा कि हम बाहर के देशों से कॉपीपेस्ट नहीं कर सकते है। भारत की समस्या का समाधान भी भारत के हिसाब से होगा।

पुरी ने बताया कि हम हर साल कई देशों के साथ करीब 100 द्विपक्षीय अभ्यास करते हैं। उनके साथ हमने समझा कि उनकी आयु और इंगेजमेंट पीरियड क्या है। उसमें औसतन उम्र 26-27 साल, इंगेजमेंट पीरियड 2 से 4 साल और ट्रेनिंग 3 से 6 महीने की पता चली।

सैकड़ों घंटे चला मंथन

अग्रिपथ स्कीम लॉन्च करने से पहले सेना के स्तर पर काफी मंथन हुआ है । पुरी ने कहा कि सभी हितधारकों के साथ सेवाओं के स्तर पर 150 मीटिंग्स और 500 घंटे की बैठकें हुईं। रक्षा मंत्रालय के स्तर पर 60 बैठकें हुईं और 150 घंटे खर्च किए गए। सरकार के स्तर पर 44 बैठकें हुईं और 100 घंटे का समय विचार विमर्ष किया गया | उन्होंने कहा कि लॉन्चिंग के समय की जहां तक बात है तो हम तो 1990 में ही लॉन्च कर देते लेकिन मंथन में टाइम लगा। पिछले दो साल में हमें मौका मिला और कोरोना के चलते भर्ती की प्रक्रिया रुकी और इसे लॉन्च करने का अवसर मिल गया। इसका मकसद था कि कम से कम लोगों को तकलीफ या दिक्कत हो।

एक वैकेंसी के लिए 50 लोग आते हैं

उन्होंने बताया कि भर्ती की प्रक्रिया में कोई बदलाव नहीं होगा। ऑल इंडिया, ऑल क्लास में कोई बदलाव नहीं हुआ है। रेजिमेंटेशन की प्रक्रिया भी नहीं बदलेगी। उन्होंने कहा कि आज भर्ती होने के लिए एक वैकेंसी के लिए 50 से 60 लोग आते हैं, एक सिलेक्ट होता है तो 49 से 59 लोग वापस जा रहे हैं। हमें जरूरत है कि हम देश के लिए बेस्ट लें। हमारा काम सिल्वर से नहीं चल सकता है। सब काम फेयर होगा।

****

अग्निपथ योजना का भारी विरोध

अग्निपथ योजना के लागू होने के बाद देश के कई कोनों में हिंसक घटनाएँ घटीं। दिल्ली से लेकर उत्तर प्रदेश, मध्य प्रदेश, पंजाब, झारखंड और असम में सार्वजनिक संपत्तियों को नुकसान पहुँचाया गया। बिहार के प्रदर्शनकारियों ने तो कई ट्रेनों को आग के हवाले किया जिसके चलते रेलवे का 700 करोड़ रुपए का नुकसान हुआ। इसके अलावा अन्य राज्यों में भी हिंसा से काफी क्षति पहुँची।

सुरक्षा लिहाज से बिहार में 20 जिलों में इंटरनेट सेवा को बंद कर दी गई । आशंका थी कि दिल्ली एनसीआर में भी प्रदर्शन हो सकता है ऐसे में पुलिस अलर्ट पर रही । नोएडा में धारा 144 लागू की गई । सोशल मीडिया पर लगातार नजर रखी गई । 19 जून 2022 को केंद्र ने सोशल मीडिया पर फर्जी जानकारी फैलाने वालों के खिलाफ कार्रवाई करते हुए 35 व्हॉट्सएप ग्रुप बंद कर दिए ।

अलीगढ़ में 9 कोचिंग संचालकों पर FIR, उपद्रवियों ने फूँक दी थी चौकी, 55 नामजद और 500 अज्ञात, अब तक 36 दबोचे गए |अग्निपथ योजना के खिलाफ हिंसा में बिहार के बाद उत्तर प्रदेश प्रभावित रहा। इसमें अलीगढ़ जिला UP के सबसे अधिक हिंसाग्रस्त जिलों में शामिल है। यहाँ पर बीते 17 जून 2022 को न सिर्फ यमुना एक्सप्रेस पर तोड़फोड़ करत्ते हुए सड़क को जाम करने का प्रयास किया गया था बल्कि जट्टारी नाम की

पुलिस चौकी में भी आग लगा दी गई । अब अलीगढ़ पुलिस ने हिंसा के आरोपितों और सूत्रधारों पर नकेल कसनी शुरू कर दी है।

खास बात ये है कि यहाँ भी हिंसा को हवा देने वालों में कोचिंग संचालकों की भूमिका सामने आई है।अलीगढ़ रेंज के DIG दीपक कुमार के मुताबिक, "घटना के दिन पुलिस बल जुमे की नमाज़ को ले कर सक्रिय था। छात्रों के आंदोलन के भी इनपुट थे। उनसे बात चल रही थी। भीड़ में छिपे कुछ अराजक तत्वों ने माहौल को खराब करने का प्रयास किया। सोशल मीडिया पर मामले को हवा देने वालों पर एक्शन लिया जा रहा है। सैनिक कल्याण बोर्ड कोचिंग इंस्टिट्यूट वालों से लगातार सम्पर्क में है। अब तक इस मामले में 4 FIR दर्ज हुई है। छात्रों को भड़का रहे कोचिंग सेंटर वालों को भी हिरासत में ले कर पूछताछ चल रही है। अब तक 36 से ज्यादा आरोपितों की गिरफ्तारी की जा चुकी है। यह संख्या अभी बढ़ेगी क्योंकि पुलिस टीमें दबिश दे रही हैं। FIR पुलिस, रोडवेज और नगर पालिका द्वारा करवाया गया है।"

मीडिया रिपोर्ट के मुताबिक अलीगढ़ पुलिस ने जिस कोचिंग सेंटरों पर केस दर्ज किया है उसमें तिरुपति कोचिंग सेंटर संचालक रामकुमार, गुरुकुल कोचिंग सेंटर संचालक जट्टारी अमित चौधरी, कोचिंग सेंटर संचालक मोहन चौधरी, यंग इंडिया कोचिंग सेंटर संचालक सुधीर शर्मा, केडी इंस्टीट्यूट संचालक गौरव चौधरी, समन्वय कोचिंग सेंटर संचालक विजय उर्फ

मॉटी, जीएस कोचिंग सेंटर संचालक पुष्पेंद्र सिंह, गुलिया लाइब्रेरी संचालक केशव चौधरी शामिल हैं। हिंसा में किसी भी प्रकार की भूमिका निभाने वाले 55 आरोपितों को नामजद करते हुए 500 को अज्ञात में रखा गया है। इसमें 9 कोचिंग संचालक शामिल हैं।

पुलिस द्वारा गिरफ्तार एक अन्य कोचिंग संचालक नवीन कुमार ने तो छात्रों से हथियार उठा लेने की अपील वाला भड़काऊ पोस्ट डाला था। इन पर भी पुलिस कार्रवाई की जा रही है। वहीं 18 जून 2022 को एक बार फिर से अलीगढ़ में उपद्रव की साजिश को पुलिस ने नाकाम कर दिया। खैर कस्बे में छात्रों के नाम पर जमा कुछ लोगों ने माहौल बिगाड़ने की कोशिश की। हालाँकि पुलिस ने समय रहते उन्हें काबू कर लिया।

दिल्ली में प्रदर्शन के दौरान प्रियंका गांधी केंद्र सरकार पर जमकर बरसीं। उन्होंने कहा, 'हरिवंश राय जी की कविता का नाम इस अग्निपथ योजना को दिया गया जो इस देश के नवयुवकों को मार डालेगा। ये ऐसी स्कीम है जो सेना को खत्म कर देगी। लोकतांत्रिक तरीके से, शांतिपूर्वक तरीके से इस सरकार को खत्म कीजिए।'

कांग्रेस ने कहा, योजना वापस लेने पर मजबूर करेंगे

जंतर मंतर पर प्रदर्शन के दौरान कांग्रेस नेता सचिन पायलट ने कहा, 'कोविड के बहाने सरकार ने 2 साल से भर्तियां रोक रखी थी। 1.25 लाख भर्तियां केवल फौज में खाली है। आप सिर्फ भ्रमित कर लोगों का भविष्य खराब करने की कोशिश कर रहे हैं। हम सत्याग्रह कर सरकार को यह योजना वापस लेने के लिए मजबूर करेंगे।'

अग्निपथ योजना के खिलाफ हो रहे प्रदर्शन पर AIMIM प्रमुख असदुद्दीन ओवैसी ने कहा कि 'मोदी सरकार देश की सुरक्षा के साथ खिलवाड़ कर रही है। 4 साल के लिए क्या सिखेगा कोई? आप झूठ बोल रहे हैं। प्रधानमंत्री से कहूंगा खिलवाड़ मत करिए। आप ने नोटबंदी की, 50 लाख लोगों की नौकरी चली गई। आप ने रातों-रात गलत लॉकडाउन किया, लाखों लोग परेशान हो गए। आज आप नौजवानों के साथ खिलवाड़ कर रहे हैं।'

मोदी हिटलर की मौत मरेगा': मनमोहन सरकार में मंत्री रहे सुबोधकांत सहाय की प्रधानमंत्री पर आपत्तिजनक टिप्पणी, अग्निपथ पर मर्यादा भूले कॉन्ग्रेस नेता

कॉन्ग्रेस नेता सुबोधकांत सहाय ने प्रधानमंत्री नरेंद्र मोदी पर आपत्तिजनक टिप्पणी की है। झारखंड की राजधानी राँची से 3 बार सांसद रहे कॉन्ग्रेस नेता ने कहा, "मुझे तो लगता है कि हिटलर का सारा इतिहास इसने पार कर लिया। हिटलर ने भी ऐसी ही एक संस्था बनाई थी, उसका नाम था खाकी। सेना के बीच में उसने बनाया था। मोदी हिटलर की राह चलेगा, तो हिटलर की मौत मरेगा। ये याद रखो। ये देश कॉन्ग्रेस पार्टी के शहीदों की परंपरा की पार्टी है।"

उन्होंने 'अग्निपथ' योजना का विरोध करते हुए मंच से एक रैली के सम्बोधन के दौरान ये अमर्यादित टिप्पणी की।

झारखंड के ही कॉन्ग्रेस विधायक इरफ़ान अंसारी भी लगातार ऐसी टिप्पणियों के कारण सुर्ख़ियों में हैं। झारखंड के जामताड़ा से कॉन्ग्रेस के विधायक इरफान अंसारी ने अग्निपथ योजना का विरोध करते हुए कहा था, "देश खून से लथपथ हो जाए, लेकिन अग्निपथ लागू नहीं होने देंगे।" कॉन्ग्रेस ने इरफान अंसारी के नेतृत्व में विरोध प्रदर्शन किया था। कॉन्ग्रेसियों ने प्रधानमंत्री नरेंद्र मोदी का पुतला फूँका था। इस मौके पर जैसा कि सामान्यतया आंदोलनकारी करते हैं, मोदी सरकार के खिलाफ जमकर नारेबाजी की।

रोज सुबह छात्रों को भड़काते हैं कोचिंग संस्थान, दिखाते थे आत्महत्या के वीडियो ,छात्रों के लिए दिल्ली से कौन दे रहा था आदेश?

वीडियो बना-बना कर केंद्र सरकार की योजनाओं का विरोध किया जाता रहा। देश भर में आत्महत्या के आँकड़े गिना कर और वीडियो दिखा कर

छात्रों की भावनाओं को भड़काया जाता रहा।

बिहार में 'अग्निपथ' योजना के विरुद्ध चल रहे विरोध प्रदर्शन में कोचिंग संस्थानों की बड़ी भूमिका सामने आई है। बिहार में अब तक 15 ट्रेनों को आग के हवाले किया जा चुका है। आगजनी, मारपीट और लूटपाट आम बात हो गई है। दुःखद ये है कि इन घटनाओं में आम युवा ही शामिल हैं। इस साजिश में कई कोचिंग संस्थानों के नाम सामने आ रहे हैं।

'दैनिक भास्कर' ने अपने एक स्टिंग ऑपरेशन के बाद पाया है कि दिल्ली में बैठ कर बिहार में हिंसा की साजिश रची गई। दिल्ली में बैठे ये आका बिहार में कोचिंग संस्थानों को युवाओं को हिंसा के लिए तैयार करने को कहते हैं। इसके बाद वीडियो वगैरह का इस्तेमाल कर के युवाओं को भड़काया जाता है। खबर में बाजार समिति के एक स्कूल स्थित प्रशिक्षण केंद्र का जिक्र किया गया है, जहाँ एक कोचिंग संचालक के पहुँचते ही 25-30 लड़के और लड़कियाँ उसके पैर छूने लगीं।

उक्त शिक्षक से बात कर के और गाँधी मैदान में एक अन्य शिक्षक से बात कर के 'दैनिक भास्कर' ने इस नेटवर्क का खुलासा किया है। एक शिक्षक ने बताया कि प्रशिक्षण के बाद छात्रों को विरोध प्रदर्शनों में ले जाया जाता है। नालंदा और जहानाबाद जैसे इलाकों से छात्रों को पटना लाया जाता है। उसने ये भी बताया कि दिल्ली से नेटवर्क बना कर 3-4 लाख छात्रों को जोड़ा गया है। छात्रों को ब्रेनवॉश किया जाता है कि वो अब अपने हक़ के लिए खड़े नहीं हुए तो केंद्र से लेकर राज्य पुलिस तक में ऐसी ही योजना आ जाएगी। रोज सुबह प्रशिक्षण के बहाने उन्हें भड़काया जाता है।

वीडियो बना-बना कर केंद्र सरकार की योजनाओं का विरोध किया जाता है। देश भर में आत्महत्या के आँकड़े गिना कर और वीडियो दिखा कर छात्रों की भावनाओं को भड़काया जाता है। बिहार पुलिस ने बताया है कि हर जिले के एसपी को वहाँ के कोचिंग संस्थानों की भूमिका की जाँच के आदेश दिए गए हैं। छात्रों की आड़ में उपद्रवी हिंसा में शामिल हो रहे हैं, जिसकी जाँच चल रही है। पटना के डीएम ने भी जाँच के आदेश दिए हैं।

बिहार के कई जिलों में कई दिनों तक इंटरनेट सेवाएँ बंद रहीं । पटना के 5 कोचिंग सेंटर्स पर आगजनी की साजिश रचने के आरोप लगे हैं। उनके विरुद्ध FIR भी दर्ज की गई है। व्हाट्सएप्प चैट के माध्यम से छात्रों को उकसाने की बात भी सामने आई है। अकेले पटना में 8 कोचिंग सेंटरों की भूमिकाओं की जांच चल रही है। राजस्थान के सीकर और मध्य प्रदेश के ग्वालियर में भी कोचिंग संस्थानों पर ही हिंसा की साजिश रचने के आरोप लगे हैं।

रेलवे का ₹700 करोड़ स्वाहा, जलाने से पहले लूटी विक्रमशिला ट्रेन |"हिंसक प्रदर्शनों में छात्रों की संख्या बेहद कम, ज्यादातर राजनैतिक दलों के लोग शामिल पाए गए । बिहार पुलिस के ADG कानून व्यवस्था संजय कुमार ने दी जानकारी।अग्निपथ योजना के खिलाफ हुई हिंसा में रेलवे की 700 करोड़ की सम्पत्ति स्वाहा हो गई है |

युवाओं में देशभक्ति और अनुशासन का भाव भरने के मकसद से केंद्र सरकार की अग्निपथ योजना के विरोध में हिंसा व प्रदर्शन जारी है। इस विरोध के हिंसक स्वरूप लेने के बाद असामाजिक तत्वों ने रेलवे और सार्वजनिक सम्पत्तियों को नुकसान पहुँचाया है। इससे न सिर्फ करोड़ों रुपए का नुकसान हुआ बल्कि आम जनता को भी परेशानी का सामना करना पड़ रहा है। प्रदर्शन की आड़ में लूटपाट की भी घटनाएँ सामने आई हैं।

बिहार के लखीसराय में पुलिस ने पंजाबी मोहल्ला और संतर मोहल्ला में छापेमारी की। इस छापेमारी के दौरान हिंसक उपद्रवियों द्वारा जलाई गई विक्रमशिला एक्सप्रेस से लूटे गए सामान बरामद किए गए। बरामद माल का मूल्य लाखों में है। इनमें मिक्सिंग मशीन, इलेक्ट्रॉनिक सामान, रेडियो और हीटर आदि शामिल हैं। पुलिस ने लूट में शामिल 2 आरोपितों को गिरफ्तार भी किया है। इन आरोपितों की पहचान स्टेशन पर लगे CCTV कैमरों से हुई थी। पुलिस के मुताबिक

अभी छापेमारी जारी है।

9 राज्यों में विरोध

बिहार से शुरू हुआ अग्निपथ योजना का विरोध धीरे-धीरे 9 राज्यों में फ़ैल गया। इसमें UP, बिहार, हरियाणा, केरल, तेलंगाना, असम, उड़ीसा, बंगाल और कर्नाटक शामिल हैं।

उत्तर प्रदेश में बलिया और अलीगढ़ जिले मुख्य रूप से हिंसा से प्रभावित हुए। हालाँकि कुल 13 जिलों में विरोध-प्रदर्शन आदि के मामले दर्ज हुए हैं। पूरे प्रदेश में कुल 6 FIR दर्ज करके अब तक लगभग 260 आरोपितों की गिरफ़्तारी की गई है। फुटेज आदि में दिख रहे अन्य आरोपितों की पुलिस लगातार तलाश कर रही है।

वहीं हिंसा से सबसे अधिक प्रभावित बिहार में अब तक 138 FIR दर्ज हुई है। इसके तहत कुल 718 आरोपित गिरफ्तार किए जा चुके हैं। अन्य आरोपितों की तलाश में छापेमारी लगातार चल रही है। बिहार पुलिस के ADG कानून व्यवस्था संजय कुमार के मुताबिक हिंसक प्रदर्शनों में छात्रों की संख्या बेहद कम थी, ज्यादातर राजनैतिक दलों के लोग शामिल पाए गए हैं।

अग्निपथ योजना के विरोध में हरियाणा के पलवल और फरीदाबाद जिलों में विरोध का व्यापक असर दिखा। इसी के साथ गुरुग्राम, रेवाड़ी और रोहतक में भी विरोध हुआ। जींद-भटिंडा रेल मार्ग को रोका गया। प्रदेश में 56 से अधिक आंदोलनकारी गिरफ्तार किए जा चुके हैं। वीडियो फुटेज के आधार पर हजारों अज्ञात आरोपितों की पहचान की कोशिश की जा रही है।

तेलंगाना के सिकंदराबाद में जब विरोध ने हिंसक रूप लिया, तब पुलिस को फायरिंग करनी पड़ी। इस फायरिंग में दामोदर नाम के एक युवक की जान चली गई। उड़ीसा, बंगाल और असम में ट्रेनों को रोका गया। इसके चलते कई ट्रेनों का आंशिक संचालन प्रभावित रहा। केरल के कोझिकोड में अग्निपथ के विरोध में रैली निकाली गई। कर्नाटक के धारवाड़ में प्रदर्शनकारियों को तितर-बितर करने के लिए पुलिस को

लाठीचार्ज करना पड़ा।

सबसे अधिक नुकसान रेलवे को

अग्निपथ योजना के खिलाफ हिंसक हुए प्रदर्शनकारियों की हिंसा में सबसे ज्यादा नुकसान रेलवे को हुआ है। एहतियात के तौर पर 350 से अधिक रेलगाड़ियों को निरस्त कर दिया गया है। इसमें 210 ट्रेनें एक्सप्रेस/मेल थीं और 159 लोकल पैसेंजर। रेलवे स्टेशनों पर भी तोड़फोड़ हुई है। उत्तर प्रदेश के बलिया में इसकी FIR दर्ज हुई है। इसी के साथ UP और बिहार में राज्य परिवहन निगम की बसों को भी निशाना बनाया गया है।

एक आँकड़े के मुताबिक हिंसक प्रदर्शन में अब तक अलग-अलग ट्रेनों के 60 डिब्बों और 11 इंजनों को जलाया गया है। स्टेशनो में लगे स्टॉल में भी तोड़फोड़ की घटनाएँ सामने आईं हैं। रेलवे को अब तक कुल लगभग 700 करोड़ रुपए के नुकसान का अनुमान है।

****

'अग्निपथ' योजना के खिलाफ उग्र प्रदर्शनों को कोचिंग संचालकों ने भड़काया। रविवार दोपहर लेफ्टिनेंट जनरल अनिल पुरी ने एक सवाल के जवाब में यह बात कही। तीनों सेनाओं की ओर से 'अग्निपथ' योजना को लेकर जॉइंट प्रेस कॉन्फ्रेंस बुलाई गई थी। इसी के दौरान पुरी ने कहा कि जिन लोगों ने विरोध प्रदर्शनों में हिस्सा लिया है , उन्हें अग्निपथ का हिस्सा बनने नहीं दिया जाएगा। युवाओं को एक हलफनामा देना होगा कि उसने किसी विरोध, प्रदर्शन में हिस्सा नहीं लिया है। सेना, नौसेना और वायुसेना की ओर से भर्ती प्रक्रिया की टाइमलाइन पर भी जानकारी दी गई। इससे पहले तीनों सेनाओं के प्रमुखों से रक्षा मंत्री राजनाथ सिंह ने मुलाकात की थी। तीनों सेनाओं की साझा प्रेस कॉन्फ्रेंस से जुड़ी अपडेट्स।

1. अब सिर्फ अग्निपथ के जरिए भी तीनों सेनाओं में भर्ती होगी, रूटीन प्रक्रिया बंद हो जाएगी,एक सवाल के जवाब में जनरल पूरी ने कहा 'बच्चे क्यों सड़क पर आए? उन्हें मेरे और आप जैसे लोगों ने भड़काया।

27 साल से ज़्यादा उम्र वालों ने भड़काया।'

2. 'अग्निपथ' योजना वापस नहीं होगी।

3. 'अग्निपथ' योजना के खिलाफ युवाओं को भड़काया गया। उन्होंने कोचिंग संचालकों को जिम्मेदार बताया। पुरी ने जानकारी दी कि भर्ती में शामिल होने वाले हर अभ्यर्थी को यह एफिडेविट देना होगा कि उसने किसी प्रदर्शन में हिस्सा नहीं लिया, कोई केस दर्ज नहीं हुआ। ये प्रावधान कर दिए गए हैं।

4. प्रेस कॉन्फ्रेंस में पुरी ने युवाओं से कहा कि 'जो भी युवा इधर-उधर घूम रहे हैं भटक रहे हैं वह अपना समय बर्बाद नहीं करें क्योंकि किसी के लिए भी फिजिकल टेस्ट पास करना उतना आसान नहीं होता है। उनसे गुजारिश है कि वह अपना पूरा ध्यान अगले महीनों में होने वाले टेस्ट पर लगाएं।'

5. नौसेना की तरफ से वाइस एडमिरल दिनेश त्रिपाठी ने कहा कि भर्ती प्रक्रिया पर ज़्यादातर काम कर लिया गया है। एयरफोर्स की तरह हमारा रीक्रूटमेंट भी ऑनलाइन होता है। 21 नवंबर 2022 को पहला अग्निवीर चिल्का के बेसिक ट्रेनिंग सेंटर में रिपोर्ट करना शुरू कर देगा।

6. अब भारतीय वायुसेना की तरफ से एयर मार्शल एसके झा बोल रहे हैं। उन्होंने बताया, IAF में 24 जून से भर्ती प्रक्रिया शुरू हो जाएगी। ऑनलाइन नोटिफिकेशन उस दिन जारी की जाएगी। एक महीने बाद, 24 जुलाई से फेज 1 एग्जाम की प्रक्रिया शुरू होगी। दिसंबर के अंत तक अग्निवीरों के पहले बैच को एनरोल कर लेंगे। 30 दिसंबर से पहले बैच की ट्रेनिंग शुरू हो जाएगी।

****

'अग्निपथ' पर रक्षा मंत्रालय का ताजा ऐलान क्या है ?

रक्षा मंत्रालय ने अग्निवीरों के लिए आरक्षण का ऐलान किया। रक्षामंत्री राजनाथ सिंह ने कहा कि रक्षा मंत्रालय की नौकरियों में 10 फीसदी अग्नवीरों के लिए आरक्षित होंगी। मंत्रालय ने एक बयान में कहा कि 10 फीसदी का कोटा कोस्ट गार्ड, डिफेंस सिविलियन पोस्ट और सभी 16 डिफेंस पब्लिक सेक्टर अंडरटेकिंग में लागू होगा। यह कोटा उस कोटे से अलग होगा जो पूर्व सैनिकों को दिया जाता है। इन प्रावधानों को लागू करने के लिए भर्ती नियमों में जरूरी बदलाव किए जाएंगे।

अग्निवीरों के लिए महिंद्रा ग्रुप ने खोले दरवाजे, आनंद महिंद्रा का नौकरी देने का ऐलान: कहा- अग्निपथ का अनुशासन और कौशल उन्हें योग्य बनाएगा |आनंद महिंद्रा से पूछा गया कि उनकी कंपनी अग्निवीरों को किस पोस्ट पर नियुक्त करेगी? इसके जवाब में उन्होंने कहा, "लीडरशिप क्वालिटी, टीम वर्स और शारीरिक प्रशिक्षण की वजह से वह अग्निवीर के रूप में उनकी इंडस्ट्री को बाजार के लिए तैयार पेशेवर मिलेंगे।"

केंद्र सरकार द्वारा लाई गई 'अग्निपथ' स्कीम को अपना समर्थन देते हुए महिंद्रा ग्रुप के चेयरमैन आनंद महिंद्रा ने बड़ा ऐलान किया है। उन्होंने कहा है कि महिंद्रा ग्रुप इस प्रकार प्रशिक्षित और सक्षम युवाओं को उनकी कंपनी में नौकरी देगा।

अपने ट्वीट में उन्होंने देश भर में अग्निपथ के विरोध में की जा रही हिंसा को लेकर निराशा जताई। उन्होंने लिखा, "अग्निपथ स्कीम के ऐलान के बाद जिस तरह हिंसा हुई उससे दुखी और निराश हूँ। पिछले साल जब इस स्कीम पर विचार किया गया था तब मैंने कहा था कि अग्निवीर को जो अनुशासन और कौशल मिलेगा वह उन्हें उल्लेखनीय रूप से रोजगार के लिए योग्य बनाएगा। महिंद्रा ग्रुप ऐसे प्रशिक्षित और सक्षम युवाओं को अपनी कंपनी में नौकरी देगा।"

जब आनंद महिंद्रा से पूछा गया कि उनकी कंपनी अग्निवीरों को किस पोस्ट पर नियुक्त करेगी? इसके जवाब में उन्होंने कहा, "लीडरशिप क्वालिटी, टीम वर्क और शारीरिक प्रशिक्षण की वजह से अग्निवीर के रूप में उनकी इंडस्ट्री को बाजार के लिए तैयार पेशेवर मिलेंगे। ये लोग एडमिनिस्ट्रेशन, सप्लाई चेन मैनेजमेंट कहीं भी काम करने में योग्य होंगे।"

अग्निपथ योजना के तहत अग्निवीरों को मिलने वाले वेतन व अन्य सुविधाओं की जानकारी

- भारतीयों के लिए वरदान अग्निपथ योजना
- पहला साल- 21,000×12= 2,52,000
- दूसरा साल- 23,100×12= 2,77,200
- तीसरा साल- 25,580×12= 3,06,960
- चौथा साल- 28,000×12= 3,36,000
- कुल मिला कर 11 लाख 72 हज़ार 160 रुपए, चार सालों में मिलेंगे उसके बाद, रिटायरमेंट पर 11 लाख 71 हज़ार।
- अग्निवीरो , सेना की सर्विस देश सेवा है, रहना खाना, इलाज वगैरह सब फ्री है, मतलब जो उम्र नुक्कड़ों पर चाय सिगरेट में निकल जाती है, उन 4 सालों में 23 लाख 43 हज़ार 160 रुपये कमाने का सुनहरा

अवसर है। आप 17 से 23 साल की उम्र के लड़के अग्निपथ योजना के तहत भारतीय सेना को जॉइन ज़रूर कीजिए। समझिए मोदी जी सरकारी पैसों से 4 साल आपको आर्मी की ट्रेनिंग देंगे, साथ मे इतने सारे पैसे भी, जॉब वैसे भी नहीं है, 12 वीं या स्नातक करने के बाद सीधे अग्निपथ के रास्ते पर चले जाइए, यही आपका भविष्य है और हमारे देश का भी।

- उसके बाद 24-25 की उम्र में रिटायरमेंट के बाद, इन पैसों से कोई बिजनेस शुरू कर लीजिएगा, या नहीं तो इंडियन आर्मी की ट्रेनिंग के साथ अपने ही देश या खाड़ी देशों में काम तो है ही, आर्मी का अनुशासन आपके बहुत काम आएगा। लाइफ जैसी अभी चल रही है, उससे बेहतर होना तय है। आप अग्निपथ योजना के विरोध का हिस्सा मत बनिए |
- अपना भविष्य सुरक्षित कीजिए और सोचिए 24 के उम्र में 0 से आर्मी ट्रेनिंग के साथ कुल मिला कर 11 लाख रूपये सैलरी के रूप में मिलने वाला पूरा पैसा अगर आप ख़त्म भी कर देते हैं तो रिटायरमेंट के वक़्त मिलने वाला 11 लाख 71 हज़ार रुपिया कम नहीं है।
- साथ ही भविष्य में उन लोगो को नौकरी में प्राथमिकता भी मिलेगी जो अग्निवीर होंगे | इसकी भी घोषणा यूपी ,उत्तराखंड और मध्यप्रदेश सरकार ने कर दी है |

अग्निपथ योजना इस देश के लिए और इस देश के युवाओं के लिए एक वरदान है | कोई भी व्यवस्था जब बदलती है तो लोगों के दिमाग में बहुत सारे सवाल उठ खड़े होते हैं | भारत देश की सरकार ने इस योजना को लागू करने के पहले गहन अध्ययन किया है और उन सभी आशंकाओं को दूर करने का प्रयास किया है |देश के हित में सरकार का यह एक क्रांतिकारी कदम है जिसका लाभ आने वाले समय में देश की सुरक्षा के लिए मिलेगा और साथ ही देश के युवा और आम नागरिक भी लाभान्वित होंगे |

हालांकि सेना के बहुत से भूतपूर्व सैनिक और अधिकारी इस योजना के लागू करने के बाद होने वाले खतरे और दूरगामी परिणामों के बारे

में सरकार को आगाह किया है | यह योजना कितनी कामयाब होगी यह तो वक्त ही बताएगा | पर इतना निश्चित है कि जिस योजना को लागू ही नहीं किया गया उस के ग्राउन्ड लेवल पर पड़ने वाले प्रभाव के बारे में कैसे आश्वस्त हुआ जा सकता है | यदि इस योजना से सही परिणाम नहीं आए तो इसे बदलना सरकार के लिए कोई मुश्किल काम नहीं है |सरकारें पहले भी अपनी योजनाओं और फैसलों को वापस लिया है |याद रहे देश की सुरक्षा सिर्फ अगनिवीरों के बल बूते पर नहीं है | बल्कि वहाँ जो स्थायी सैनिक हैं ,कमांडर हैं उनके निर्देश में काम करने और उनको सहयोग देने के लिए अग्निवीर होंगे | यह तो एक प्रयोग है | इसमें पैदा होने वाली कमियों को अवश्य दूर किया जाएगा |

भारत एक प्रजातान्त्रिक देश है यहाँ जनता की आकांक्षाओं को दरकिनार नहीं किया जा सकता | यदि सरकार तानाशाही रवैया अपनाती है तो हमारे देश में सुप्रीम कोर्ट है जिसने बड़े महत्वपूर्ण फैसले लिए हैं | उदाहरण के लिए महिलाओं को सेना में स्थायी कमीशन देने के मामले में फैसला | शुरुआती दौर में सेना ने इसका भारी विरोध किया था | पर कालांतर में कोर्ट के फैसले के बाद सरकार और सेना को मानना पड़ा | आज महिलायें सेना में स्थायी कमीशन लेकर अपनी सेवाएं दे रही हैं |

अग्निपथ योजना लागू होने से देश को इतना भारी खतरा नहीं होने वाला जितना इस योजना का विरोध करने वाले लोग अनुमान लगा रहे हैं |परंतु शुरुआत में ही सिर्फ आशंकाओं के आधार पर देश में हिंसा फैला कर,देश की करोड़ों की संपत्ति को स्वाहा कर देश में अराजकता की हालत पैदा कर देना कहाँ की समझदारी है ? बेहतर तो यही होगा की इसके लागू होने के बाद इसकी समीक्षा की जाए और फिर इसकी कमियों को दूर किया जाए |

देश की सेना का हिस्सा होना एक गर्व की बात है | सेना में काम करना एक नौकरी नहीं बल्कि देश सेवा है | यह जानते हुए भी कि सेना में प्राणों का न्यौछावर करना पड़ सकता है, फिर भी देश का युवा सेना का हिस्सा बनना चाहता है |वह सिर्फ रोजगार के लिए नहीं बल्कि अपने सपनों को पूरा करना चाहता है | यह उसके सपनों के पूरा करने का

अवसर है | उन्हे भटका कर देश का भला नहीं होने वाला है | याद रहे यह योजना किसी राजनीतिक पार्टी , सरकार के किसी मंत्री या उद्योगपति के हित में नहीं बल्कि देशहित में लागू की गई है | देशहीत सर्वोपरि है |

हमें अपने व्यक्तिगत हितों से ऊपर उठ कर भी सोचना चाहिए | देश सबसे पहले है | यदि देश ही नहीं रहेगा तो हम कहाँ रहेंगे | हमें यूक्रेन का हाल देखना चाहिए जो एक साधन सम्पन्न देश था पर आज बर्बादी की कगार पर है | इसकी वजह है कमजोर सेना | वहीं दूसरी ओर एक छोटा सा देश इजरायल जो चारों ओर से 10 दुश्मन देशों से घिरा हुआ है पर उसकी सैन्य शक्ति की वजह से उस पर कोई देश आँख उठा कर भी नहीं देख सकता | वहाँ के हर युवा के लिए सेना में कुछ वर्ष अपनी सेवाएं देना अनिवार्य है |वहाँ का हर युवा योद्धा है | यदि उस देश का युवा सेना में जाने के पहले पूरे जीवन भर के लिए पेंशन और रोजगार की गारंटी माँगता तो शायद वहाँ की सेना इतनी मजबूत न हुई होती |

जब हम त्याग करते हैं तभी हमें कुछ हासिल होता है | और फिर देश के लिए त्याग करना तो गौरव की बात है |**यह मत सोचो कि देश ने आपको क्या दिया है बल्कि यह सोचो कि आपने इस देश के लिए क्या किया है** | यह लेखक के अपने विचार हैं जो स्वयं सेना में 20 वर्ष और अर्ध सैनिक बल में 16 वर्ष अपनी सेवाएं दे चुके हैं | लेखक की दूसरी पीढ़ी भी सेना में अपनी सेवाएं दे रही है | यह लेख देश की सेना और देश के युवाओं को समर्पित है जिनके अंदर देश की सेवा करने का जुनून है |

3

आर्मी कैडेट्स की कहानी

"जो अनुशासित नहीं है, उसका न तो वर्तमान है न ही भविष्य |"

-आचार्य चाणक्य

सशस्त्र बल न्यायाधिकरण ने तजाकिस्तान कैडेट्स के साथ संघर्ष पर भारतीय रक्षा अकादमी से हटाए गए 2 कैडेटों को बहाल किया |

दो पूर्व- जेन्टलमेन कैडेटस ने जून 2021 में नई दिल्ली में आर्मड फोर्स ट्राइब्यूनल की प्रिंसिपल बेंच में सेना के फैसले के खिलाफ अपील की थी और बेंच ने इस मामले में अपना फैसला सुरक्षित रख लिया था।

सशस्त्र बल न्यायाधिकरण (एएफटी), नई दिल्ली की प्रधान पीठ ने भारतीय सैन्य अकादमी (आईएमए), देहरादून के दो पूर्व जेंटलमैन कैडेट्स (जीसी) को बहाल कर दिया जिन्हें जून 2021 में ताजिकिस्तान के कैडेटों के साथ झड़प करने की वजह से अकादमी से प्रशिक्षण पूरा होने के एक सप्ताह पहले ही सजा के बतौर निष्कासित कर दिया गया था।

सेना ने 7 जून, 2021 को दो जेन्टलमेन कैडेट्स , जो मूल रूप से आईएमए के आर्मी कैडेट कॉलेज (एसीसी) विंग में अधिकारी बनने का प्रशिक्षण प्राप्त कर रहे थे, उन्हे प्रशिक्षण से वापस उनकी संबंधित बटालियन में भेजने का निर्देश जारी किया था। गनर दिनेश सिंह रेजिमेंट ऑफ आर्टिलरी से थे जबकि सिपाही धर्मेंद्र कुमार ईएमई से थे

| उन्हें तदनुसार आईएमए से उनकी बटालियन में वापस कर दिया गया और वो ऑफीसर नहीं बन सके |

दोनों सैनिकों ने जून 2021 में नई दिल्ली में एएफटी की प्रिंसिपल बेंच में सेना के फैसले के खिलाफ अपील की थी और बेंच ने 10 जून, 2021 को आईएमए से कैडेटों के निष्कासन पर रोक लगा दी थी और फैसला मार्च 2022 में सुरक्षित रखा था।

दोनों कैडेटों के वकील कर्नल राजीव मांगलिक के अनुसार, एएफटी ने मामले का फैसला करते समय पूरे मामले को ध्यान में रखा। "पीठ ने कहा कि दो युवा कैडेटों का पूरा करियर उनके सामने है और एक साल की वरिष्ठता का नुकसान अपने आप में एक सजा है," उन्होंने कहा।

न्यायमूर्ति राजेंद्र मेनन और लेफ्टिनेंट जनरल पीएम हारिज की खंडपीठ द्वारा बुधवार को दिए गए फैसले में आईएमए से वापसी की सजा को बहुत कठोर माना और सेना को आईएमए देहरादून में दो कैडेटों को बहाल करने का निर्देश दिया गया | साथ ही दोनों को उनके प्रशिक्षण और अधिकारियों के रूप में कमीशन पूरा करने की अनुमति दी गई। पीठ ने कहा, "प्रशिक्षण में एक वर्ष का नुकसान और इसलिए, अधिकारियों के रूप में उनकी बाद की वरिष्ठता को उनके दुर्व्यवहार के लिए उचित सजा दी जानी चाहिए थी |"

पीठ ने यह भी पाया कि अधिकारी कैडेटों को उन घटनाओं की कोर्ट ऑफ इंक्वायरी की एक प्रति नहीं देने की प्रथा को संशोधित करने की आवश्यकता है जहां वे जांच के दायरे में हैं। इसने आदेश दिया है कि अनुशासनात्मक कार्यवाही का सामना कर रहे कैडेटों को जांच की एक प्रति उपलब्ध कराई जानी चाहिए और यह भी कि उन्हें दिए गए कारण बताओ नोटिस का जवाब देने के लिए पर्याप्त समय अवधि भी प्रदान की जानी चाहिए।

जैसा कि द इंडियन एक्सप्रेस ने 9 जून, 2021 को रिपोर्ट किया था, भारतीय सेना ने 3 मार्च, 2021 को आईएमए में हुई झड़प के लिए छह भारतीय जेन्टलमेन कैडेट्स और चार तजाकिस्तान के कैडेट्स के खिलाफ कार्रवाई की थी। यह संघर्ष 24 फरवरी को हुए झगड़े और लड़ाई से पहले हुआ था। एएफटी के समक्ष अपनी याचिका में, जेन्टलमेन

केडेट्स में से एक ने दलील दी थी कि करियप्पा बटालियन की हाजी पीर कंपनी में तीसरे कार्यकाल के कैडेट के रूप में, वह 12 जून 2021 को एक अधिकारी के रूप में अकादमी से पास आउट होने के कगार पर था। उसे 7 जून 2021 को अकादमी से हटा दिया गया और नासिक में आर्टिलरी सेंटर में गनर के अपने मूल कैडर में वापस रिपोर्ट करने का आदेश दिया गया था।

उन्होंने अपनी याचिका में तर्क दिया कि 3 मार्च, 2021 को ताजिकिस्तान के लगभग 21 जेन्टलमेन कैडेट्स उनके कमरे में आए और कुंडी तोड़ दी | हॉकी स्टिक और रॉड से कमरे में मौजूद भारतीय जेन्टलमेन कैडेट्स को पीटा |परिणामस्वरूप कई भारतीय जेन्टलमेन केडेट्स घायल हो गए और उनका एक मेडिको-लीगल केस हुआ। उन्होंने कहा कि उन्हें, सात अन्य भारतीय जीसी के साथ, देहरादून के सैन्य अस्पताल के आईसीयू में भर्ती कराया गया था |

याचिकाकर्ता ने यह भी तर्क दिया था कि अप्रैल में एक कोर्ट ऑफ इंक्वायरी के निष्कर्ष के बाद, उसे 4 जून 2021 को शाम 4 बजे कारण बताओ नोटिस जारी किया गया था और उससे पूछा गया था कि उनके खिलाफ अनुशासनात्मक कार्रवाई क्यों नहीं की जानी चाहिए। उन्हें कोर्ट ऑफ इंक्वायरी की कॉपी भी नहीं दी गई और मौखिक रूप से 5 जून, 2021 को सुबह 9 बजे तक जवाब देने के लिए कहा गया, जो मानवीय रूप से संभव नहीं है |

उन्होंने यह भी कहा कि सेना के अधिकारियों ने उन्हें अपने बचाव के लिए कोई अवसर नहीं दिया |एक "वैध और उच्च-स्तरीय तरीके" से एक अधिकारी बनने की उनकी आकांक्षा को पूरा नहीं होने दिया | जबकि ऐसा अवसर सेना में केवल 0.01 प्रतिशत जवानों के लिए उपलब्ध है।

उन्होंने यह भी प्रस्तुत किया कि कुछ अन्य जीसी को हटा दिया गया है और ताजिकिस्तान जीसी के खिलाफ कोई जांच नहीं की गई है जिनके खिलाफ एक मेडिको-लीगल मामला दर्ज किया गया था और इस प्रकार उनके साथ घोर अन्याय हुआ है।

जीसी ने यह भी आरोप लगाया था कि ताजिक जीसी आदतन अपराधी थे और उन्होंने मोबाइल फोन कमरों में रखा था जो उनकी

अकादमी के नियमों के खिलाफ था। याचिकाकर्ता ने कहा था कि उन्हें और अन्य जीसी को कंपनी कमांडर और अन्य अधिकारियों द्वारा ताजिकिस्तान जीसी द्वारा किए गए बेरहम हमले से बचाया गया था | कोर्ट ऑफ इंक्वायरी के दौरान आईएमए एडजुटेंट के बयान के अनुसार, विदेशी जेन्टलमेन कैडेट्स को नियंत्रित नहीं किया जा रहा था। अधिकारियों और एडजुटेंट को ताजिकिस्तान जीसी को नियंत्रित करने के लिए क्विक रिएक्शन टीम के सशस्त्र गार्डों को बुलाना पड़ा।

सेना ने तर्क दिया था कि आवश्यक जांच और अनुमोदन के बाद ही अकादमी में अनुशासन से संबंधित निर्देशों का उल्लंघन करने के लिए छह विदेशी जीसी और चार भारतीय जीसी के खिलाफ सख्त अनुशासनात्मक कार्रवाई की गई थी। सेना के एक प्रवक्ता ने उस समय कहा था, "अनुशासनात्मक कार्रवाई का अच्छी तरह से पालन किया जाता है और यह कार्रवाई जेन्टलमेन कैडेट्स द्वारा अनुशासनहीनता के कार्य के अनुपात में होती है।"

यहाँ देखने वाली बात यह है कि सेना में कार्यरत 12 वीं पास सैनिकों के लिए अधिकारी बनने का अवसर दिया जाता है | परंतु इस परीक्षा में पास होने वाले सैनिकों की संख्या मात्र 0.01 प्रतिशत ही होती है | इस परीक्षा को पास करने के बाद भारतीय सैन्य अकादमी के आर्मी कैडेट कॉलेज में कैडेट्स को सबसे पहले 3 साल की अवधि में ग्रेजुएशन कराया जाता है | तत्पश्चात भारतीय सैन्य अकादमी में एक साल का कठोर सैन्य प्रशिक्षण दिया जाता है | इस तरह एक सैनिक को अधिकारी बनने के लिए 4 साल का कठोर प्रशिक्षण लेना पड़ता है | कैडेट्स ने करीब करीब 4 साल का प्रशिक्षण पूरा कर लिया था पर तजाकिस्तान के कैडेट्स के साथ झगड़े की वजह से सेना ने उन पर इतनी सख्त कार्रवाई की कि उन्हे अफसर बनने के 5 दिन पहले ही अकादमी छोड़ कर अपनी बटालियन में जाने का आदेश दिया | यह बहुत ही कठोर सजा थी जिसे सशस्त्र बल न्यायाधिकरण (एएफटी), नई दिल्ली की प्रधान पीठ ने अमान्य करते हुए दोनों जेन्टलमेन कैडेट्स को प्रशिक्षण पूरा करने व अधिकारी बनने का मौका दिया | इस पूरी प्रक्रिया से गुजरना दोनों कैडेट्स के लिए एक अग्निपथ में चलने से कम नहीं था | इस पथ पर

चलकर दोनों कैडेट्स ने अपना लक्ष्य हासिल किया और अंततः न्याय की जीत हुई।

4

आई ए एस अशोक खेमका की कहानी

"किसी भी व्यक्ति को बहुत अधिक ईमानदार नहीं होना चाहिए , क्योंकि सीधे पेड़ सबसे पहले काटे जाते हैं और ईमानदार व्यक्ति सबसे पहले धोखा खाते हैं |"

-आचार्य चाणक्य

हरियाणा कैडर के बेहद चर्चित और 1991 बैच के वरिष्ठ आईएएस अधिकारी अशोक खेमका का एक बार फिर से तबादला हो गया | उनके 30 साल के लंबे कैरियर में यह 54वां तबादला है।

मार्च 2019 में उनका 53 वां ट्रांसफर हुआ था। अशोक खेमका अपने तबादलों के लिए बहुत ही प्रसिद्ध हैं। उनके बारे में कहा जाता है कि वो जिस किसी भी विभाग में जाते हैं, वहां कोई घोटाला पकड़ लेते हैं और सरकार उनका तबादला कर देती है।

अपने 53 वें तबादले से व्यथित होकर अशोक खेमका ने मुख्यमंत्री मनोहर लाल खट्टर को एक पत्र लिखा था। इसमें उन्होंने कहा था कि दब्बू अधिकारी तो फलते-फूलते हैं, जबकि ईमानदार को मामूली भूमिकाएं दी जाती हैं। साथ ही, उन्होंने सीएम खट्टर से पीएम मोदी से मिलने की अनुमति भी मांगी थी। गौरतलब है कि भाजपा से पहले कांग्रेस की हुड्डा सरकार में भी खेमका का दर्जनों बार ट्रांसफर हुआ था।

हरियाणा में अशोक खेमका 2012 में हुड्डा सरकार के कार्यकाल के दौरान उस समय सुर्खियों में आए, जब उन्होंने कांग्रेस की तत्कालीन अध्यक्ष सोनिया गांधी के दामाद रॉबर्ट वाड्रा तथा रियल एस्टेट दिग्गज डीएलएफ के बीच हुए जमीन सौदे का म्यूटेशन रद्द करने के आदेश जारी कर दिए।

27 साल की नौकरी में 53 तबादलों के लिए चर्चित रहे हरियाणा के सीनियर आईएएस अशोक खेमका के तबादलों की कहानी अब 276 पेज वाली खुली किताब के रूप लोगों के सामने है। इस बायोग्राफी का नाम है "Just Transferred :The Untold Story of Ashok Khemka"
इस पुस्तक को पत्रकार भावदीप कांग और नमिता काला ने लिखा है |

प्रदेश के अब तक के इतिहास में यह पहला मौका होगा, जब हरियाणा कैडर के किसी अफसर के सर्विस पीरियड पर कोई किताब आ रही है। यह भी तय है कि खेमका की किताब आते ही नई बहस छिड़ सकती है क्योंकि अंशोक खेमका ऐसे आईएएस हैं, जो नेताओं को विपक्ष की भूमिका में रहते हुए अच्छे लगते हैं।

वाड्रा-डीएलएफ डील का म्यूटेशन रद्द कर चर्चित

हरियाणा में अशोक खेमका 2012 में हुड्डा सरकार के कार्यकाल के दौरान उस समय सुर्खियों में आए, जब उन्होंने कांग्रेस की तत्कालीन अध्यक्ष सोनिया गांधी के दामाद रॉबर्ट वाड्रा तथा रियल एस्टेट दिग्गज डीएलएफ के बीच हुए जमीन सौदे का म्यूटेशन रद्द करने के आदेश जारी कर दिए। यह वह वक्त था, जब केंद्र में यूपीए का राज था और हरियाणा में भी कांग्रेस की सरकार थी।भ्रष्टाचार की लड़ाई में हर कोई उन्हे शाबाशी देता नजर आया लेकिन जंग के मैदान में कोई उनके साथ नहीं आया | खेमका अकेले ही खड़े जूझते दिखाई दिए |

हालांकि कुछ राजनेताओं, जजों, सांसदों ने उनके बारे में समय समय पर बेबाक राय रखी है | खेमका का टकराव हर राजनीतिक दल की सरकार से हुआ है | इसका खामियाजा उन्होंने तबादलोने के रूप में भोगा

है |एक बार तो एक अधिकारी के तौर पर मिली सरकारी गाड़ी तक छीन ली गई थी लेकिन, तब भी खेमका नहीं डिगे और पैदल ही घर से ऑफिस आते जाते रहे |

अब तक 15 महीनों का सबसे लंबा कार्यकाल

बंसीलाल के नेतृत्व वाली सरकार से खेमका के तबादलों का दौर शुरू हुआ। आईएनएलडी सरकार के दौरान खेमका का 5 वर्ष में 9 बार तबादला हुआ। निदेशक के रूप में श्रम, रोजगार एवं प्रशिक्षण विभाग में उन्होंने 15 महीनों का कार्यकाल पूरा किया, जो उनकी सर्विस का सबसे लंबा समय है।

यशवंत सिन्हा ने की थी IAS की तारीफ

पूर्व केंद्रीय मंत्री यशवंत सिन्हा ने एक मौके पर कहा था, 'अशोक खेमका का करियर इसकी जीती-जागती मिसाल है कि जब एक अफसर ईमानदारी के रास्ते पर चलता है तो उसका अंजाम क्या होता है। खेमका को सच के साथ खड़े होने की कीमत तबादलों के रूप में कई बार चुकानी पड़ी।' सुप्रीम कोर्ट के पूर्व न्यायाधीश जीसिंघवी ने भी कहा था, "अशोक खेमका सरीखे लोग बहुत कम हैं जो पूरी ईमानदारी से अपना कर्तव्य निभाते हैं"।

IIT के टॉपर रह चुके हैं खेमका

1991 बैच के आईएएस ऑफिसर खेमका सिविल सर्विस में आने से पहले 1988 में आईआईटी खड्गपुर में कंप्यूटर साइंस एंड इंजिनियरिंग के टॉपर रह चुके हैं। उन्होंने सिविल सर्विसेज में चयन से पहले 1991 में कंप्यूटर साइंस और इंजिनियरिंग में आईआईटी खड्गपुर में टॉप किया।

'IAS की मिसाल देगी प्रेरणा'

किताब में खेमका के पूर्व सरकारों के साथ हुए विवाद, उनकी कार वापस लेने, चार्जशीट किए जाने और वाड्रा भूमि विवाद आदि का उल्लेख किया गया है। पुस्तक के प्रकाशकों ने दावा किया है, 'जस्ट ट्रांसफर्ड' देशभर के सिविल सेवकों के लिए प्रेरणा बन सकता है। यह किताब उन सवालों के जवाब देने की कोशिश करेगी, जो सवाल कई लोगों के दिमाग में है।

1991 बैच के आईएएस अधिकारी अशोक खेमका की लगभग 27 साल की सेवा में 54 बार ट्रांसफर हुआ है | सेवा का औसत निकाला जाए तो उनका हर छह महीने में तबादला हुआ है| उन्हें सामाजिक न्याय और सशक्तीकरण विभाग से युवा एवं खेल मामलों के विभाग में भेज दिया गया |तबादले पर प्रतिक्रिया देते हुए खेमका ने बीबीसी से कहा, "एक पीड़ित का जब बार-बार बलात्कार होता है तो वो बलात्कार रूटीन कभी नहीं होता है | 80 बार भी बलात्कार होता है और 81वीं बार भी वो बलात्कार ही होता है |"

लगता है कुछ खो गया

खेमका कहते हैं, "हर तबादले के बाद कुछ खोने का सा अहसास होता है | लगता है हार गया हूं लेकिन फिर लगता है कि मैं सिर्फ़ स्वयं से हार सकता हूं | शुरू में बुरा लगता है लेकिन फिर ज़िंदगी अपनी रफ़्तार पर लौट आती है |" खेमका कहते हैं, "मैं महज़ अस्सी दिन इस पद पर था | मेरे तबादले का निश्चित रूप से एक कारण है और वो कारण भ्रष्ट है |" खेमका ने कहा कि सरकार से ये सवाल पूछा जाना चाहिए कि मेरा तबादला प्रशासनिक हित में हुआ है या निजी स्वार्थ में |

ईमानदार छवि

अशोक खेमका की छवि एक ईमानदार आईएएस अधिकारी की है | क्या ये छवि काम को मुश्किल कर देती है? इस सवाल पर खेमका कहते हैं, "मैं अपनी एक छवि लेकर किसी भी विभाग में जाता हूं | वहां जो स्वार्थ निहित तत्व होते हैं वो मेरा तबादला कराने के लिए सक्रिय हो जाते हैं | ये सब काम का हिस्सा है |"खेमका याद करते हैं, "जुलाई 2014 में एक वरिष्ठ केंद्रीय मंत्री ने नॉर्थ ब्लॉक के अपने कार्यालय में मुझसे कहा था कि आपकी छवि से कई मंत्री असहज महससू करते हैं |" जब भाजपा की खट्टर सरकार 2014 में आई तो खेमका को परिवहन विभाग में एक प्रमुख पद दिया गया था लेकिन बाद में उनका यहां से भी तबादला कर दिया गया |

अपने तबादले के बाद किए ट्वीट में खेमका ने कहा था, "बहुत योजनाएं थीं | एक और तबादले की ख़बर | एक बार फिर से क्रैश लैंडिंग | स्वार्थ निहित तत्व जीत गए | ये सब पहले देखा है | ये अस्थायी है | नई

ऊर्जा के साथ फिर से काम करूंगा |"

ये स्वार्थ निहित तत्व कौन है जो हर बार खेमका का तबादला करा देते हैं? इस सवाल पर खेमका कहते हैं, "मैंने 2012 से आज तक किसी का नाम नहीं लिया | मैं नाम नहीं लेना चाहता | ये एक मुद्दा है मैंने उस मुद्दे को ही रेखांकित किया है | इसमे सुधार होना चाहिए | किसी का नाम लूंगा तो मामला व्यक्तिगत हो जाएगा |" तबादले की वजह बताते हुए खेमका कहते हैं, "मैं एक सार्वजनिक सेवा में हूं और सार्वजनिक दायित्व का निर्वाह कर रहा हूं | कुछ लोग कहते हैं ये काम कर दो, मैं कहता हूं ये ग़लत है नहीं करूंगा | बस इतनी सी बात होती है | वो अपना दांव चलाते हैं मेरा तबादला करा देते हैं | ठीक है |"

सरकार की प्रतिक्रिया

हरियाणा के मुख्यमंत्री के मीडिया सलाहकार अमित आर्या ने बीबीसी से कहा, "अशोक खेमका एक वरिष्ठ और ज़िम्मेदार अधिकारी हैं, यदि वो सरकार के किसी मंत्री को भ्रष्ट बता रहे हैं तो उन्हें उनका नाम भी सार्वजनिक करना चाहिए ताकि सरकार उस पर कुछ कार्रवाई कर सके |"

तबादले को रूटीन बताते हुए आर्या ने कहा, "सिर्फ़ खेमका का ही नहीं बल्कि 13 और अधिकारियों का तबादला किया गया है | हर सरकार तबादले करती है | उन्हें एक बेहतर विभाग में भेजा गया है जहां उनके पास काम करने के और बेहतर मौके होंगे |"

क्या करना चाहते थे खेमका?

खेमका सामाजिक न्याय और सशक्तीकरण विभाग में थे जिसका काम समाज के सबसे निचले और वंचित तबकों को सरकारी मदद मुहैया कराना होता है |खेमका कहते हैं, "हमने पुनर्वास को लेकर एक समूची योजना बनाई थी | पुनर्वास योजना पर ही मेरा मुख्य फ़ोकस था | समाज में दस प्रतिशत लोग ऐसे हैं जो या तो निशक्त हैं या किसी न किसी प्रकार के नशे से ग्रस्त हैं |"

"हमारा विभाग साल में 25 लाख लोगों को पांच से साढ़े पांच हज़ार करोड़ रुपए का वितरित करता है | हम इसमें आधार और ई केवाईसी के माध्यम से पारदर्शिता लाना चाहते थे जिससे विभाग को हर साल

लगभग एक हज़ार करोड़ रुपए की बचत होती | बहुत से लोग हैं जो मृत हैं या अपात्र हैं लेकिन उनके नाम से भी राशि वितरित की जा रही है | स्वयं सत्यापन की योजना लागू होने के बाद ये रुक जाती |"

क्या सज़ा है ये तबादला?

खेमका कहते हैं कि यदि विभाग के लिहाज से देखा जाए तो उनका तबादला एक बेहतर विभाग में हुआ है | खेमका कहते हैं, "जिस विभाग में मुझे भेजा गया है वो हरियाणा के मापदंड के हिसाब से बेहतर महकमा है लेकिन मैं इस विभाग में उड़ान भर चुका था और मुझे लग रहा है कि मेरी क्रैश लैंडिंग करवा दी गई है | जो निजी स्वार्थ से प्रेरित लोग हैं उन्होंने मुझे खींचकर ज़मीन पर उतार दिया है | मेरी कार्ययोजनाएं धरी रह गई हैं |"

परिवार में प्रतिक्रिया

क्या तबादलों का असर परिवार पर होता है, इस सवाल पर खेमका कहते हैं कि अब सबको आदत हो गई है |वो कहते हैं, "मेरी पत्नी की बहन को बेटी हुई है जिन्हें देखने वो मुंबई गई हैं | कम से कम मेरी पत्नी ने तो हंसकर यही कहा है कि अच्छा ही हुआ है | मेरा परिवार इस सब का आदी हो गया है |"खेमका के दो बेटे हैं जिनमें से एक कैंब्रिज विश्वविद्यालय में पढ़ रहे हैं और दूसरे नेशनल लॉ स्कूल बेंगलुरू से वकालत की पढ़ाई कर रहे हैं |

वकालत की पढ़ाई

अपने रोज़मर्रा के जीवन के बारे में खेमका कहते हैं, "मैं सुबह पांच बजे उठ जाता हूं | रोज़ाना योग करता हूं और टहलने जाता हूं | इसी में लगभग दो घंटे खर्च हो जाते हैं | फिर एक घंटा अख़बार पढ़ता हूं और दफ़्तर के लिए निकल जाता हूं | दफ़्तर के बाद शाम को मैं एलएलबी की क्लास लेने विश्वविद्यालय जाता हूं | घर लौटकर पत्नी और मां के साथ समय बिताता हूं, इसी में दिन बीत जाता है | "खेमका नौकरी के साथ वकालत की पढ़ाई भी कर रहे हैं | वो कहते हैं कि रिटायर होने के बाद वकालत करना चाहता हूं |

कौन हैं खेमका?

मूलरूप से कोलकाता के अशोक खेमका ने आईआईटी खड़गपुर और टाटा इंस्टीट्यूट ऑफ़ फ़ंडामेंटल रिसर्च में पढ़ाई की | रॉबर्ट वाड्रा की ज़मीन डील मामले को उजागर करने के बाद उनका नाम मीडिया में आया | उनकी पहचान व्हिसिल ब्लोअर के रूप में है|

5

वैज्ञानिक नाम्बी नारायण

"न्याय का सही रूप यह है कि किसी निर्दोष को सजा ना मिल पाए और अपराधी को सजा मिले|" - -अज्ञात

कल्पना कीजिए कि एक नाटकीय लम्हे में आपकी पूरी ज़िंदगी बदल जाए| 25 साल पहले ऐसा ही कुछ भारत के एक वरिष्ठ वैज्ञानिक के साथ हुआ, जब पुलिस अधिकारियों ने उनका दरवाज़ा खटखटाया |

वो सर्दियों की दोपहर थी | केरल की राजधानी त्रिवेंद्रम की संकरी गली में बसे एक घर पर तीन पुलिस अधिकारी पहुंचे | नांबी नारायणन याद करते हैं कि कि तीनों पुलिस अधिकारी उनके साथ विनम्रता और सम्मान से पेश आ रहे थे |पुलिस अधिकारियों ने अंतरिक्ष वैज्ञानिक नारायणन को बताया कि उनके बॉस (डीआईजी) उनसे बात करना चाहते हैं |

"क्या मैं अंडर अरेस्ट हूं?" ,नारायणन ने पूछा |

"नहीं सर," पुलिस अधिकारी ने कहा |

ये सब 30 नवंबर 1994 को हुआ | 53 वर्षीय नांबी नारायणन उस वक़्त इसरो (भारतीय अंतरिक्ष अनुसंधान संस्थान) के क्राइजेनिक रॉकेट इंजन कार्यक्रम का नेतृत्व कर रह थे | इस प्रोजेक्ट के लिए वो रूस से तकनीक ले रहे थे |

नांबी नारायणन पुलिस की गाड़ी की तरफ़ बढ़े | उन्होंने पूछा कि उन्हें आगे की सीट पर बैठना है या पीछे की | आम तौर पर संदिग्धों को पुलिस की गाड़ी में पीछे की सीट पर बैठाया जाता था लेकिन पुलिस अधिकारियों ने उन्हें आगे की सीट पर बैठने को कहा और गाड़ी गली से बाहर निकल गई |

जब वो पुलिस स्टेशन पहुंचे तो डीआईजी वहां नहीं थे | इसलिए नारायणन को एक बेंच पर बैठकर इंतज़ार करने को कहा गया | वो बेंच पर बैठे रहे और उधर से गुज़रने वाले पुलिसकर्मी उन्हें घूरते रहे |नारायणन बताते हैं, "उनकी नज़र कुछ ऐसी थी जैसे वो किसी ऐसे शख़्स को देख रहे हों, जिसने कुछ अपराध किया हो |"

नारायणन इंतज़ार करते रहे लेकिन डीआईजी नहीं आए | रात में उन्हें बेंच पर बैठे-बैठे ही नींद आ गई | अगली सुबह जब उनकी नींद खुली तो बताया गया कि उन्हें गिरफ़्तार किया जा चुका है |

तब तक पुलिस स्टेशन में पत्रकारों की भीड़ इकट्ठी हो चुकी थी और कुछ ही घंटों के भीतर अख़बार उन्हें 'गद्दार' कह रहे थे | एक ऐसा गद्दार जिसने मालदीव की दो महिलाओं के हनी ट्रैप के फंसकर रूस से भारत को मिलने वाली टेक्नॉलजी पाकिस्तान को बेच दी थी |इसके बाद नारायणन की ज़िंदगी कभी पहले जैसी नहीं रही |

स्कैंडल सेपहले की ज़िंदगी

नांबी नारायणन एक मध्यम वर्गीय परिवार में जन्मे थे | अपनी पांच बहनों के बाद जन्मे नारायणन माता-पिता की छठी संतान थे | उनके पिता नारियल के कारोबारी थे और मां घर पर रहकर बच्चों की देखभाल करती थीं |नारायणन मेधावी छात्र थे और अपनी कक्षा अव्वल आते थे | इसरो जाने से पहले उन्होंने इंजीनियरिंग कॉलेज से डिग्री ली और कुछ समय तक चीनी की फ़ैक्टरी में काम किया | वो बताते हैं, "एयरक्राफ़्ट मुझे हमेशा आकर्षित करते थे |"

इसरो में काम करते हुए नारायणन ने तेज़ी से प्रगति की | उन्हें अमरीका की प्रिंस्टन यूनिवर्सिटी में रॉकेट से जुड़ी तकनीक का अध्ययन करने के लिए स्कॉलरशिप भी मिली | वहां से पढ़ाई के एक साल बाद वो भारत लौटे और वापस आकर फिर से इसरो में काम करने लगे |

इसरो में उन्होंने भारतीय अंतरिक्ष कार्यक्रम के जन्मदाताओं, जैसे विक्रम साराभाई (इसरो के संस्थापक और पहले अध्यक्ष), सतीश धवन और एपीजे अब्दुल कलाम (जो बाद में भारत के 11वें राष्ट्रपति बने) के साथ काम किया।

नारायणन याद करते हैं, "जब मैंने इसरो में काम करना शुरू किया तब यह अपने शुरुआती दौर में था। सच कहें तो किसी तरह का रॉकेट सिस्टम विकसित करने की हमारी कोई योजना थी ही नहीं थी। अपने एयरक्राफ़्ट उड़ाने के लिए हम अमरीका और फ़्रांस के रॉकेट इस्तेमाल करने की योजना बना रहे थे।"हालांकि ये प्लान बाद में बदल गया और नारायणन भारत के स्वदेशी रॉकेट बनाने के प्रोजेक्ट में अहम भूमिका निभाने लगे।

साल 1994 तक उन्होंने एक वैज्ञानिक के तौर पर बड़ी मेहनत से काम किया। तब तक, जब तक नवंबर 1994 में उनकी ज़िंदगी पूरी तरह उलट-पलट नहीं गई।नारायणन की गिरफ़्तारी से एक महीने पहले केरल पुलिस ने मालदीव की एक महिला मरियम राशीदा को अपने वीज़ा में निर्धारित वक़्त से ज़्यादा समय तक भारत में रहने के आरोप में गिरफ़्तार किया था। राशीदा की गिरफ़्तारी के कुछ महीनों बाद पुलिस ने मालदीव की एक बैंक कर्मचारी फ़ौज़िया हसन को गिरफ़्तार किया। इसके बाद एक बड़ा स्कैंडल सामने आया।

पुलिस से मिली कुछ जानकारियों के आधार पर स्थानीय अख़बारों ने अपनी ख़बरों में लिखा मालदीव की ये महिलाएं भारतीय रॉकेट से जुड़ी 'गुप्त जानकारियां' चुराकर पाकिस्तान को बेच रही हैं और इसमें इसरो के वैज्ञानिकों की मिलीभगत भी है।फिर ये दावे भी किए जाने लगे कि नांबी नारायणन भी मालदीव की औरतों के हनी ट्रैप के शिकार हुए वैज्ञानिकों में से एक हैं।

नांबी नारायणन कहते हैं कि इस फ़र्ज़ी स्कैंडल की वजह से भारत के रॉकेट प्रोजेक्ट का नुक़सान हुआ।

स्कैंडल के बाद की ज़िंदगी

औपचारिक रूप से गिरफ़्तार किए जाने के बाद नारायणन को अदालत में पेश किया गया |

वो याद करते हैं, "जज ने मुझसे पूछा क्या मैं अपना अपराध कबूल करूंगा ? मैंने पूछा, "कौन सा अपराध?" उन्होंने कहा, " क्या ये सच है कि आपने टेक्नॉलजी दूसरे देश तक पहुंचाई है ?"

जज ने उन्हें 11 दिनों की न्यायिक हिरासत में भेज दिया |

अतीत को खंगालने पर वो तस्वीर मिलती है जिसमें एक वैज्ञानिक गहरे रंग की शर्ट और हल्के स्लेटी रंग की पैंट पहने, पुलिस से घिरा हुआ, अदालत की सीढ़ियों से नीचे उतर रहा है |उस समय को याद करते हुए नारायणन ने अपने संस्मरण में लिखा है, "पहले तो मैं सदमे में था लेकिन बाद में लगा जैसे मैं दिन में कोई सपना देख रहा हूं | एक बार तो ये सब ऐसा लगा जैसे मैं कोई फ़िल्म देख रहा हूं और वो फ़िल्म मेरे ही इर्द-गिर्द घूम रही है |"

अगले कुछ महीनों में नारायण की प्रतिष्ठा और इज़्ज़त जैसे टुकड़ों में बिखर गई | उन पर भारत के सरकारी गोपनीय क़ानून (ऑफ़िशियल सीक्रेट लॉ) के उल्लंघन और भ्रष्टाचार समेत अन्य कई मामले दर्ज किए गए |

जांचकर्ता उन्हें पीटते थे और पीटने के बाद एक बिस्तर से बांध दिया करते थे | वो उन्हें 30 घंटे तक खड़े रहकर सवालों के जवाब देने पर मजबूर किया करते थे | उन्हें लाइ-डिटेक्टर टेस्ट लेने पर मजबूर किया जाता था, जबकि इसे भारतीय अदालतों में सबूत के तौर पर मान्यता नहीं है |

नारायणन को कड़ी सुरक्षा वाली जेल में रखा गया था | उनकी सेल में लोगों को पीट-पीटकर मार डालने वाला एक सीरियल किलर भी था | उस व्यक्ति ने नारायणन से कहा था कि वो इस बारे में ख़बरें पढ़ता है और उसे लगता है कि वो बेकसूर हैं |

नारायणन ने पुलिस को बताया था कि रॉकेट की ख़ुफ़िया जानकारी 'काग़ज के ज़रिए ट्रांसफ़र नहीं की जा सकती' और उन्हें साफ़ तौर पर फंसाया जा रहा है | उस समय भारत शक्तिशाली रॉकेट इंजन बनाने के लिए क्राइजेनिक टेक्नॉलजी को हासिल करने के लिए संघर्ष कर रहा था

और इसलिए जांचकर्ताओं ने नारायणन की बातों पर भरोसा नहीं किया |

इस मामले में नारायणन को 50 दिन गिरफ़्तारी में गुजारने पड़े थे | वो एक महीने जेल में भी रहे | जब भी उन्हें अदालत में सुनवाई के लिए ले जाया जाता, भीड़ चिल्ला-चिल्लाकरक उन्हें 'गद्दार' और 'जासूस' बुलाती थी |

हालांकि नारायणन की गिरफ़्तारी के एक महीने बाद भारत की केंद्रीय जांच एजेंसी सीबीआई ने केरल से यह मामला अपने हाथ में ले लिया |नारायणन ने सीबीआई के जासूसों से बताया कि वो जिन जानकारियों के आधार पर काम करते थे उनमें से कोई जानकारी 'क्लासिफ़ाइड' नहीं थी | एक जासूस ने नारायणन से इस बारे में माफ़ी भी मांगी थी | उसने कहा था, "मुझे मालूम नहीं कि इतना कुछ कैसे हो गया, हमें इसका बहुत दुख है |"

आख़िरकार 19 जनवरी 1995 को नांबी नारायणन को ज़मानत मिली और आधी रात से कुछ देर पहले वो अपने घर पहुंचे | वो सीढ़ियों से ऊपर गए सबसे पहले अपनी पत्नी को ख़बर की | उनकी पत्नी एक अंधेरे कमरे में ज़मीन पर सो रही थीं | नारायण ने दो बार उनका नाम पुकारा, तब वो जगीं |

नारायणन याद करते हैं, "उसने धीरे से करवट बदली, अपना सिर उठाया और चुपचाप मेरी आंखों में देखती रही | उसके चेहरे पर अजीब भाव थे | जैसे वो मुझे कोई भयानक काम करते देख रही हो | इसके बाद वो ज़ोर से चीखकर रोने लगी | ऐसी चीख मैंने पहले कभी नहीं सुनी थी, न किसी इंसान की और न ही किसी जानवर की |"नारायणन की पत्नी मीनाक्षी अम्मल की चीख पूरे घर में गूंज उठी | कुछ देर बाद वो चुप हो गईं |

पति के जेल जाने और उनकी ग़ैरमौजूदगी से मीनाक्षी की मानसिक सेहत पर बहुत बुरा असर पड़ा था | दोनों की शादी को लगभग 30 साल हो चुके थे और उनके दो बच्चे भी थे | नारायणन की गिरफ़्तारी के बाद रोज़ मंदिर जाने वाली मीनाक्षी डिप्रेशन में चली गईं और उन्होंने किसी से बात करना भी बंद कर दिया |

नारायणन के अलावा पांच अन्य लोगों पर भी जासूसी और पाकिस्तान को रॉकेट तकनीक बेचने का आरोप लगा था | इसरो में काम करने वाले डी ससिकुमार, दो अन्य भारतीय पुरुष (रूसी अंतरिक्ष एजेंसी के एक कार्यकर्ता और एक कॉन्ट्रैक्टर) और मालदीव की दो महिलाओं को भी इस सिलसिले में गिरफ़्तार किया था | नारायणन अपनी गिरफ़्तारी से पहले इनमें से किसी से नहीं मिले थे |

साल 1996 में सीबीआई ने अपनी 104 पन्नों की रिपोर्ट जारी की और सभी अभियुक्तों को क्लीन चिट दे दी | सीबीआई ने कहा कि न तो इसरो से गोपनीय क़ागज चुराने के सबूत हैं और न ही पैसों के लेनदेन के | इसरो की एक आंतरिक जांच में भी पता चला कि क्राइजेनिक इंजन से जुड़ा कोई काग़ज ग़ायब नहीं था |

इसके बाद नांबी नारायणन ने एक बार फिर इसरो में काम करना शुरू किया | हालांकि अब वो बेंगलुरु में एक प्रशासनिक भूमिका निभा रहे थे | हालांकि इन सबके बाद भी उनकी परेशानियों का अंत नहीं हुआ | सीबीआई के मामला बंद किए जाने के बावजूद, राज्य सरकार ने इसे दोबारा शुरू करने की कोशिश की और सुप्रीम कोर्ट गई | लेकिन साल 1998 में इसे पूरी तरह ख़ारिज कर दिया गया |

इन सबके बाद नारायणन ने उन्हें ग़लत तरीके से फंसाने के लिए केरल सरकार पर मुक़दमा कर दिया | सुप्रीम कोर्ट ने इसरो के पूर्व वैज्ञानिक नंबी नारायणन द्वारा दायर याचिका पर अपना फैसला सुनाया | ये याचिका नंबी नारायणन के द्वारा पुलिस अफसरों के खिलाफ दायर की थी | जिन्होंने उनके ऊपर जासूसी का केस किया था | इस मामले पर सुनवाई करते हुए सुप्रीम कोर्ट ने कहा कि नंबी नारायणन को गलत तरीके से हिरासत में लिया गया था और उनके साथ ज्यादती हुई | इसके साथ ही कोर्ट ने 50 लाख रुपए का मुआवजा देने का आदेश दिया | सुप्रीम कोर्ट ने जासूसी मामले में नारायणन को आरोपित किए जाने की जांच के लिए अपने पूर्व न्यायामूर्ति डी के जैन की अध्यक्षता में तीन सदस्यीय पैनल गठित किया |

वहीं रिपब्लिक टीवी से बात करते हुए इसरो के वैज्ञानिक ने कहा कि "मैं खुश हूं.. ये काफी लंबा केस था | ये हमारा सिस्टम अचानक

कल से बेहतर हो गया.. मैं अभी पूरा जजमेंट पढ़ूंगा..मुझे डेमेज अमाउंट नहीं चाहिए.. मैं बस चाहता हूं कि आरोपी को सजा मिले.. इसपर रिएक्ट करना काफी ज्लदबाजी होगी.. मैं शाम को इस पूरे मामले पर बात करूंगा |"

गौरतलब है कि चीफ जस्टिस ऑफ इंडिया दीपक मिश्रा के साथ जस्टिस जस्टिस डीवाई चंद्रचूड़ और एएम खानविल्कर ने जुलाई में ही इस आदेश को सुरक्षित कर लिया था | बता दें, पूर्व वैज्ञानिक को 30 नवंबर 1994 को गिरफ्तार किया गया था | उनपर आरोप लगाया गया था कि उन्होंने 'Flight Test data' को लीक किया है और उसकी जानकारी मालदीव जैसे देश को दी है |

नंबी नारायणन केरल हाई कोर्ट के फैसले के खिलाफ सुप्रीम कोर्ट पहुंचे थे | उन्होंने शिकायत दर्ज करवाई थी कि पूर्व DGP Siby Mathews और पूर्व SPs K K Joshua और S Vijayan ऐसे ऑफिसर थे जो इस मामले से जुड़े हुए थे और बेवजह उन्हें फंसा रहे थे | इसके साथ ही नंबी नारायणन ने केरल की पुलिस और IB पर उन्हें टॉर्चर करने और जबरदस्ती बयान दिलवाने का आरोप भी लगाया|

नारायणन ने कहा है कि इन तमाम लोगों के खिलाफ जांच के दौरान कोई कार्रवाई नहीं की गई थी | ये सब लोग फिलहाल अपने-अपने पदों से रिटायर हो चुके हैं | नांबी नारायणन चाहते हैं कि सभी लोगों के खिलाफ कड़ी कार्रवाई की जाए |

मुआवज़े के तौर पर उन्हें 50 लाख रुपए दिए गए | केरल सरकार ने कहा कि वो ग़ैरक़ानूनी गिरफ़्तारी और उत्पीड़न के मुआवज़े के तौर पर उन्हें एक करोड़ 30 लाख रुपए और देगी |

नांबी नारायणन आज 80 साल के हैं और उनके लिए अब भी ये कहानी ख़त्म नहीं हुई है |

साल 2018 में सुप्रीम कोर्ट ने इस मामले में केरल पुलिस की भूमिका की जांच के आदेश दिए ।

इस मामले में 2018 में बनी एक उच्च-स्तरीय जांच समिति ने अपनी रिपोर्ट सुप्रीम कोर्ट को सौंपी है। इस मुद्दे को राष्ट्रीय मुद्दा बताते हुए केंद्र सरकार ने फौरन सुनवाई की मांग की थी। गौरतलब है कि

इस मामले में नम्बी नारायण को सीबीआई ने क्लीनचिट दे दी थी और सुप्रीम कोर्ट ने भी उन्हें 1998 में ही बरी कर दिया था। लेकिन, अब इस मामले में उनकी गैरकानूनी गिरफ्तारी के लिए तत्कालीन वरिष्ठ अधिकारियों पर गाज गिरने की आशंका है। यह मामला राजनीतिक भी है, क्योंकि इसकी वजह से केरल के एक पूर्व कांग्रेसी मुख्यमंत्री को अपने पद से इस्तीफा भी देना पड़ा था। क्योंकि, उन्हीं के कार्यकाल में देश के एक प्रतिष्ठित वैज्ञानिक को झूठे मामले में फंसाकर उनके साथ भारी अत्याचार किया गया था।

यही नहीं सर्वोच्च अदालत ने इसरो के पूर्व वैज्ञानिक के 'घोर अपमान' के लिए केरल सरकार को उन्हें 50 लाख रुपये का मुआवजा देने का भी निर्देश दिया था। अदालत ने उनका जबर्दस्त उत्पीड़न और उन्हें पहुंची अपार पीड़ा के लिए जिम्मेदार अधिकारियों के खिलाफ उचित कार्रवाई के लिए ही जांच समिति बनाने का आदेश दिया था, जिसमें केंद्र और राज्य सरकार दोनों को एक-एक अधिकारियों को नामित करने का निर्देश दिया गया था। अब इस समिति की रिपोर्ट आ चुकी है, जिसके बाद ही सॉलिशिटर जेनरल तुषार मेहता ने चीफ जस्टिस एसए बोबडे की अगुवाई वाली बेंच के सामने इस केस की तत्काल सुनवाई की मांग की थी। इस बेंच में चीफ जस्टिस के अलावा जस्टिस एएस बोपन्ना और वी रामासुब्रमण्यम भी शामिल हैं।

1994 में सामने आया था इसरो का 'झूठा' जासूसी कांड इस मामले में सुप्रीम कोर्ट इसरो के पूर्व वैज्ञानिक नम्बी नारायण के साथ केरल पुलिस के बर्ताव को घोर अमानवीय मान चुका है, जिन्हें उसने सभी कानूनों की धज्जियां उड़ाते हुए गिरफ्तार किया था। इस मामले में केरल पुलिस ने उनके अलावा एक और वैज्ञानिक और मालदीव की दो महिलाओं समेत चार और लोगों पर भारत के स्पेस प्रोग्राम से जुड़े गोपनीय दस्तावेज पाकिस्तान को देने का आरोप लगाया था। जिस समय नारायण को झूठे आरोपों में गिरफ्तार किया गया था, उस समय केरल में कांग्रेस की सरकार थी। इस केस की जांच में सीबीआई ने पाया था कि उनकी अवैध गिरफ्तारी में केरल सरकार के तत्कालीन बड़े अधिकारी शामिल थे। इसी वजह से केरल की पूर्ववर्ती कांग्रेस सरकार भी

निशाने पर आई थी और दिवंगत सीएम के करुणाकरन को इसी मुद्दे पर इस्तीफा तक देना पड़ गया था। अब करीब ढाई साल की छानबीन के बाद जस्टिस (रि) जैन ने उन हालातों की पड़ताल की है, जिसकी वजह से नारायण को गैर-कानूनी तौर पर गिरफ्तार किया गया था और उन्हें भारी मानसिक प्रताड़ना से गुजरना पड़ा।

'जिस तकनीक को बेचने का आरोप था, वह तब तक थी ही नहीं' । 80 वर्षीय पूर्व वैज्ञानिक नारायणन कह चुके हैं कि केरल पुलिस ने जानबूझकर उनके खिलाफ यह केस बनाया था कि और जिस तकनीक को 1994 में उनपर बेचने का आरोप लगाया गया था, वह उस समय तक थी भी नहीं। उनकी याचिका पर सुप्रीम कोर्ट ने माना था कि उनके साथ हुई बर्बरता,अमानवीयता के लिए जो भी अधिकारी जिम्मेदार हैं, जिनकी वजह से उनके दिमाग पर बहुत ही भयानक असर हुआ, उन्हें कानून का सामना करना ही चाहिए।

सितंबर,2018 में अपने आदेश में सुप्रीम कोर्ट ने कहा था, 'जब किसी के साथ साइको-पैथोलॉजिकल बर्ताव किया जाता है तो व्यक्ति की गरिमा आहत होती है। जब एक इंसान के आत्मसम्मान को छलनी किया जाता है तो वह न्याय की गुहार लगाता है।' इसरो में क्रायोजिनक प्रोजेक्ट के डायरेक्टर थे नम्बी नारायण सीबीआई ने अपनी जांच के बाद नारायण को क्लीनचिट देते हुए केरल के पूर्व डीजीपी सिबी मैथ्यूज पर बिना किसी ठोस सबूत के उनकी गिरफ्तारी के आदेश देने की बात कही थी। इस मामले में दो रिटायर्ड एसपी केके जोशुआ और एस विजयन भी आरोपों के घेरे में हैं, जिन्हें सीबीआई ने भी उनकी गैरकानूनी गिरफ्तारी में शामिल होने का जिम्मेदार पाया है। 1994 में यह मामला तब चर्चा में आया था जब तिरुवनंतपुरम में मालदीव की नागरिक रशीदा को इसरो के रॉकेट इंजन का गोपनीय ड्रॉइंग कथित तौर पर पाकिस्तान को बेचने के लिए हासिल करने के आरोप में गिरफ्तार किया गया था। उस समय नारायण इसरो में क्रायोजिनक प्रोजेक्ट के डायरेक्टर थे और उनके साथ इसरो के तत्कालीन डिप्टी डायरेक्टर डी शशिकुमारन और राशीदा की मालदीव की ही दोस्त फॉजिया हसन को भी गिरफ्तार किया गया था।

नारायणन जांच के नतीजे देखने के लिए उत्सुक हैं. उन्होंने कहा, "मैं चाहता हूं कि मुझे इसमें फंसाने वाले लोगों को सज़ा मिले. इस कहानी का एक अध्याय ख़त्म हो गया है लेकिन एक अध्याय अब भी बाकी है |"

नारायणन और पांच अन्य लोगों के ख़िलाफ़ इस तरह की साज़िश क्यों रची गई, यह आज भी रहस्य बना हुआ है |नारायणन को शक़ है कि शायद यह षड्यंत्र किसी प्रतिद्वंद्वी अंतरिक्ष शक्ति सम्पन्न राष्ट्र ने रचा होगा ताकि भारत की रॉकेट टेक्नॉलजी को विकसित होने से रोका जा सके | बाद में यही तकनीत अंतरिक्ष में भारत की सफलता के लिए वरदान साबित हुई |क्या इसके पीछे वो देश थे जो भारत के कम ख़र्च में सैटेलाइट लॉन्च करने से घबराए हुए थे? या फिर ये सिर्फ़ भारत में व्याप्त भ्रष्टाचार का नतीजा था?

नारायणन कहते हैं, "ये सब साज़िश के तहत ही हुआ था | लेकिन इस साज़िश को रचने वाले लोग अलग-अलग थे और उनके मक़सद भी अलग थे | हां, उनकी साज़िश के शिकार एक जैसे लोग ही हुए | जो भी हुआ उससे मेरा करियर, मेरी इज़्ज़त, मेरी प्रतिष्ठा और मेरी ख़ुशियां...सब कुछ तबाह हो गया | और इसके लिए ज़िम्मेदार लोग आज भी बिना किसी सज़ा के खुले घूम रहे हैं|"

****

इसरो के पूर्व रॉकेट साइंटिस्ट नांबी नारायणन के जीवन पर आधारित आर माधवन की फिल्म 'रॉकेट्री: द नांबी इफेक्ट' 1 जुलाई 2022 को रिलीज होनी है | यह फिल्म हिंदी, तमिल, तेलुगु, इंग्लिश, मलयालय और कन्नड़ भाषा में पर्दे पर दिखाई देगी |

आर. माधवन अपनी फिल्म 'रॉकेट्री: द नांबी इफेक्ट' का प्रमोशन कर रहे हैं | इसी क्रम में वो फिल्म को प्रमोट करने के लिए दिल्ली पहुंचे | वहां उन्होंने इस फिल्म से जुड़ा एक बड़ा खुलासा किया है | आर माधवन के मुताबिक उनकी फिल्म में शाहरुख खान और सूर्या ने कैमियो किया है | शाहरुख खान और सूर्या ने उनकी फिल्म के लिए फीस नहीं ली | उन्होंने फिल्म में फ्री में काम किया |

साल 2019 में नांबी नारायणन को भारत सरकार के प्रतिष्ठित पद्म भूषण पुरस्कार से भी नवाजा गया |

6

सांबा जासूसी कांड

"सबसे बड़ा गुरु मंत्र है की कभी भी अपने राज दूसरों को मत बताएं |ये आपको बर्बाद कर देगा|"

-आचार्य चाणक्य

एक जासूस ने एक बार जासूसी का ऐसा रायता फैलाया कि लगभग आधी सदी तक सेना के तमाम लोग उसमें लथपथ रहे और पूरा देश हैरान-परेशान रहा।

कौन था वह शख्स जिसने यह हैरतंगेज कारनामा कर दिखाया! कौन था वह काइयां जिसकी चालबाजियों से दर्जनों सैन्य अधिकारी और कर्मचारी पस्त पड़ गए!! कौन था वह जासूस जिसके कुटिल कारनामों से घायल कई पीड़ितों को अभी भी इन्साफ की तलाश है |

वह था एक मामूली-सा गंवार, अशिक्षित इंसान -सरवन दास, रहने वाला जम्मू जिले के चकरा गाँव का। चकरा पाकिस्तान की सीमा के निकट एक छोटा-सा गाँव है। गाँव में सरवन ने सुन रखा था कि सरहद के उस पार बहुत पैसा है और मजे लेने के लिए मिलती हैं इफरात खूबसूरत औरतें। पैसे और औरत की चाहत सरवन को सीमा पार करने के लिए हमेशा उकसाती थी। इसी बीच, वह सेना की आर्टिलरी रेजिमेंट में गनर भर्ती हो गया और गाँव से दूर चला गया। मनमौजी और लापरवाह सरवन को सेना का सख्त अनुशासन रास न आता था। सेना के अनुशासन और कार्य शैली से वह तंग रहता था।

भारत-पाकिस्तान का 1971 का युद्ध समाप्त हुए कुछ ही महीने बीते थे | उन दिनों आज की तरह सीमा पर तारबंदी नहीं थी | चकरा गाँव के पास दोनों देशों के बीच बड़ी अस्पष्ट-सी सीमा-रेखा थी और दोनों ओर दूर-दूर तक खेत फैले हुए थे |

सन 1972 की जुलाई-अगस्त की बात है | सरवन छुट्टी में अपने गाँव आया हुआ था | एक रात खेतों-खेतों चलता हुआ सरवन सरहद के उस पार पहुँच गया | जब तक सुबह हुई वह सरहद से काफी आगे निकल चुका था | सरवन जिस जगह पहुंचा वहाँ एक बस खड़ी दिखाई पड़ी जो चलने ही वाली थी | सरवन फुर्ती से उसमें सवार हो गया |

लगभग दोपहर बाद बस जब अपने गंतव्य स्थान पर पहुंची तो पता लगा कि वह पाकिस्तान का सियालकोट है | बस कंडक्टर ने सरवन से किराया माँगा तो उसने बड़ी सफाई से झूठ बोल दिया कि उसका बटुआ कहीं खो गया । कंडक्टर ने सरवन की बात सच समझ कर उसे बख्श दिया । लेकिन, सरवन अब इसके बाद क्या करता; कहाँ जाता! जेब में पैसे नदारद । फिर तो वह वहीं बस स्टैंड पर ही भूखा-प्यासा पड़ा रहा ।

रात को गश्त करते हुए स्थानीय पुलिस के कुछ सिपाही जब उधर से गुजरे तो एक अनजान आदमी को यूँ बस-स्टैंड में पड़ा देख कर तहकीकात करने लगे । उनकी पूछताछ पर सरवन ने चुप्पी साध लिया । इससे उनका शक और बढ़ा । उन्होंने उसकी जामा-तलाशी ली । तलाशी में उसका फौजी आइडेंटिटी कार्ड मिला ।

सरवन को थाने ले जाया गया, जहां से दो दिनों बाद उसे सियालकोट के गोरा जेल भेज दिया गया । जेल पहुँच कर सरवन बुरी तरह डर गया । वहां उसने अपने ही जैसे अन्य कई भारतीय कैदियों को भयंकर यातना झेलते देखा ।

जल्दी ही एक दिन पाकिस्तान आर्मी की फील्ड इंटेलिजेंस यूनिट के कुछ लोग सरवन के पास पहुंचे और उससे पूछताछ शुरू की । पूछताछ के बहाने सरवन की खूब पिटाई हुई । अंततः, सरवन को लालच दिया गया कि अगर वह उनके लिए जासूसी करने को राजी हो जाय तो उसे रिहा कर दिया जायेगा, और इनाम के तौर पर बहुत पैसा और दूसरी मनचाही चीज भी दी जायेगी । सरवन लालच में आ गया और उसने पाकिस्तान

के लिए जासूसी करना स्वीकार कर लिया।

सरवन को तुरंत 200 रुपये दिए गये और उसे ससम्मान सरहद तक पहुँचाया गया, जहाँ से वह चुपके से अपने घर वापस लौट आया।

दो सप्ताह बाद सरवन फिर सीमा पार कर पाकिस्तान पहुंचा और भारतीय सेना के बारे में कुछ खबरें दीं। इन ख़बरों की गुणवत्ता और उपयोगिता काफी निम्न स्तर की थी, फिर भी मेजर अकबर खां ने सरवन की तारीफ की और उसका हौसला अफजाई करने के लिए भरपूर इनाम-इकराम दिया। सरवन की औकात को आंकते हुए मेजर ने उससे किसी खास संगीन खबर की उम्मीद छोड़ कर उसका इस्तेमाल भारतीय सेना में अपना जासूसी नेटवर्क फ़ैलाने में करने का प्लान बनाया। इस प्लान के मद्देनजर मेजर ने सरवन को ताकीद किया कि वह अपने अन्य फौजी साथियों को भी जासूसी के इस काम में लगाए।

छुट्टी से जब सरवन अपनी यूनिट में लौटा तो वह भारतीय सेना में पाकिस्तान का पक्का जासूस बन चुका था। अपने हैंडलर मेजर अकबर खां के निर्देशानुसार दूसरा जासूस रिक्रूट करने के लिए उसने अपने गांव के ही एक फौजी साथी आया सिंह को टारगेट किया। सरवन आया सिंह को तरह-तरह के सपने दिखाता था। उसे वह समझाता कि पाकिस्तान के लिए काम करने में बड़े मजे हैं। रूपये-पैसे और इज्जत सब कुछ मिलता है। और, यहाँ क्या है! बस, अफसरों की डांट-डपट। बहलाते-फुसलाते आखिर सरवन सिंह ने आया सिंह को पाकिस्तान की जासूसी करने के लिये राजी कर ही लिया।

मार्च 1973 में सरवन और आया दोनों एक साथ अपने-अपने गाँव छुट्टी आये। दोनों एक साथ सीमा पार करने की योजना बना कर एक रात सीमा पार कर पाकिस्तान जा पहुंचे। वहां सरवन ने आया सिंह को मेजर अकबर खां से मिलवाया। मेजर ने आया सिंह को बहुत-सारी बातें समझा कर जासूसी का काम सौंपा। इस तरह अब आया सिंह भी पाकिस्तानी जासूसी नेटवर्क का जासूस बन गया।

छः माह बाद जब वो बबीना अपनी यूनिट वापस आये तो उन्हें बिना सूचना और स्वीकृत छुट्टी से अधिक समय तक गैरहाजिर रहने के लिए दोनों को सजा दी गयी। दोनों को सजा भुगतने के लिए सिकंदराबाद

भेजा गया, जहाँ से कुछ समय बाद दोनों फिर अपनी यूनिट बबीना वापस लौट आये।

जासूसी के काम में सरवन को बड़े मजे आ रहे थे और मोटी कमाई भी हो रही थी। लेकिन, अंततः उसका भांडा फूट गया जब इंटेलिजेंस ब्यूरो (आईबी) ने अपने एक डबल एजेंट की मदद से उसकी ख़ुफ़िया कारगुजारी का पता लगा लिया।

इंटेलीजेंस ब्यूरो (आईबी) की रिपोर्ट पर मिलिटरी इंटेलिजेंस (एम आई) के लोग बहुत खफा हो गये। उनके लिये यह एक प्रतिष्ठा का प्रश्न बन गया कि एक सिविल एजेंसी ने उनकी कमी को उजागर कर दिया था। आईबी द्‌वारा सेना के जवान के ऊपर आरोप लगाने से मिलिटरी इंटेलिजेंस के अधिकारियों को बड़ी शर्मिंदगी और गुस्सा आया। उन्होंने गनर सरवन को धर दबोचा। लेकिन, जब जांच-पड़ताल के सिलसिले में सरवन को ट्रेन से बबीना से जम्मू ला रहे थे तो जालंधर में वह एम आई के संतरियों को चकमा देकर ट्रेन से कूद पड़ा और फरार हो गया।

छुपते-छुपाते सरवन चुपके से अपने गाँव चकरा पहुँच गया। थोड़े दिनों अपने घर में छुप कर रहने के बाद जब सरवन को लगा कि अब इधर रहना खतरे से खाली नहीं है तो वह चुपके से भाग कर पाकिस्तान पहुँच गया जहाँ वह बड़े मजे से सात महीने रहा। बीच-बीच में वह रात को कुछ ही घंटे पैदल चल कर अपने गाँव चकरा आ जाता और अपनी माँ और बीवी से मिल कर वापस चला जाता था। इंटेलिजेंस ब्यूरो के जासूस निरन्तर सरवन के फ़िराक में लगे हुए थे। आखिर एक रात वह पकड़ा गया और उसे मिलिटरी इंटेलिजेंस के हवाले कर दिया गया|

चकमा देकर अपनी गिरफ्त से फरार हो जाने और फिर इतने दिनों बाद आईबी द्‌वारा दुबारा पकड़ लिए जाने पर मिलिटरी इंटेलिजेंस के अधिकारी खफा हो गए| इस बार सरवन से बड़ी सख्ती से पेश आए।यहां यह स्पष्ट कर देना आवश्यक है कि आई बी द्‌वारा किसी सैनिक को पकड़े जाने पर उसे सेना की मिलिट्री इंटेलिजेंस के सुपुर्द कर दिया जाता है। पूछताछ के दौरान उसे खूब प्रताड़ित किया गया और खूब यातना दी गई। बार-बार उससे सवाल किया जाता रहा कि कैसे वह जासूस बना और कौन-कौन उसके जासूसी नेटवर्क में शामिल हैं।

घोर शारीरिक व मानसिक यातना और बार-बार के सवालात से तंग आकर सरवन अपनी मुशीबत टालने के लिए निर्दोष सैन्य अधिकारियों पर इल्जाम लगाने लगा | अपने द्‌वारा बतायी हुई बातों पर पूछताछ करने वालों को विश्वास न करता हुआ देख कर सरवन सांसत से बचने के लिए मनगढ़ंत कहानियां सुनाने लगा । उसने उन लोगों के भी नाम लेना शुरू किया जिनका नाम उसने सिर्फ सुना था, लेकिन कभी मिला नहीं था । बस अपनी जान बचाने के लिए वह उन सेना अधिकारियों और जवानों का नाम लेता गया जिनका इस जासूसी नेटवर्क से कोई लेना-देना नहीं था । उसमें उन लोगों का भी नाम जोड़ दिया जिनसे उसकी पटती नहीं थी । उन्हीं में से एक उसके बैटरी कमांडर कैप्टेन आर जी गहलावत भी थे । कैप्टेन गहलावत को बाद में 14 वर्ष के कठोर कारावास की सजा हुई । मारे शर्म और दुःख के उस स्वाभिमानी अफसर की बाद में हार्ट अटैक से मृत्यु हो गयी ।

सरवन ने जिस-जिस का नाम लिया, मिलिटरी इंटेलिजेंस ने उन सबको एक-एक कर धर दबोचा । उन सबसे बारी-बारी पूछताछ शुरू हुई । पूछताछ के दौरान एक-एक कर सबको घोर प्रताड़ना दी गई | ज्यों-ज्यों प्रताड़ना और यंत्रणा बढ़ती गयी, खुद को सांसत से बचाने के लिए वह झूठी कहानी गढ़ता गया । हर कहानी में कुछ नये लोगों का नाम उभर कर आने लगे। इस तरह दूसरों का गला फंसा देने का दुर्भाग्यपूर्ण सिलसिला चल पड़ा । सरवन ने जासूसी का जो जाल बुना था उसमे एक-एक कर 70 सेना के अफसर, जवान और सिविलियन फंस गए । एमआई की कस्टडी में सरवन जुलाई 1975 से अगस्त 1978 तक रहा ।

इसी बीच सरवन का साथी आया सिंह भी एमआई की पकड़ में आ गया । जब आया सिंह से पूछताछ हुई तो पिटाई से बचने के लिए उसने भी कहानियां गढ़ना शुरू किया । उसकी कहानियों में भी कई नाम उभर कर आये ।

सेना से इतनी बड़ी संख्या में लोगों का नाम उभर कर आने से एम आई के लोग बौखलाए हुए थे । पूछताछ करने वाले लोग बहुत गुस्से से भरे रहते थे । आरोपी जो भी झूठी-सच्ची कहानी सुनाता उसका विवेकपूर्ण विश्लेषण करने के बजाय आँख मूँद कर विश्वास कर लेते

थे। उन कहानियों में जिनका भी नाम आता उसे धर दबोचते और क्रूरतापूर्वक पिटाई करते हुए तरह-तरह की मनमानी बातें उगलवाने की उग्र कोशिश करते थे। पूछताछ की सूक्ष्म और सभ्य तकनीकों, मनोवैज्ञानिक तरीकों को अपनाने के बजाय पूछताछ दल सिर्फ अंधाधुंध पिटाई का क्रूर फौजी तरीका अपना रहा था। इसकी वजह से परत-दर-परत छुपी हुई सच्चाई उभर कर सामने नहीं आ पा रही थी, बल्कि बदले में झूठी-सच्ची कहानियां और उलटे-सीधे नामों का खुलासा हो रहा था जो पूरी तरह सच्चाई से परे था।

आया सिंह ने जिन लोगों का नाम लिया था उनमें उसका एक रिश्तेदार कैप्टेन नाग्याल भी था जो सेना के कोर हेडक्वार्टर में जीएसओ-3 इंटेलिजेंस था। आया सिंह ने अन्य कई लोगों के नाम लिए जिनमें से कैप्टेन आर एस राठौर और कैप्टेन ए के राना का नाम भी था। राठौर उस समय साम्बा में सेना के इंटेलिजेंस यूनिट में कैप्टेन थे। कैप्टेन नाग्याल ने भी पूछताछ में राठौर का नाम लिया और सरवन ने भी पूछताछ के दौरान तस्दीक किया कि गोपनीय फाइलें उसने कैप्टेन राठौर से लिया था और उन्हें अपने हैंडलर पाक आर्मी के मेजर अकबर खां से मिलाने भी ले गया था। सभी लोग मिलिट्री इंटेलिजेंस की घोर यातना से बचने के लिये किसी दूसरे को फंसा रहे थे।

पूछताछ में कुछ दिनों तक तो कैप्टेन राठौर अडिग रहे, किन्तु निरन्तर यंत्रणा से अंततः वह भी टूट गये और तंग आकर उन्होंने भी कई दूसरे लोगों का नाम लिया। इनमें से एक नाम हवलदार राम स्वरुप का भी उभरा जो सिर्फ इस बात के लिए गिफ्तार हो गया कि वह कैप्टेन राठौर का पुराना परिचित था और दिल्ली में एक सरकारी काम के सिलसिले में उनसे मिला था। अपनी गिफ्तारी के एक महीने में ही रामस्वरूप दिल्ली कैंटोनमेंट एरिया में मरा हुआ पाया गया। कहते हैं कि पूछताछ के दौरान उसे इतनी यंत्रणा दी गई कि वह मर गया, जबकि आधिकारिक तौर पर कहा गया कि वह नशीली दवायें लेने का आदी था और दवा के ओवरडोज़ से मर गया। यह 1978 की घटना है। इस सिलसिले में रामस्वरूप के कमांडिंग ऑफिसर मेजर आर के मिढा भी पूछताछ के दायरे में आ गये। आरोप है कि मेजर मिढा को

इसलिए फंसाया गया क्योंकि उन्होंने आधिकारिक बयान के विरुद्ध जा कर रामस्वरूप का पक्ष लेने का प्रयास किया था।

अब तो जो भी जरा भी शक के दायरे में आता या पूछताछ की प्रक्रिया पर सवाल उठाता, एम आई उसे उठा लेती और पूछताछ के नाम पर घनघोर प्रताड़ित करती। यहाँ तक कि उत्तरी कमांड के डिप्टी अधिवक्ता जनरल, मेजर निर्मल आजवानी भी तथाकथित रूप से फंसा दिए गए। उनका अपराध था कि सेना में एक कोर्ट मार्शल के दौरान जज के रूप में सुनवाई करते समय उन्होंने झूठे सबूतों को मानने से इन्कार कर दिया था। जबकि मिलिट्री इंटेलिजेंस के अधिकारी किसी को फंसाने के लिये उन पर दबाव डाल रहे थे। इसे प्रतिष्ठा का प्रश्न बना कर उस अधिकारी ने सबसे पहले उनकी पोस्टिंग उधमपुर से पूने करवा दी। फिर एक झूठा मामला बना कर उन्हे भी साम्भा जासूसी कांड में फंसा दिया। उन्हे भीं अरेस्ट कर लिया गया। कई तरह की यातनायें दी गई। यह बात दीगर है कि इस आरोप से वह बच निकले क्योंकि एक गवाह ने तथाकथित रूप से उनके विरुद्ध झूठी गवाही देने से इन्कार कर दिया।

सरवन ने जासूसी की जो गलती की थी उसका रायता फैलते-फैलते लगभग एक पूरे इन्फेंट्री ब्रिगेड को अपनी चपेट में ले चुका था। वह इन्फेंट्री ब्रिगेड जम्मू शहर से कोई 40 किमी दूर पाकिस्तान सीमा के निकट बसे साम्बा नामक छोटे से शहर में स्थित था। इस 168 इन्फेंट्री ब्रिगेड एवं इसकी सहायक इकाइयों से 24 अगस्त 1978 से 23 जनवरी 1979 के बीच 70 लोग इस केस में गिरफ्तार हुए। लगभग पूरा का पूरा अधिकारी वर्ग इसमें लिप्त पाया गया और गिफ्तार हुआ। इसमें एक ब्रिगेडियर और तीन लेफ्टिनेंट कर्नल के अलावा कई मेजर, कैप्टेन, जूनियर कमीशंड अधिकारी, नॉन-कमीशंड अधिकारी और अन्य पदों के सैन्यकर्मी थे। इनके अलावा ग्यारह सिविलियन्स भी गिरफ्तार हुए। ये सारी की सारी गिरफ्तारियां हुईं उन दो लोगों के खुलासे के आधार पर जो पाकिस्तान के लिए जासूसी कर रहे थे। ये थे गनर सरवन दास और गनर आया सिंह।

फिर शुरू हुआ आरोपित सैन्यकर्मियों का कोर्ट मार्शल। सरवन और आया सिंह दोनों नौकरी से बर्खास्त कर दिए गए और उन्हें सात साल

के कठोर कारावास की सजा हुई। कैप्टेन राठौर और कैप्टेन राना को भी नौकरी से बर्खास्त कर दिया गया और उन्हें 14 साल के कठोर कारावास की सजा हुई। कई अन्य आरोपित सैन्य अधिकरी व कर्मी बिना औपचारिक मुकदमा चलाये ही नौकरी से निकाल दिए गए।

वैसे बाद में, सरवन को मार्च 1979 में और आया सिंह को मार्च 1978 में नौकरी में वापस रख लिया गया। आरोप यह लगाया जाता है कि कैप्टेन राठौर और कैप्टेन राना व अन्य को झूठा फंसाने के बदले दोनों सिपाहियों को यह यह इनाम मिला था।

कोर्ट मार्शल के फैसले के खिलाफ कैप्टेन राना ने अक्टूबर 1980 में एक पेटीशन दाखिल किया, किन्तु दिल्ली हाई कोर्ट ने उनके पेटीशन को ख़ारिज कर दिया। उन्होंने हिम्मत न हारी और कैप्टेन राठौर के साथ मिलकर पेटीशन दाखिल करते रहे। ये सारे पेटीशन ख़ारिज होते गये और अंततः 1987 में सुप्रीम कोर्ट ने इस मुद्दे पर विचार व्यक्त करते हुए कहा, "हमने सारे रिव्यु पेटीशन और उनसे सम्बंधित कागजात अच्छी तरह देखे, किन्तु हमने उनमें कोई दम नहीं पाया। इसलिए रिव्यु पेटीशन ख़ारिज किया जाता है।"

सुप्रीम कोर्ट की रूलिंग के बाद भी पेटीशनों के दाखिल किये जाने का सिलसिला जारी रहा। अब पेटीशन इस बात के लिए दाखिल किया जा रहा था कि क्या आर्मी एक्ट की धारा 18 (संविधान के अनुच्छेद 310 के संग पठित) को चुनौती दी जा सकती है। धारा 18 के अंतर्गत ही बिना औपचारिक मुक़दमे चलाये आरोपितों की नौकरी समाप्त की गयी थी और उन्हें सजा दिया गया था। पेटीशनरों को इस मामले में सफलता मिली और कोर्ट ने माना कि आर्मी एक्ट की धारा 18 के प्रयोग के औचित्य की जांच की जा सकती है यदि यह लगे कि इस धारा के प्रयोग से नैसर्गिक न्याय और संविधान के अनुच्छेद 14 में दिए गए मूल अधिकारों का उल्लंघन हुआ है।

मई 1989 में जेल से छूटने के बाद राठौर ने 1995 में फिर एक पेटीशन दाखिल किया। इस बार उन्होंने मांग की कि कोर्ट मार्शल की सारी कार्रवाई रद्द की जाय क्योंकि कोर्ट मार्शल ने अविवेक और दुर्भावना से प्रेरित होकर कार्य किया था। किन्तु, यह पेटीशन सफल

न हो सकी। 1994 में एक दूसरे आरोपी मेजर अजवानी के पेटीशन पर सुनवाई करते हुए दिल्ली हाई कोर्ट ने माना कि इस मामले की फिर से जांच होनी चाहिए और पूरे मसले पर से पर्दा हटाया जाना चाहिए ताकि सच्चाई सामने आ सके।

इसी बीच, आया सिंह भारत-पाक सीमा अवैध रूप से पार करते समय दिसम्बर 1990 में मारा गया। कहा तो यह भी जाता है कि दिसम्बर 1994 में सरवन ने यह स्वीकार किया कि उसने निर्दोष लोगों को इस केस में झूठा फंसाया था।

इन सब तथ्यों को ध्यान में रखते हुए इस केस की सुनवाई के दौरान दिल्ली हाई कोर्ट ने साल 2000 में माना कि पूरे मामले में न्याय का गला घोंटा गया। हाई कोर्ट ने कोर्ट मार्शल की कार्रवाई को गलत ठहराया और सभी आरोपियों को दोषमुक्त कर दिया।

हाई कोर्ट के इस फैसले के विरुद्ध 2006 में सुप्रीम कोर्ट में अपील हुई। सुप्रीम कोर्ट ने दिल्ली हाई कोर्ट के दृष्टिकोण में कई त्रुटियाँ निकाल दी और इस केस को 2007 में दिल्ली हाई कोर्ट को लौटा दिया इस निर्देश के साथ कि पूरे मामले की फिर से नए सिरे से सुनवाई की जाय।

सारी न्यायिक प्रक्रियाओं के बाद भी सुप्रीम कोर्ट अपने पुराने रुख पर कायम रहा और कोर्ट मार्शल की कार्रवाइयों को सही ठहराया। 2017 में मेजर आजवानी ने फिर एक बार कोशिश की और सुप्रीम कोर्ट में याचिका दाखिल की कि साम्बा जासूसी काण्ड के कागजात जिसे सेना और सरकार ने राष्ट्रिय सुरक्षा के नाम पर गोपनीय बना रखा है उन्हें कम से कम याचिकाकर्ताओं को देखने के लिए उपलब्ध कराया जाय। किन्तु, सुप्रीम कोर्ट ने उनकी याचिका को सिरे से ख़ारिज करते हुए इस मांग को अस्वीकृत कर दिया।

अप्रैल 2019 में, राना और राठौर ने दिल्ली हाई कोर्ट में फिर एक पेटीशन दाखिल किया है जिसमे मांग की गयी है कि राष्ट्रीय सुरक्षा को आधार बना कर साम्बा जासूसी कांड के जिन सारे कागजात को सेना और सरकार ने गोपनीय बना रखा है उन्हें सार्वजनिक किया जाय ताकि लोगों को सच्चाई का पता लग सके और लोग जान सकें कि सेना ने इस मामले कितना घपला किया है। दिल्ली हाई कोर्ट ने पेटीशन को स्वीकार

करते हुए सेना और सरकार को इस मामले में 3 सितम्बर को अपना पक्ष रखने को कहा। प्रतिपक्षी भारत सरकार 3 सितम्बर को काउंटर-एफिडेविट दाखिल करने में विफल रही। हाई कोर्ट ने प्रतिपक्षी को अपना जवाब दाखिल करने के लिए फिर चार हफ्ते की मोहलत देते हुए अगली सुनवाई की तारिख 15 जनवरी 2020 मुकर्रर की।

साम्बा जासूसी काण्ड सर्व साधारण की दृष्टि में तब आया जब 1979 में इस काण्ड में आरोपित और गिरफ्तार किये गए सैन्य अफसरों और कर्मियों की पत्नियाँ अपने पतियों की खोज-खबर लेने डायरेक्टरेट ऑफ़ मिलिटरी इंटेलिजेंस के मुख्यालय जा धमकी। यही नहीं, उन्होंने तत्कालीन रक्षामंत्री जगजीवन राम के आवास पर धरना भी दिया। उन दिनों यह काण्ड संसद में भी थोड़ी देर के लिए चर्चा का विषय रहा।

सेना के गुप्त आवरण से बाहर आते ही साम्बा जासूसी काण्ड प्रेस की सुर्खियाँ बन गया। तरह-तरह की अटकलों वाली ख़बरें प्रेस में छपने लगीं। जिन पत्र-पत्रिकाओं ने साम्बा जासूसी काण्ड के विविध पहलुओं को बड़े विस्तार और सूक्ष्मता से कवर किया, उनमें प्रमुख हैं फ्रंटलाइन, इंडिया टुडे, वीक वगैरह थी। ये सभी पत्र-पत्रिकायें सेना की तथाकथित मनमानी और न्याय की हत्या पर जोरदार आवाज उठाते रहे हैं। यही नहीं, इस केस पर कई किताबें भी लिखी गयी, जिनमे प्रमुख हैं पीड़ित सेना अधिकारियों की आपबीती कथा पर आधारित पुस्तकें। इनमे सबसे प्रमुख है 'प्राइस ऑफ़ लोयालिटी' जिसे तिहाड़ जेल, दिल्ली में रहते हुए आर एस राठौर ने अपनी व्यथा-कथा के रूप में लिखा है। दूसरी महत्वपूर्ण पुस्तक है मेजर आजवानी की लिखी हुई 'दि फाल्स स्पाई'। एक और महत्वपूर्ण किताब है 'दि साम्बा स्पाइंग स्कैंडल : स्पाइस, दे वेर नॉट!' जिसे कर्नल वेद प्रकाश ने लिखा है। ऐसी ही एक किताब है 'दि साम्बा स्पाइंग केस' जिसे ब्रजमोहन शर्मा ने लिखा है।

साम्बा जासूसी काण्ड पर आई बी के दृष्टिकोण को भी जानना रोचक है क्योंकि आई बी शुरू से ही इस केस पर नजर बनाए हुई थी। दुर्भाग्य से आई बी की रिपोर्टों और सलाहों को डायरेक्टरेट ऑफ़ मिलिटरी इंटेलिजेंस ने एक प्रतिद्वंद्वी दृष्टिकोण से देखा। मजबूरन, आईबी के तत्कालीन डिप्टी डायरेक्टर वी के कौल, जिन्होंने इस मामले

की छानबीन की थी, को कहना पड़ा "यह केस झूठ और मनगढ़ंत आरोपों का ऐसा घालमेल है जिस पर किसी ठोस सबूत के बिना विश्वास नहीं किया जा सकता है और ऐसा कोई सबूत है ही नहीं।"

एक अनपढ़ फौजी सरवन , जो पाकिस्तान के लिए काम कर रहा था, ने जासूसी का ऐसा रायता फैलाया कि सेना के कई अफसरों और कर्मियों का कैरियर बर्बाद हो गया और पूरी सेना पर इसका भयानक दुष्प्रभाव पड़ा। सेना के अफसर और सैन्य कर्मियों को अग्निपथ से गुजरना पड़ा और ऐसी अग्निपरीक्षा देनी पड़ी जिसका कोई आधार नहीं था | परंतु अपने आप को निरपराध साबित करने में उनका पूरा जीवन बर्बाद हो गया |

7

मालेगाँव ब्लास्ट केस

"व्यक्तिगत स्वार्थ सिद्ध करने के लिए की गई राजनीति हमेशा खतरनाक होती है, समाज हित ही राजनीति का उद्येश्य होना चाहिए |"

-आचार्य चाणक्य

29 सितंबर, 2008 को नासिक के मालेगांव शहर में एक मोटरसाइकिल से बंधे बम के फटने से छह लोगों की मौत हो गई थी और 101 लोग इस घटना में जख्मी हुए थे। महाराष्ट्र पुलिस की आतंक रोधी दस्ते (ATS) ने मामले में नवंबर 2008 में 11 लोगों को गिरफ्तार किया था। बाद में अप्रैल 2011 में मामले की जांच का जिम्मा एनआईए को सौंपा गया।

राष्ट्रीय जांच एजेंसी (एनआईए) की एक विशेष अदालत ने 2008 के मालेगांव बम विस्फोट मामले में लेफ्टिनेंट कर्नल प्रसाद पुरोहित और साध्वी प्रज्ञा ठाकुर, रमेश उपाध्याय और अजय रहिकर के खिलाफ महाराष्ट्र संगठित अपराध नियंत्रण अधिनियम (मकोका) और गैर-कानूनी गतिविधि (निषेध) अधिनियम के तहत लगाए गए आरोपों को हटा दिया। गैर-कानूनी गतिविधि (निषेध) अधिनियम की धारा 17, 20 और 13 एवं हथियार अधिनियम के तहत सभी आरोपों को समाप्त कर दिया, लेकिन अदालत ने गैर-कानूनी गतिविधि (निषेध) अधिनियम की धारा 18 के साथ ही भारतीय दंड संहिता की धारा 120बी, 302, 307, 304, 326, 427 और 153ए के तहत साध्वी प्रज्ञा और पुरोहित

के खिलाफ सुनवाई करने का फैसला किया। दोनों पर ही अब आईपीसी और यूएपीए के तहत मामला चलने लगा।

2008 मालेगांव बम धमाके मामले में नया मोड़ आ गया। इस मामले की सुनवाई के दौरान स्पेशल NIA कोर्ट में एक गवाह ने अपने बयान से मुकरते हुए कहा कि उसे ATS के अधिकारियों ने प्रताड़ित कर योगी आदित्यनाथ, इंद्रेश कुमार, देवधर और काकाजी जैसे RSS के पांच लोगों का नाम लेने के लिए मजबूर किया था।

अदालत में अपने बयान से मुकरने वाला यह 15वां गवाह था। इस मामले में अब तक कुल 220 लोगों की गवाही हो चुकी है। गवाह ने कोर्ट को बताया कि विस्फोट के बाद उसे 7 दिनों तक एटीएस कार्यालय में रखा गया था और उसके बाद एटीएस ने उसके परिवार के सदस्यों को प्रताड़ित करने और उन्हें फंसाने की धमकी दी थी।पहले भी कई गवाह अपने बयान से मुकरे हैं।

इससे पहले महीने में लेफ्टिनेंट कर्नल पुरोहित के खिलाफ बयान देने वाला गवाह मुकर गया था। जिसके बाद विशेष एनआईए अदालत ने उसे पक्षद्रोही करार दिया था। लेफ्टिनेंट कर्नल पुरोहित के अलावा इस मामले के अन्य आरोपी भोपाल से भाजपा की लोक सभा सांसद प्रज्ञा सिंह ठाकुर, मेजर (सेवानिवृत्त) रमेश उपाध्याय, अजय रहिरकर, सुधाकर द्विवेदी, सुधाकर चतुर्वेदी और समीर कुलकर्णी है। यह सभी जमानत पर हैं और गैरकानूनी गतिविधि निरोधक अधिनियम (यूएपीए) और भादंवि के प्रावधानों के तहत मुकदमे का सामना कर रहे हैं।

मालेगांव ब्लास्ट मामले में ही आरोपी प्रज्ञा ठाकुर और उनके छह सहयोगियों को 7 अप्रैल 2017 में बॉम्बे हाईकोर्ट ने जमानत दे दी थी। एटीएस ने 4000 पेज की चार्ज शीट में आरोप लगाया गया था कि मालेगांव को ब्लास्ट के लिए इसलिए चुना गया, क्योंकि यहां मुस्लिमों की बड़ी आबादी है।इस केस में साध्वी प्रज्ञा, कर्नल पुरोहित और स्वामी दयानंद पांडे मुख्य आरोपी थे। प्रज्ञा को पांच लाख के निजी मुचलके पर जमानत दी गई थी। तब कोर्ट ने कहा था कि प्रथम दृष्टया साध्वी के खिलाफ कोई मामला नहीं बनता। कोर्ट ने यह भी कहा था कि साध्वी प्रज्ञा एक महिला हैं और आठ साल से ज्यादा समय से जेल में हैं। उन्हें

ब्रेस्ट कैंसर है और वो कमजोर हो गई हैं, बिना सहारे चलने में भी लाचार हैं।

एनआईए की विशेष अदालत ने कहा कि सभी आरोपी पहले से ही जमानत पर जेल से बाहर हैं, इसलिए पहले के सभी बांड व जमानत बने रहेंगे। अदालत ने साध्वी प्रज्ञा को साजिश रचने के आरोपों से मुक्त करने से इंकार करते हुए कहा कि विस्फोटक ले जाने वाली मोटरसाइकिल के बारे में उन्हे जानकारी थी।

अदालत ने पुरोहित और दूसरे आरोपी समीर कुलकर्णी की ओर से गैर-कानूनी गतिविधि (निषेध) अधिनियम के प्रावधानों के तहत अभियोग चलाने की मंजूरी को चुनौती देते हुए दायर याचिका को खारिज कर दिया।

कौन हैं कर्नल पुरोहित ? कर्नल श्रीकांत पुरोहित के ऊपर आरोप लगाया गया कि उन का संबंध अभिनव भारत नाम के दक्षिणपंथी संगठन से है। कहा गया कि पुरोहित ने कथित हिन्दू राष्ट्र के लिए अलग संविधान, अलग झंडा बनाया। साथ ही उन्होंने मुस्लिम अत्याचार का बदला लेने के लिए भी विचार विमर्श किया। पुरोहित ने संगठन की बैठकों में शामिल होकर विस्फोटक जुटाने के लिए सहमति दी और ब्लास्ट के मुख्य षडयंत्रकर्ता रहे। कर्नल पुरोहित आर्मी इंटेलिजेंस के अधिकारी थे जिनका काम था देश विरोधी गतिविधियों की सूचना एकत्रित करना।

कौन हैं पज्ञा ठाकुर ? 14 साल की उम्र में ही उनका झुकाव अध्यात्म की ओर हो गया था। प्रज्ञा मध्य प्रदेश के भिंड जिले की रहने वाली हैं। भाषण कला ने उन्हें हिन्दी भाषी इलाकों में खासी पहचान दिलाई। 2008 में ब्लास्ट वाली जगह से उनकी मोटरसाइकिल बरामद हुई थी।वह मोटर साइकिल उन्होंने रामचन्द्र कालसांगरा को कुछ साल पहले दे दिया था| जेल से बाहर आने के बाद उन्होंने कहा था कि उन्हें कई किस्म की यातनाएं दी गईं जिनके कारण वह कैंसर का शिकार हो गईं।

बांम्बे हाईकोर्ट ने एनआईए के उन्हीं गवाहों के बयान के आधार पर 25 अप्रैल, 2017 को प्रज्ञा सिंह को जमानत दे दी| साथ ही ये भी कहा कि गवाहों के बयानों को सिर्फ जमानत अर्जी की सुनवाई भर के लिए आधार

बनाया गया है।

जमानत के कुछ दिनों बाद ही प्रज्ञा सिंह ने एनआईए की स्पेशल कोर्ट में एक अर्जी लगाई कि उनको इस केस बरी कर दिया जाए। लेकिन अदालत को उनके द्वारा दी गई दलील रास नहीं आई और 27 दिसंबर, 2017 को हाईकोर्ट ने उनकी याचिका को खारिज कर दिया। इस दौरान भी अदालत ने कहा कि जो वाहन ब्लास्ट में इस्तेमाल किया गया था वो प्रज्ञा सिंह के नाम पर रजिस्टर्ड है।

अदालत ने प्रज्ञा ठाकुर और सुधाकर चतुर्वेदी समेत दूसरे आरोपियों के बीच बातचीत पर भी भरोसा जताया। इस मामले में दो फरार अभियुक्तों के बीच फोन पर बातचीत पर भी अदालत ने भरोसा जताया। ये बातचीत विस्फोट से कुछ महीने पहले हुई थी। अदालत ने कहा कि मालेगांव ब्लास्ट की पहली आरोपी प्रज्ञा ठाकुर आज दिन तक मोटरसाइकिल की मालिक हैं। अब ये आरोपी को साबित करना है कि वो मोटरसाइकिल कोई और इस्तेमाल कर रहा था। ' अदालत ने आगे कहा, 'कालसांगरा के चचेरे भाई और सरकारी गवाह-23 ने अपने बयान में कहा है कि उसने प्रज्ञा ठाकुर और रामचंद्र कालसांगरा के बीच बातचीत सुनी थी। इसमें दोनों विस्फोट के बारे में बात कर रहे थे और प्रज्ञा ठाकुर से इस बारे में पूछताछ की गई है। ' कोर्ट के मुताबिक प्रज्ञा ठाकुर को बरी इसलिए नहीं किया गया क्योंकि मालेगांव ब्लास्ट केस के सारे सबूत और गवाह उनके विपरीत जा रहे थे। अदालत के पास कई ऐसे सवाल थे जिसके जवाब बचाव पक्ष न दे पा रहा था।

इंडियन एक्सप्रेस के मुताबिक प्रज्ञा ठाकुर को इस केस में बरी न करने की एक वजह और भी थी। मालेगांव ब्लास्ट केस में जो दूसरे आरोपी बनाए गए थे उनकी एक भोपाल में मीटिंग हुई थी। इस बैठक में प्रज्ञा सिंह भी मौजूद थीं, ऐसा दूसरे गवाहों ने बताया था। एक गवाह ने एटीएस को बताया था कि प्रज्ञा ठाकुर के साथ केस में सह आरोपी लेफ्टिनेंट कर्नल प्रसाद पुरोहित ने जिहादी गतिविधियों के बढ़ने पर चिंता जताई थी। साथ ही इनको रोकने के लिए अपने संगठन 'अभिनव भारत का विस्तार करके कुछ करने की जरूरत बताई थी।

इस केस के एक गवाह ने एटीएएस को बताया कि पुरोहित ने ही बदले की भावना से मुस्लिम बहुल इलाके में बम धमाका करने की सलाह दी थी। पुरोहित की इस बात पर प्रज्ञा ठाकुर ने सहमति जताई और इसके लिए एक आदमी भी उपलब्ध कराने का वादा किया। NIA ने इस गवाह से फिर से पूछताछ का दावा किया था। एनआईए के मुताबिक वो अपने बयान से मुकर गया था। इस पर विशेष एनआईए कोर्ट ने कहा था कि ये ट्रायल के दौरान देखा जाएगा कि आखिर गवाह अपने किस बयान के साथ खड़ा होता है।

****

साल 2008 में मालेगांव में हुए बम धमाका मामले में आरोपी लेफ्टिनेंट कर्नल प्रसाद पुरोहित ने विशेष अदालत में आवेदन दायर कर मामले की सुनवाई बंद कमरे में करने की अपील की। पुरोहित ने कहा कि न्याय के हित में मामला अदालत के कक्ष तक ही सीमित रहना चाहिए और राय निर्माताओं और राष्ट्रविरोधी अवसरवादियों को इससे दूर रखना चाहिए।

अपने आवेदन में पुरोहित ने कहा कि अदालत के 2019 के आदेश का मीडिया उल्लंघन कर रहा है। इसलिए मुकदमे को कवर करने की अनुमति को पूरी तरह से वापस लिया जाए। आवेदन में कहा गया है कि राष्ट्रीय अन्वेषण अभिकरण (एनआईए) ने 2019 में अदालत के समक्ष दिए गए ऐसे ही एक आवेदन में मुकदमे की सुनवाई बंद कमरे में आयोजित करने और मीडिया को रिपोर्टिंग की इजाजत नहीं देने का अनुरोध किया था।

उस समय पत्रकारों ने इसका विरोध किया था क्योंकि मीडिया सुनवाई की कार्यवाही पर बहस और चर्चा कर रहा था। हालांकि विशेष अदालत ने एनआईए का आवेदन खारिज कर दिया था, लेकिन मुकदमे की रिपोर्टिंग करते समय मीडिया पर कुछ प्रतिबंध लगाए गए थे। अदालत ने कहा था कि मीडिया को मामले में गवाहों की पहचान उजागर नहीं करनी चाहिए और मामले में किसी भी तरह की बहस, साक्षात्कार या चर्चा नहीं करनी चाहिए।

****

मालेगांव बम ब्लास्ट केस में आरोपी लेफ्टिनेंट कर्नल प्रसाद श्रीकांत पुरोहित बॉम्बे हाई कोर्ट में अपने बचाव में दलीलें दीं। उन्होंने कहा कि वह अपनी ड्यूटी के तहत भारतीय सेना को खुफिया सूचनाएं पहुंचाने के लिए साजिशकर्ताओं की बैठक में शामिल हुए थे। हाई कोर्ट की बेंच पुरोहित की एक याचिका पर सुनवाई कर रही थी जिसमें उन्होंने मामले में अपने खिलाफ लगाए गए सभी आरोपों को रद्द करने का अनुरोध किया।

पुरोहित के वकील ने कहा, NIA को केंद्र से परमिशन लेनी चाहिए थी । पुरोहित महज अपने कर्तव्यों का पालन कर रहे थे, इसलिए एनआईए को उनके खिलाफ मुकदमा चलाने से पहले केंद्र सरकार से अनुमति हासिल करनी चाहिए। उन्होंने कहा कि सीआरपीसी (दंड प्रक्रिया संहिता) की धारा 197 (2) के तहत सैन्य बलों के सदस्यों के किसी भी अपराध के खिलाफ केंद्र सरकार की पूर्व अनुमति के बाद ही मुकदमा चलाया जा सकता है। वकील ने भारतीय सेना और मुंबई पुलिस के तत्कालीन जॉइंट कमिश्नर हिमांशु राय से मिले दस्तावेजों का संदर्भ देते हुए कहा कि गोपनीय सूचना मुहैया कराने के लिए पुरोहित की सराहना भी की गई थी।

पुरोहित ने अपनी दलील में कहा, 'ड्यूटी के लिए साजिशकर्ताओं के साथ मीटिंग में था, बाद में मुझे आतंकी बताया गया । मैं इन दस्तावेजों का जिक्र इसलिए कर रहा हूं क्योंकि मैं अपना फर्ज निभा रहा था। इन समूहों के बीच पैठ बनाकर मैं अपने सीनियर्स को गुप्त सूचनाएं भेजा करता था। और इस काम के लिए मुझे जेल में डाल दिया गया, मुझे यातना दी गई और मुझे आतंकवादी बताया गया।' कर्नल पुरोहित ने उच्च न्यायालय में एक याचिका दायर कर मामले में अपने खिलाफ सभी लगाए गए सभी आरोपों को खारिज करने का अनुरोध किया था। पुरोहित को मामले में 2009 में गिरफ्तार किया गया था। कोर्ट के सामने पुरोहित ने ख़ुद के राजनीति का शिकार होने की बात कही थी ।बॉम्बे हाईकोर्ट से जमानत अर्जी खारिज होने के बाद लेफ्टिनेंट कर्नल पुरोहित ने सुप्रीम कोर्ट में पिटीशन दायर की थी।

ले.कर्नल पुरोहित की ओर से क्या दलील दी गईं?

कर्नल पुरोहित की ओर से जाने-माने वकील हरीश साल्वे ने गवाहों के बयानों पर भी सवाल खड़े किए थे। उन्होंने कहा कि न्याय के हित में कर्नल पुरोहित को जमानत पर रिहा करने का आदेश दिया जाना चाहिए, जबकि एनआईए ने उनके इस अनुरोध का पुरजोर विरोध किया था। पुरोहित ने सुप्रीम कोर्ट से कहा था कि उन्हें राजनीति के आपसी टकराव की वजह से पकड़ा गया और वे नौ साल से जेल में बंद हैं। पिटीशन में उन्होंने कहा कि बॉम्बे हाईकोर्ट ने साध्वी प्रज्ञा को जमानत दे दी, लेकिन उनको नहीं। उन्हें भी समानता के आधार पर जमानत दी जाए। पिटीशन में यह भी कहा है कि हाईकोर्ट ने सेना की कोर्ट ऑफ इंक्वायरी की रिपोर्ट पर गौर नहीं किया, जिसमें कहा गया है कि वे सेना के लिए इंटेलीजेंस का काम करते थे।

विरोध में क्या दलील दी गईं?

एनआईए की दलील थी कि ले. कर्नल पुरोहित के खिलाफ पर्याप्त सबूत हैं, जबकि साध्वी प्रज्ञा सिंह ठाकुर के खिलाफ कोई सबूत नहीं है।

ब्लास्ट के विक्टिम में से एक के पिता हाजी सैयद बिलाल ने साध्वी प्रज्ञा को जमानत पर रिहा करने के हाईकोर्ट के 25 अप्रैल 2017 के आदेश को चुनौती दी। हाजी बिलाल ने सुप्रीम कोर्ट से प्रज्ञा ठाकुर की जमानत रद्द करने की अपील की थी।

सुप्रीम कोर्ट ने क्या कहा?

सुनवाई के दौरान सुप्रीम कोर्ट ने पाया कि मामले की जांच करने वाली अलग-अलग एजेंसियों की चार्जशीट में फर्क है। कोर्ट ने कहा- उनकी बेल सिर्फ इस आधार पर नहीं रोकी जा सकती कि क्योंकि 'एक कम्युनिटी की भावनाएं उनके खिलाफ हैं।' सुप्रीम कोर्ट ने कहा कि एटीएस और एनआईए ने जो चार्जशीट दायर की हैं, उनमें कुछ सबूत विरोधाभासी हैं। इनको सुनवाई के दौरान जांचा जाएगा। लेकिन, ये अपनी पसंद के आधार पर नहीं किया जा सकता। सुप्रीम कोर्ट ने कहा, "एक नागरिक की आजादी जरूरी है लेकिन इसे किसी कम्युनिटी की सिक्यिुरिटी से बैलेंस किया जाना चाहिए।"

सुप्रीम कोर्ट के जस्टिस आरके. अग्रवाल और एएम. सप्रे की बेंच ने कहा कि वे बॉम्बे हाईकोर्ट के उस ऑर्डर को खारिज कर दिया जिसमें

लेफ्टिनेंट कर्नल को जमानत देने से इनकार किया गया था। हालांकि, कोर्ट ने कहा कि वह लेफ्टिनेंट कर्नल पुरोहित को जमानत देने के लिए उन पर कुछ शर्तें लगा रहा है। इनमें देश से बाहर जाने पर रोक भी शामिल है। इसके अलावा उन्हें सख्त ताकीद की गई है कि वो किसी गवाह को प्रभावित करने की कोशिश नहीं करेंगे। लेफ्टिनेंट कर्नल पुरोहित नौ साल से जेल में बंद थे। सुप्रीम कोर्ट ने शर्त के साथ जमानत दे दी|

****

मालेगांव ब्लास्ट केस को शुरुआत से अंत तक प्वाईंटर में समझिए

1-2008 में महाराष्ट्र के मालेगांव में ब्लास्ट किया गया |

2- इस विस्फोट में 6 लोग मारे गए थे जबकि 100 ज्यादा लोग घायल हुए थे ।

3- इस विस्फोट में बाइक का इस्तेमाल किया गया था ।

4- अक्टूबर 2008 में इस केस में पहली गिरफ्तारी हुई थी ।

5- प्रज्ञा सिंह ठाकुर पर गैरकानूनी गतिविधियां, हत्या, हत्या का प्रयास, आपराधिक साजिश, दो समुदायों के बीच दुश्मनी बढ़ाने के आरोप हैं ।

6- महाराष्ट्र ATS ने कहा कि प्रज्ञा सिंह ने मोटरसाइकिल अपनी करीबी रामजी कालसांगरा को उपलब्ध कराई थी ।

7- जांच में देरी की वजह से साल 2011 में इस केस की जांच एनआईए को सौंपी गई ।

8- NIA ने साल 2016 में सप्लीमेंट्री चार्जशीट फाइल की ।

9- नई चार्जशीट में प्रज्ञा सिंह को इस केस में क्लीनचिट दे दी गई ।

10- 28 जून, 2016 को अदालत ने उनकी जमानत अर्जी खारिज कर दी ।

11- बांम्बे हाईकोर्ट ने एनआईए के उन्ही गवाहों के बयान के आधार पर 25 अप्रैल, 2017 को प्रज्ञा सिंह को जमानत दे दी ।

12-27 दिसंबर, 2017 को अदालत ने उनकी केस बरी करने वाली याचिका को खारिज कर दिया।

13- NIA और ATS दोनों जांच एजेंसियां मान रही हैं कि बम रखने के आरोपी रामचंद्र कालसांगरा और संदीप डांगे हैं।

14- जिस बाइक में धमाका हुआ वो साध्वी प्रज्ञा सिंह के नाम पर ही रजिस्टर्ड है।

15- आरोपियों के साथ बातचीत वाली रिकॉर्डिंग में भी प्रज्ञा सिंह की आवाज है।

16- ब्लास्ट को लेकर भोपाल में हुई मीटिंग में कथित तौर पर प्रज्ञा सिंह शामिल थीं।

17- इस केस में अब तक 106 गवाहों के बयान हो चुके हैं।

18- बयान दर्ज कराने वाले ज्यादातर विस्फोट के घायल हैं।

19- प्रज्ञा ठाकुर पिछली बार 30 अक्टूबर, 2018 को अदालत में पेश हुई थीं।

20- उस वक्त उनके खिलाफ आरोप तय किए गए थे। तब उन्होंने अदालत से गुजारिश की थी कि वे दोषी नहीं हैं सुनवाई के दौरान प्रज्ञा ठाकुर व्हील चेयर के जरिए पहुंची थीं। इस दौरान उन्होंने कहा कि उन पर कांग्रेस ने साजिश के तहत आरोप लगाए थे।

21- अदालत में जमानत अर्जी दाखिल करते हुए प्रज्ञा ठाकुर ने अदालत को बताया था कि वे ब्रेस्ट कैंसर से पीड़ित हैं। मेडिकल रिपोर्ट में कहा गया कि वे बेहद कमजोर हो गई हैं और बिना सहारे के चल फिर नहीं सकती हैं।

जैसा कि लेफ्टीनेंट कर्नल पुरोहित ने कहा था कि उनकी गिरफ़्तारी राजनीति से प्रेरित थी | कांग्रेस के नेताओं ने इसे "भगवा आतंकवाद" का नाम दिया था क्योंकि बम्ब ब्लास्ट मुस्लिम बहूल इलाके में हुआ था और कांग्रेस मुस्लिमों की सहानुभूति बटोरना चाहती थी | सत्ता में बैठे लोग अपनी राजनीतिक महत्वाकांक्षाओं को पूरा करने के लिए सत्ता का किस तरह दुरुपयोग करते हैं यह मामला जीता जागता उदाहरण है| बिना राजनीतिक प्रभाव के यह कैसे संभव हो सकता है कि सेना की मिलिटरी इंटेलिजेंस का एक अधिकारी जो उच्च अधिकारियों द्वारा सौंपी गई जिम्मेदारी को पूरी तरह निभा रहा था और अपनी हर गतिविधियों की रिपोर्ट समय समय पर अपने उच्च अधीकारियों को दे रहा था उसे ही

आतंकवादी साबित कर दिया जाए | राजनेताओं के प्रभाव में आकर मिलिटरी इंटेलीजेंस के उच्च अधिकारी लेफ्टीनेंट कर्नल पुरोहित को आतंकवादी साबित करने में जुट गए | यह ऐसा पहला मामला नहीं था | इसके पहले सांबा जासूसी कांड में भी मिलिटरी इंटेलिजेंस के लोग ऐसा कर चुके हैं |

हालांकि यह मामला अभी अदालत में चल रहा है और अब तक किसी को दोषी नहीं ठहराया गया | कर्नल पुरोहित और प्रज्ञा ठाकुर जमानत पर हैं | प्रज्ञा ठाकुर भोपाल से सांसद भी हैं | जांच एजेंसी मोटर साइकल में बम्ब बांधने वाले अपराधियों को अब तक अपनी गिरफ्त में नहीं ले सकी है | इसी वजह से इस मामले का निपटारा नहीं हो सका है |आने वाले समय में यदि लेफ्टीनेंट कर्नल पुरोहित और साध्वी प्रज्ञा ठाकुर पूरी तरह दोषमुक्त हो भी गए तो उन्होंने जो यातनाएं सही और जीवन का बहुमूल्य समय जेल में बिताया उसकी भरपाई कैसे हो पाएगी ? यह एक यक्ष प्रश्न है ! यही जीवन का अग्निपथ है ! यह अग्निपरीक्षा है !

8

ट्रांसजेंडर की अग्निपरीक्षा

"काया और माया का कभी घमंड न करना, क्योंकि मौत का कभी ओ टी पी नहीं आता |"

- अज्ञात

पैदा हुई तो थाली बजी, बड़ी हुई तो पिटाई होने लगी; स्कूल में टीचर कमर दबाता, दर्द से रोती तो गोद से भगा देता |

कोलकाता की घनी बस्तियों में शाम यानी रसोई में पकती मछलियों की गंध के साथ संगीत और बच्चों के खेलने-कूदने की आवाजें। इसी शहर में मेरा बचपन बीता, लेकिन खेलते हुए नहीं|

लड़कों के ग्रुप में जाती तो वो ये कहकर भगा देती कि छुई मुई लड़के की उनके बीच जगह नहीं है । लड़कियों के पास पहुंचती तो वे इशारों में

कुछ फुसफुसातीं और लड़कों के पास भेज देतीं। मैं कहीं फिट नहीं थी।

सीने पर उभार दिखने लगे। आवाज बदलने लगी, और चाल भी। यहां तक कि कपड़े चुनते हुए मैं खुद अटक जाती कि चेक वाली शर्ट पहनूं या फूलों वाली फ्रॉक। इस अटकन, इस झिझक ने मेरा बचपन बदलकर रख दिया। स्कूल में टीचर ने एब्यूज किया, तो डॉक्टरी पढ़ने के बाद मरीजों ने इलाज करवाने से मना किया। बहुत वक्त लगा, खुद को आजाद करने में।

डॉ संतोष गिरी शाम की चाय सुड़कते हए कहती हैं "बताया नहीं जा सकता कि आप ट्रांसजेंडर है | इसमें बहुत ताकत लगती है। बताते हुए गले के साथ दिमाग की नसें भी फटती हैं। तैयार रहना होता है अपनों से अलग होने के लिए |

पैदा हुई तो लड़कों के जन्म पर जितनी खुशियां मनाने का चलन है, सब मनाई गईं। लड्डू बंटे। कांसे की थाल बजी। मैं घर का इकलौता लड़का थी। मां चाव से काला टीका लगाती कि बेटे को किसी की नजर न लगे। यहां तक सब ठीक था, लेकिन परेशानी शुरू हुई, जब मैं बड़ी होने लगी। मुझे घर के बाहर कमीज पैंट पहनना पसंद नहीं था | मैं बहनों की फ्रॉक निकाल कर पहन लेती थी |

वो मेरी अपनी दुनिया होती। सजकर देर तक आईना देखा करती। मुझे मेरा यही चेहरा पसंद था। सजा-धजा, अदाओं से दमकता हुआ, लेकिन ये थोड़ी देर के लिए ही होता। सबके घर लौटने से पहले फटाफट सारे निशान ऐसे मिटाने होते, जैसे कोई अपराधी जुर्म के निशान मिटाता है। बहनों के कपड़े तह लगाकर उनकी अलमारी में सज जाते और मैं पैंटशर्ट पहनकर घर का दुलारा बेटा बन जाती |

आंखों के सामने जैसे पिक्चर चल रही हो, संतोष इस तरह से अपने बचपन को याद करती हैं। वे कहती हैं "लड़कियां हैं तो रो सकती हैं ,सेक्सुअल एब्यूस की शिकायत कर सकती हैं, लेकिन ट्रांसजेंडर के साथ एब्यूज मामूली बात होती है। वे अक्सर चुप ही रहते हैं, जैसे मैं रही।

तब मैं मिडिल स्कूल में थी, जब एक टीचर ने बात करने के बहाने मुझे क्लास में रोके रखा। बाकी क्लास खेल के मैदान में थी, और मैं टीचर के साथ अकेली। वो मुझे यहांवहां छूने लगा। कमर और पेट

पकड़कर दबाने लगा। मैं रोने लगी तो छोड़ दिया। इसके बाद तो सिलसिला चल पड़ा। हफ्ते में दो बार उसकी क्लास होती, और हर बार मैं उसकी गंदी हरकतें झेलती। जब दर्द से रोने लगती तो गोद से उतारकर भगा देता था।

बातचीत में संतोष उस टीचर का पूरा नाम भी बताती हैं। वे कहती हैं, उसके कारण मुझे स्कूल के नाम से डर लगने लगा था। पढ़ाई में बहुत अच्छी थी, लेकिन क्लास में जाने से बचने लगी।किसी से शिकायत क्यों नहीं की? इस सवाल पर संतोष कहती हैं जो बच्चा अपनी पहचान से जूझ रहा हो , वो टीचर की शिकायत कैसे और किससे करेगा ? लगता था जैसे अंधेरी सुरंग से गुजर रही हूँ , जो कभी खत्म नहीं होगी। अकेले में अपने शरीर को देखा करती और सोचती कि ऊपरवाले से मुझे बनाने में कोई भूल जरूर हो गई!

घर पर भी माहौल बदलने लगा था। छुप छुप कर कपड़े पहनने का राज खुला और मेरी जमकर पिटाई हो गई कोई मुगा बुलाता कोई जनखा |

पिताजी ने एक रोज बुलाया और डपटकर कहा कि मैं 'सुधर' जाऊं। मुझ पर लड़का बनने का दबाव था। जैसे किसी पर डॉक्टर बनने या फिर परिवार चलाने का होता है। मैंने कोशिश भी की। उन्हीं जैसे कपड़े पहनती, उनकी ही तरह चलने और बोलने की कोशिश करती लेकिन ये सब मर्दानापन जगाने की कोशिश ही थी, सारी कोशिशें बेकार हुईं। मैं अंदर से तो लड़की ही थी|

फिर एक रोज पिताजी ने मुझे घर से निकाल दिया। कोलकाता की सड़कों पर भटकते हुए शाम घिरने लगी। कोई दोस्त था नहीं, जिसके घर चली जाती। रिश्तेदार पहले ही मजाक बनाते थे। भटकते हुए एक तालाब किनारे पहुंची और बैठ गई।

कहने को लड़कों के ढीले ढाले कपड़े पहने हुए थे, लेकिन भीतर से लड़की का दिल धडक रहा था | रात गहराने लगी | इसी बीच कुछ लड़के आए | मेरी टांगों पर हाथ रखा |इसके बाद मुझे कुछ याद नहीं | मेरी जब आँख खुली तो मैं अस्पताल में थी |शरीर पर ढेरों जख्म थे। टीस से मैं रो पड़ी। खूब खुलकर रोई। वहीं सामने स्टूल पर पिताजी बैठे थे और मुझे

देखते हुए वो भी रो रहे थे। ये मुझे अपनाने की शुरुआत थी। वे समझ चुके थे कि लड़कों के कपड़ों के भीतर उनका बच्चा असल में लड़की था।

संतोष के लहजे में पश्चिम बंगाल-बिहार का लोच है। वे खुद को 'हम' कहते हुए सारी बातचीत करती हैं। घर पर कुछ राहत मिली तो कॉलेज मुंह फाड़े खड़ा था- संतोष याद करती हैं। कॉलेज में एडमिशन का समय आया। मैं लड़कों की तरह दिखनेऔर चलने की प्रेक्टिस करके कॉलेज पहुंची , लेकिन हो नहीं सका। एडमिशन काउंटर से मुझे हटने को कह दिया गया। एकदम मुंह पर। मैं चुपचाप कोने में खड़ी हुई पीछे वालों को आगे बढ़ता देख रही थी। आखिर में कॉलेज यूनियन के पास पहुंची। उन्होंने खूब जांच पड़ताल के बाद हामी भर दी |

मैं पढ़ाई में खासी तेज थी, लेकिन एडमिशन के लिए मुझे गिड़गिड़ाना पड़ा। हालांकि, यहां हालात स्कूल से बेहतर रहे। किसी ने मुझे सेक्सुअली एब्यूज नहीं किया। मैं खुलकर लड़कियों वाले डांस करती और खूब तालियां बटोरतीं। बंगाल में ये अच्छी बात है कि संगीत आपको जेंडर से ऊपर ला देता है। मेरे जिस शरीर की लचक और आंखों के भाव मुझे शर्मिंदा करते थे, वहीं यहां मेरा साथ देने लगे।

यानी कॉलेज के बाद से आपकी जिंदगी ट्रैक पर आ गई? नहीं | मेडिकल की पढ़ाई में दाखिला ले लिया। वो आखिरी साल था। इंटर्नशिप चल रही थी। फिर मैं डॉक्टर बन जाती, लेकिन मरते हुए मरीज को भी ट्रांसजेंडर डॉक्टर नहीं चाहिए।

अस्पताल में मरीजों की भीड़ होती, सब एक के ऊपर एक टूटने को तैयार कि जैसे भी हो जल्दी चेकअप हो जाए। मैं एक कोने में खाली टेबल कुर्सी लिए बैठी रहती | सीने पर डॉक्टर के सफेद कोट के बावजूद भी मेरी तरफ कोई मरीज नहीं आता था | मैं आवाज देती तो या तो इग्नोर कर देता या दूसरी तरफ चला जाता | दूसरी तरफ मेरे साथी डॉक्टरों के पास पेशेंटस धक्कामुक्की करते होते तब जाना कि डॉक्टरी का भी जेंडर होता है | फिर मैं कभी प्रैक्टिस नहीं कर सकी |

डॉक्टर तो नहीं बन सकी, लेकिन अपनी तरह के लोगों के लिए काम करने लगी, बोलने लगी, लेकिन ये आसान नहीं। मैं ऐसे ही लोगों के लिए काम करती हूं। कहने को खासी मजबूत हो चुकी हूं, तब भी कई मामूली

चीजों पर अटक जाती हूं। कपड़े चुनने जाऊं तो ऐसा कोई स्टोर नहीं, जो जेंडर न्यूट्रल कपड़े दे।

लड़कियों के स्टोर में जाऊं तो सब घूरते हैं। लड़कों के स्टोर में जाऊं तो वक्त बर्बाद होता है। कभी कोई एप्लिकेशन भरूं तो मेल-फीमेल कॉलम पर अटक जाती हूं। हर जगह 'अदर' का ऑप्शन नहीं होता। आज संतोष सामाजिक कार्यकर्ता हैं जो अपने जैसे लोगों के लिए काम कर रही हैं | अग्निपथ में बढ़ रही हैं और अग्निपरीक्षा दे रही हैं |

९

कश्मीर के बिलाल की कहानी

"आतंकवाद की कोई राष्ट्रीयता या धर्म नहीं है |"
-ब्लादिमीर पुतिन

कोई इसे जमीन पर जन्नत कहता है कोई हिन्द ए सरताज किसी को मीलों पसरी बर्फ पसंद है तो कोई डल झील का ठहराव चाहता है। ये वो कश्मीर है, जो न जाने कितने ख्वाबों में बसा है, लेकिन हर ख्वाब खूबसूरत नहीं है | यहाँ चीड़ के पेड़ों में मांओं की चीखें दफन हैं, जिनके बच्चे रातोंरात लापता हो गए। झेलम के चमकीले पानी में जाने कितनी ही खिलखिलाहटों का खून मिला हुआ है। यहां जमीन के हर रकबे में जुल्म और खौफ की कहानियां उगती हैं।

खौफनाक सच के धागों में पिरोई हुई ऐसी ही एक कहानी बिलाल की है, जिनके घर में आतंकी घुसे, और बंदूक की नोंक पर छोटे भाई को लेकर चले गए। डॉक्टर बनने के सपने बुनता वो बच्चा अब जेल में है। मां गहरे डिप्रेशन में और पिता की पीठ वक्त से पहले कमान बन चुकी।

बिलाल कहते हैं लोग भले ही कश्मीर को जन्नत कहे लेकिन हमारे लिए ये जहन्नुम है। जन्नत वो होती है, जहां सुकून हो, मोहब्बत हो। यहां तो घर पर दस्तक होते ही लगता है कि आतंकी तो नहीं लौट आए| ठंड के मौसम में भी उनके माथे पर पसीना चमकने लगा |

चौबीस घंटों से भी ज्यादा वक्त से दक्षिण कश्मीर में एनकाउंटर चल रहा था, पहले हमारा पड़ाव वही था, लेकिन हालात बिगड़ने पर हम उत्तरी हिस्से की तरफ बढ़े |

बिलाल तक पहुंचने का हमारा सफर कई पड़ावों से होकर गुजरा। कई चेहरों से मुलाकात हुई। ज्यादातर सहमे हुए। वहीं कुछ ऐसे, जो कश्मीर को दोबारा जन्नत बनाने का जज्बा लिए हुए। ऐसे ही एक चेहरे ने हमें बिलाल तक पहुंचाने का जिम्मा लिया। नाप जोखकर एक एक कदम उठाया | दो और लोकल जानकार साथ जुड़े जिनका काम सेफ़्टी को पक्का करना था | जब हमारी गाड़ी उत्तरी कश्मीर के सूनसान रास्तों से गुजर रही थी तभी दक्षिणी हिस्से में एनकाउंटर चल रहा था | हम अपनी मंजिल तक पहुँच गए |

यह डल झील है। धरती के जन्नत की खूबसूरत जगह। यहां आने के बाद कोई जाना नहीं चाहता। दूसरी तरफ कश्मीर में जुल्म और आतंक की ऐसी दर्दनाक कहानियां हैं, जिन्हें सुनकर मन सिहर जाता है।

सेब के बागान के बीचों बीच खड़े उस घर में बिलाल था। ऊपरी कमरे में हमें अकेला छोड़कर बाकी लोग बाहर चले गए। अब उन्होंने बोलना शुरू किया। पहले अटक अटक कर फिर भरोसे के साथ |वे याद करते हैं- साल 2019 का अगस्त था, जब आधी रात हमारे दरवाजे पर दस्तक हुई। दरवाजा खोलते ही कुछ लोग धड़धड़ाते हुए भीतर घुस आए और कुंडी लगा दी। सबके हाथों में बंदूक और चेहरे पर फाड़ खाने वाला भाव।

वे लश्कर के लोग थे, जो कश्मीर को जहन्नुम बनाए हुए हैं। आते ही उन्होंने सबको एक कमरे में इकट्ठा किया। मोबाइल जब्त करके बंद कर दिया। फोन का तार काट दिया। उन्होंने वो सारे इंतजाम किए, जिससे किसी को भी हमारे घर पर किसी हलचल की भनक न लग सके।

एक कमरे में हम सब जमा थे | मां-बाप हम चार भाई और एक चचेरी बहन। एक मिलिटेंट ने अब्बू की कनपटी पर पिस्टल रख दी और धमकाया कि किसी को उनके आने की भनक न लगे। उसने सीधे कहा तुममे से किसी का भी मुंह खुला तो हम पूरे खानदान को खत्म कर देंगे।

अब बारी थी, घर की औरतों की। रोती हुई मां और बहन को उन्होंने किचन में भेज दिया। आधी रात में वे रोटी खूब अच्छी तरह से भुना हुआ

गोश्त चाहते थे। जब वे खाना पका रही थीं तब बार बार धमका रहे थे कि हमें भूख लगी है , जल्दी खाना पकाओ | मिलिटन्ट खाना खाकर घर के हरेक कमरे में पसर गए।

हम 7 लोग एक ही कमरे में बंद थे, अपने ही घर में कैदी की तरह। न हाथ हिला सकते थे, न पैर। दरवाजा खोलना मना था। ये जहन्नुम की शुरुआत थी। इसके बाद वे कई बार आए। उनकी नजर हमारे छोटे भाई पर पड़ चुकी थी। 19 साल का मेरा भाई दो ही काम जानता - इबादत और पढ़ाई। वो डॉक्टर बनना चाहता था। 12वीं की परीक्षा देने वाला था, जब उन्होंने एक 'ऑफर' दिया- 'इसे हमारे साथ भेज दो, वरना हम एकएक को मार देंगे।'

बिलाल बताते हैं कि मेरा भाई डॉक्टर बनना चाहता था, लेकिन आतंकी उसे अपने साथ लेते गए। जिन हाथों से वो मरीजों को जिंदगी देने के ख्वाब देखता, उन्हीं हाथों से अब वो आतंक के पोस्टर चिपकाने लगा।

भाई तब 19 साल का था। कोमल हाथों और उससे भी कोमल दिल वाला। वो रोने लगा। उसे तो डॉक्टर बनना था, लेकिन ये लोग उसे आतंकी बना डालेंगे। मां ने मिन्नतें कीं। पिता समेत हम सब भाई पैर पकड़ने लगे, लेकिन कोई फायदा नहीं। भाई को लेकर वे नकाबपोश चले गए। इसके बाद उसकी ट्रेनिंग होने लगी।

जो कान मां की मीठी झिड़कियां सुना करते, वो अब नफरत से सने आतंकी बोल सुनते। जो पांव इबादतगाह की तरफ जाते, अब वो घाटी में आतंकी गतिविधियों की तरफ बढ़ने लगे। उसे लश्कर के सपोर्ट में पोस्टर लगाने का काम दिया गया। जिन हाथों से भाई मरीजों को जिंदगी देने के ख्वाब देखता, उन्हीं हाथों से अब वो आतंक के पोस्टर चिपका रहा था। वो बदलने लगा था। घर लौटता तो पहले की तरह हंसता बोलता नहीं बल्कि चुपचाप पड़ा रहता। मां सिर पर हाथ फेरती तो मुंह दबाकर सो जाता।

11 नवंबर, 2019! उस रात घर पर छापा पड़ा। ढेरों पुलिसवालों समेत आला अफसरों ने घर को चारों तरफ से घेर लिया। जिन कमरों में इबादतें और मुहब्बत भरी बातें गूंजती थीं वहां पुलिसिया कमांड गूंज रही

थी। एक-एक सामान, एक-एक किताब, बिस्तर-चावल के कनस्तर तक सब कुछ खंगाला गया। फिर आया वो सवाल, जिसके न पूछे जाने की हम दुआ कर रहे थे। 'छोटा भाई कहां है?' उसे लेकर वे सब चले गए।

बिलाल बताते हैं- ढाई साल हुए- हमने भाई का चेहरा नहीं देखा। उस पर PSA पब्लिक सेफ्टी एक्ट लगा है। अम्मी डिप्रेशन में जा चुकी। या तो रोती है, या अस्पताल में रहती है। हरदम हंसने वाली मम्मी को हाई ब्लड प्रेशर हो गया है |

मैं बिलाल को देखती हूँ और सवाल करती हूँ | वो धीरे धीरे कहते हैं ऐसे जैसे अपने में बोल रहे हों | मम्मी को डर है कि मैं अगर घर पर रहूँगा तो मिलिटन्ट मुझे पकड़ कर ले जाएंगे | कहने को घर 50 किलोमीटर की दूरी पर है लेकिन मेरे लिए अगले जन्म तक की दूरी हो गई है | बिलाल बोलते बोलते रुक जाते हैं | वो रोते हुए कहते हैं मम्मी कहती है तू अब वापस मत आना , हम देख भले न पाएं तो कम से कम जिंदा और आजाद तो रहेगा |

हमारे बीच कुछ देर चुप्पी छाई रहती है | गाँव के सभी घरों के तकरीबन यही हाल है माँ-बाप अपने लड़कों को बाहर भेज रहे है ताकि उन्हे जबरन आतंकवादी न बना दिया जाए | आतंकवादी चुन चुन कर उन घरों में जाते हैं जहां लड़किया हैं | उनसे खाना बनवाते हैं , मनपसंद खाना न पकाने पर कच्ची उम्र में उनका रेप करते हैं | उन घरों में ज्यादा घुसते हैं जहां जवान लड़कियां हैं |

इज्जत जाने का खौफ मौत से कहीं बड़ा है | माँ-बाप अपनी बच्चियों की कम उम्र में ही शादी करने लगे | लड़के तालीम के बहाने बाहर भेज दिए गए | अब सोपोर का हमारा गाँव टूटे सपनों वाले बुढ़ाते माँ बाप का गाँव बनकर रह गया है |

आप लोग विरोध क्यों नहीं करते ? मेरे सवाल पर तुरंत जवाब मिलता है | "वो हमारे सिर पर बंदूक रख दें तो हम क्या करें ? आप क्या कर लेंगी ? आप लोग आराम से जीते हैं और हिम्मत की कहानियाँ सुनाते हैं | ऐसा लगा जैसे बिलाल मुझे कोंच रहा है |

हमारी बातें खत्म हो चुकी थी । कमरे में चाय और तंदूर में सिंकी कश्मीरी रोटी 'गिरदा' के बीच बाकी साथी भी सिमट आए। रोटी कुतरते

हुए हंसी मजाक चलता है | साथ आए लोगों में से एक अपने हाथ के जख्म दिखाता है जो मिलिटेन्ट से उसे मिले थे |किस्सा सुनाते हुए वो हंस रहा था, लेकिन उन कहकहों के पीछे भी खौफ की जो दास्तान थी, वो अब साफ सुनाई दे रही थी। 'जब तक वो दहशतगर्द हैं, यहां कोई सेफ नहीं'- बिलाल बारबार दोहराते हैं। आज भी कश्मीरियों के लिए अग्निपथ का संघर्ष जारी है |

10

कश्मीरी विस्थापितों की कहानी

“धर्म कभी समस्या नहीं होता; वो तो लोग होते हैं जो सत्ता हासिल करने के लिए इसका इस्तेमाल करते हैं |”

-जूलियन कैसाब्लंकास

गैंगरेप के बाद वो हमारी औरतों के शरीर को आरी से काटकर फेंक देते थे, ताकि हम डरकर कश्मीर छोड़ दें | पढिए कश्मीर की कहानी |

फूलों की वादियों, झरनों और तीखी पत्तियों वाले देवदार से घिरे कश्मीर का बेइंतिहा खूबसूरत टुकड़ा है सोपोर | एसिया की सबसे बड़ी फलों की मंडी | यहाँ की हवाएं भी सेबों की खुसबू से महका करती थी | लेकिन 1990 के बाद मंजर बदल गया | सेब के बागान सूख गए | हँसते खिलखिलाते चेहरों की जगह अब घरों के खंडहर मिलेंगे जहां बासी खून

की महक दम घोंटती है | एक तारीख ने लाखों कश्मीरी पंडितों को अपना सब कुछ छोड़ने पर मजबूर कर दिया | हवेलीनुमा घरों में रहते हिन्दू एक सूटकेस लेकर भागे |

19 जनवरी 1990 को परिवार समेत घर से निकली शीतल कौल कहती हैं कि दुमंजिला घर था | ऊपर छः कमरे थे नीचे छः कमरे थे | यहाँ जिस कमरे में रहते हैं उससे बड़ा तो किचन था |गायें थी, बकरियाँ थी , अखरोट के कई बागान थे | मस्जिदों से आवाज आई और हम सूटकेस में कपड़े ठूंस कर रातों रात कश्मीर छोड़ कर निकल गए | और वो घर उन आतंकवादियों ने जला दिया |

ऐसा कहते हुए शीतल की आवाज थरथराती है। 32 साल से बंद आंसू कपाट तोड़कर बाहर ढुलकने लगते हैं। पूरी बातचीत के दौरान वो बार बार दुपट्टे से आंखे पोंछती रहीं जो कश्मीर छोड़कर भागीं और अब दिल्ली के रोहिणी के पास कस्बेनुमा गांव मंगोलपुर कलां में रहती हैं।32 साल पहले हुए दर्दनाक मंजर को याद कर शीतल कौल की आवाज थरथरा जाती है। उनकी आंखों से झर झर आंसू बहने लगते हैं।

बेहद घनी आबादी के बीच दूसरी मंजिल पर इनका एक कमरा है। यही कमरा शीतल और उनके परिवार का बेडरूम है, यही स्टडी, यही डायनिंग और यही ड्रॉइंगरूम। कमरे में जगहजगह लाल परदे लगे हैं, जो कपड़ों, किताबों या फिर शायद गरीबी को ढांपने के लिए लगे हों। नीचे पतलीसी चटाई पर चादर जितना पतला गद्दा है। इसी पर दिन में बच्चे पढ़ते, और रात में सोते हैं।

दिल्ली की लोहापिघलाऊ वाली गर्मी में जब हम शीतल के घर पहुंचे, फैन पूरी तेजी से घूम रहा था। सिर पर छोटा-सा अंचरा और मुंह पर मास्क लगाए उन्होंने मुझे बैठाया और शुरू हुआ वो शोकगीत, जो सालों से अनकहा था।

लड़कियों की लाशें फूलकर ऐसी हो गई थीं, जैसे चढ़ावे का तैरता फूल हो

शीतल कहती हैं मेरा जन्म वहीं हुआ था, वहीं पली बढ़ी | हम पंडित हैं , पड़ोसी मुस्लिम होते थे | बोली एक पर हमारा खाना उनसे जरा अलग था | शादी ब्याह में एक दूसरे को न्यौतते थे |फिर एकाएक सब बदल

गया | हिन्दू लड़कियों को बाहर जाने से रोका जाने लगा | हिन्दू लड़कों जकों मजहब बदलने को कहा जाने लगा |मस्जिदों से नफरतभरे नारे गूंजने लगे। फिर वो बात सुनाई पड़ी, जिसने हमें खौफ से भर दिया | हम कश्मीर को पाकिस्तान बनाएंगे , लेकिन हिंदू आदमियों के बगैर, हिंदू औरतों के संग। औरतों के साथ बलात्कार होने लगा। कई जान पहचान की लड़कियां गायब हो गईं , उनके परिवार भी नहीं जानते कि उनका क्या हुआ। किसी किसी की लाश दरिया में फूलजकर तैरती हुई ऐसे जैसे चढ़ावे का फूल तैरता हो |

जब अपने ही घर में शिकारी घुस जावे, तो सड़कों पर भटकना ही ठीक है। तो हमने यही किया। एक ट्रक भाड़े पर ली और दो तीन कश्मीरी पंडितों के परिवार उसी रात बाहर निकल आए | जम्मू के शरणार्थी कैंप में गए फिर यहाँ वहाँ बिखर गए |जब सपना देखती हूं, कश्मीर का ही देखती हूं | घर छोड़ते व्यक्त क्या क्या साथ लिया? सवाल जितना मासूम था , शीतल की नजरों में उतना ही बचकाना | बंदूक की गोली की तरह दन्न से उनकी आवाज छूटती है |सिर्फ एक दो बर्तन उठाए , राजाई ली और निकाल पड़े | क्या क्या उठाते ! बाकी सब वहीं छूट गया |जमा पूंजी धरी की धरी रह गई |

'याद करने में बहुत दिक्कत होती है'- कश्मीर की उस पंडिताइन की भर्राई बातों के बीच मैं चुपचाप नीचे देख रही थी और सोच रही थी कि इनसे बात करते हुए मेरा सारा होमवर्क बेकार हो गया। कई सवाल थे, जो छूट गए। कई जवाब थे, जो बगैर सवाल के ही कानों को छेदकर दिल को भेदते चले गए।

कश्मीर से निकले तो हम बिखर गए। कोई यहां चला गया, कोई वहां बस गया। सब बिखर गया, हम लोग भी बिखर गए। अब कश्मीर से बस सपनों का ही नाता रहा है। जब सपना देखती हूं, वहीं का देखती हूं। अपना घर, अपने लोग, वहां के दरिया, बाग-बागान, ठंडी हवा। जब नींद खुलती है तो सीलन भरे कमरे में घर्रघर्र करता फैन दिखता है।

सवालों की लंबी चौड़ी लिस्ट लेकर इन सीढ़ियों को चढ़ते कश्मीरी पंडितों के घर पहुंचे थे लेकिन उनके दर्द और कहानी के आगे सब होमवर्क बेकार हो गया। कई सवाल थे, जो छूट गए। कई जवाब थे, जो

बगैर सवाल के ही कानों को छेदकर दिल को भेदते चले गए।

थोड़ा ठहरकर मैं सोपोर की खासियत यानी सेब की बात पूछता हूँ शीतल कहती हैं- जब कोई चीज ज्यादा मिलती है तो उसकी कद्र नहीं होती। मेरे साथ भी यही हुआ। वहां हमारे पास सेब के कई बाग थे। मौसम में सेब गिरकर खराब होते, कुछ बिकते, कुछ पड़ेपड़े सड़ते। मुझे कोई मतलब नहीं था। खाती नहीं थी मैं। फिर कश्मीर छूटा। अब दिल्ली में सेब दिखते हैं। बागानों की जगह ठेलों पर। छोटेसख्त और हरे-पीले से। बेस्वाद, लेकिन महंगे। अब भी खाने का दिल नहीं होता, लेकिन बिल्कुल दूसरी वजह से।

शीतल से विदा लेते हुए मैंने उनके हाथ थाम लिए। कुछ पसीने, तो कुछ तकलीफ से भीगे उन हाथों में उम्मीद थी कि शायद अब कुछ बदल सके। शायद अब वो उस घर को लौट सकें, जो भले खाक हो चुका, लेकिन जिसे दोबारा बसाने की गुंजाइश है।

हमने कश्मीर छोड़ा है, अपने रिवाज नहीं

मेरा अगला पड़ाव करीब 500 मीटर की दूरी पर था। दिल्ली की चमकदमक से एकदम जुदा। यहां घर आपस में ऐसे सटे थे, जैसे गेंदे के फूल की पंखुड़ियां। सड़क पर गाड़ियों की चीन पों हो रही थी | धूल था , धुआँ था और दिल्ली वाला लहजा था |कैसा लगता होगा जब हर सुबह परिंदों और दरिया की आवाज की बजाय गाड़ियों के हॉर्न से उनकी नींद खुले ? कैसे वो इतने सालों तक चुप रह सके ?

सवालों के अंधड़ के बीच हम पहुंचे विजय कुमार टिक्कू के कमरे (घर), जहां दरवाजे पर स्वस्तिक के निशान बने हैं। करीब 52 साल के विजय अंग्रेजी और मिली-जुली हिंदी में स्वागत करते हुए अपने परिवार से मिलवाते हैं। तभी छोटा बेटा लपककर पांव छूने को झुकता है, जिसे मैं बीच में ही पकड़ लेता हूं। मेरी सकपकाहट दूर करते हुए विजय बोलते हैं- 'अरे, हम कश्मीरियों के यहां बड़ों से ऐसे ही मिलने का दस्तूर है हमने कश्मीर छोड़ा है अपने रिवाज नहीं'। ये थी शुरुआत!

विजय कहते हैं- 19 जनवरी की रात जब कश्मीरी पंडितों पर जुल्म का सिलसिला शुरू हुआ, मैं बाहर था। तीन दिन बाद घर लौटा तो भाभी और पिताजी के अलावा कोई नहीं था |दो बहनों को लेकर भाई जा चुके

थे | पता लगा कि मस्जिदों से आवाजें आई और हिन्दू घरों से लोगों को खींच खींच कर निकाला जाने लगा | धमकियाँ मिलने लगी | वो जनवरी की रात थी | बेहद सर्द , लेकिन उसी हाल में हमारे लोगों को सड़क पर बिठाकर उनसे नारे लगवाए गए। धमकियां दी गईं कि जल्दी से भाग जाओ, वरना मारे जाओगे।

तभी मेरी मां का देहांत हुआ था। हम पंडित सालभर तक मृतक के नाम पर दरिया में पानी देते हैं। एक रोज मैं पानी देने गया हुआ था कि तभी पुल पर अपने ही दोस्त की ताजा ताजा लाश दिखी। मैं खून से सने हाथ लेकर घर लौटा और दोनों हाथ पिताजी के आगे कर दिए। इसके बाद ही वो कश्मीर छोड़ने को राजी हुए।

क्या घर लौटने को दिल नहीं चाहता?

विजय कहते हैं अपने घर भला कौन नहीं लौटना चाहता है लेकिन लौटूंगा नहीं। वापस से उन गद्दार दोस्तों की शक्ल नहीं देखना चाहता, जिन्होंने मुसीबत में साथ छोड़ दिया और मिलिटेंट्स से जा मिले। क्या करना ऐसे दोस्तों का|

इंटरव्यू का सिलसिला आगे बढ़ाते हुए कश्मीर समिति, दिल्ली के सीनियर मेंबर कंवल चौधरी से समझना चाहा कि 19 जनवरी की रात आखिर क्या हुआ था, जो कश्मीरी पंडितों में खलबली मच गई। वे याद करते हुए बताते हैं – कश्मीरी में चीख रहे थे | मस्जिदों से हुजूम के हुजूम निकले और सड़कों पर बिखर गए | वो कह रहे थे या तो धर्म बदल लो या भाग जाओ या फिर मारे जाओगे , लेकिन अपनी औरतों को यहीं छोड़ दो |रातों रात हिन्दू घरों पर पोस्टर चिपक गए कि यहाँ से चले जाओ |

70 साल की फूलां रैना की आंखों में डल झील से भी गहरा पानी तिर रहा है, जिसे पोंछना मेरे बस की बात नहीं है। वे कहती हैं,' अब तो उम्र ढल गई है, वापस कश्मीर जा भी नहीं सकूंगी। जब भी अपने कश्मीर की याद आती है तो छुपछुप कर रोती हूं।

हमारी औरतों के गैंग रेप के बाद उनके शरीर आरी से काटकर फेंक दिए जाते, ताकि हम डर जाएं। यही हुआ भी। हम डर गए और कश्मीर छोड़ दिया। खुद मैंने चार मंजिला अपना मकान छ़ोड़ किया। अब उस पर किसी और का कब्जा है और मैं यहां दिल्ली में किराए के कमरे में रहता

हूं।

करीब 70 साल की फूलां रैना हमारी पड़ताल का आखिरी चेहरा थीं। दो कमरों के उनके मकान में 10 लोग रहते हैं। टूटी फूटी हिन्दी में कुछ बताती हैं | उनकी बहू ट्रांसलेशन में मदद करती है | वो बताती है कैसे सारे पंडित भागे थे | औरतों के साथ किस तरह के जुल्म हुए थे |वे कहती हैं- 'कश्मीर की याद आती है, तो चोरी चोरी रोती हूँ | क्या करूँ बूढ़ी हूँ | अब जो जा भी नहीं सकूँगी | सुनकर मन द्रवित हो जाता है | dal झील से भी गहरा पानी उन बूढ़ी आँखों में तीर रहा है जिसे पोंछने की मेरी हिम्मत नहीं |

11

खरीदी गई दुल्हनों की कहानी

“एक पुरुष को शिक्षित करो तो सिर्फ एक पुरुष शिक्षित होता है | एक नारी को शिक्षित करो तो एक पीढ़ी शिक्षित होती है |”

-ब्रिगम यंग

अब्बू से भी बड़ी उम्र का शौहर मिला, साथ सोता तो रुलाई दबानी पड़ती, वरना बेदम पिटाई होती थी |पंद्रह साल की थी, जब शादी हुई। निकाह के बाद जाना कि शौहर की उम्र मेरे पिता से भी कुछ ज्यादा है। फिर तो एक के बाद एक राज खुलते चले गए। वो देख नहीं पाता था और न ही कोई कामधाम करता था । गांव में लड़की नहीं जुटी तो मुझे खरीद लाया।

कुछ हजार के लिए मेरे ही अब्बू ने मेरा सौदा कर डाला था। मैं रोई गुस्साई लेकिन सब बेकार । अब मैं पारो हूं। खरीदी हुई दुल्हन, जिसे दोबारा तिबारा तब तक बेचा जाएगा जब तक जिस्म में कसावट है |मेवाती लहजे में मुर्शिदा अटक-अटककर अपनी कहानी सुनाती हैं। कैमरा देखकर हंसती भी हैं वो हंसी, जिससे कदम मिलाकर खिलखिलाने का दिल नहीं होता, घबराहट होती है।

दर्द का अगर कोई चेहरा होता, तो शायद वो मुर्शिदा जैसा होता। पका हुआ रंग। सुंदर लेकिन सपनों से खाली बेजान आंखें और उम्र से पहले ढल चुकी देह। वे हरियाणा के नूंह का वो सच हैं, जो वहां की सूखी जमीन से भी डरावना है।ट्रैफिक का दबाव ज्यादा होने के कारण दिल्ली अलवर हाईवे पर अक्सर हादसे होते हैं | लेकिन ये हादसे नूंह के भीतर घटते हादसों से काम हैं |

दिल्ली से सड़क के रास्ते चलें तो लगभग ढाई घंटे में हम नूंह पहुंच जाएंगे। मंजिल करीब आते आते नेशनल हाईवे 48 की तस्वीर बदलने लगती है | छाँवदार पेड़ों की जगह कंटीले झाड़ दिखेंगे | पानी के ठिये काम होते जाएंगे |गाड़ी से उतरो तो लू के थपेड़े मारते हैं | ये नूंह शहर की शुरुआत है | ये शहर जो हमारी आरामतलब सोच को जड़ से हिला दे | ऐसी ही एक चीज है खरीदी हुई दुल्हने |

यहां हर 1000 पुरुषों पर 912 औरतें हैं। कुल 88 औरतें कम। इन मिसिंग स्त्रियों की कमी दूसरे गरीब राज्यों से पूरी होती है। बंगाल, बिहार, झारखंड और असम जैसे राज्यों से लड़कियां खरीदकर लाई, और यहां के 'एक्स्ट्रा' पुरुषों से ब्याह दी जाती हैं। 13 से लेकर 25 साल तक की ये लड़कियां पारो या मुलकी कहलाती हैं, यानी मोल ली हुई। मुर्शिदा ऐसा ही एक चेहरा हैं।

नूंह के घागस गांव में कच्चा पका सा घर है इनका |हम जब वहाँ पहुंचते हैं तो ये अपने ठिकाने की बजाए कहीं और मिलने को कहती हैं | वहाँ खुलकर बात नहीं हो पाती है |इस्तेमाल से घिसा हुआ हल्के नारंगी रंग का सूती दुपट्टा ओढ़े मुर्शिदा दो बच्चों के साथ वहां पहुंची ।पिता की देखभाल के लिए दो बच्चे घर पर हैं | वो ठेठ मेवाती में बताती हैं | अंधे पति को थोड़ी देर के लिए अकेला नहीं छोड़ा जा सकता , तीस पर उन्हे

गुस्सा भी बहुत आता है | वजहें ही वजहें हैं, जो 20 के शुरुआती पड़ाव पर खड़ी युवती को बूढ़ा बना दें।

बिहार के कटिहार से दशक भर पहले आई ये लड़की अपने बचपन की बोली भूल चुकी। कहती है मुझे याद नहीं। मुर्शिदा सब भूल चुकीं। अपना गांव, गांव की नदी, बचपन, बोली और अपने आप को भी।

मेवाती में याद करती है | पंद्रह साल भी नहीं हुए जब गाँव से यहाँ आई । जीजा ने पिताजी से कहा था कि वो उनकी लड़की की शादी कराएंगे। शादी हुई भी, लेकिन अपने से तीसेक साल बड़े आदमी से। वो देख भी नहीं पाता और लंगड़ाकर चलता है। अड़ोस पड़ोस के गाँव से जब किसी ने लड़की नहीं दी तो बुढ़ाते हुए उस आदमी ने मेरे पिता को 15 हजार देकर मुझे खरीद डाला |

ये सब शादी के बाद पता चला। वापस अपने गाँव लौटने के लिए मैं रो रही थी | माँ की अब्बू से खूब लड़ाई भी हुई | वो कलप रही थी कि इससे अच्छा तो बेटी को कोसी में बहा देते |

अब्बू भड़क गए। बेतरह चिल्लाने लगे। वो कह नहीं सके कि नदी में बहाने से पैसे नहीं मिलते। ब्याहने के उन्हें 15 हजार रुपए मिले थे। ये पैसे किसी मजदूर के लिए काफी तो नहीं, लेकिन दो-तीन महीने का खर्च निकल जाता है।

मुर्शिदा 15 या 20 हजार के बीच अटक जाती हैं। जोड़-गुणा करने लगती हैं। वो समझना चाहती हैं कि 15 साल की सपनीली आंखों वाली बच्ची का मोल कितना होना चाहिए। मेरा जन्म पिता के दो तीन महीने का खर्चा चलाने के लिए हुआ था | मुर्शिदा की सूनी आंखे मानो शिकायत कर रही थी |

कब्र में समाया आदमी विरोध नहीं करता, वो बस आंखें मींचे रहता है। मैंने भी बीती जिंदगी से आंखें मींच लीं। ये दूसरी जिंदगी है।गिलट की यही पायल मुर्शिदा का अकेला गहना है। मेहर में पति ने कुंडल देने की बात कही थी, लेकिन न वो मिला, न प्रेम |

खाली आंखें हंसती हैं। मुर्शिदा कहती हैं ईद आ रही है। गांवभर की औरतें सजती हैं। सब अच्छे अच्छे कपड़े पहनती हैं। जेवर झमकाती हैं। मेरे पास कुछ नहीं। नई थी, तब भी मैं पारो थी, दुल्हन नहीं। पति ने मेहर

में सोने के कुंडल देने का वादा किया था। मैंने याद दिलाया तो कहा- बाप के घर चली जा। वही पहनाएगा। एकाध बार लत्ते खरीदने को कहा तो गंदे लत्ते की तरह धुनी गई। अब जो है, वही पहनकर ईद मनाती हूं। मुर्शिदा के पांवों में पायल पड़ी है। वो गिलट की है |

वो अब लौटना चाहती हैं। पति भड़केगा। घर पर छूटे हुए बच्चे नाहक पिटेंगे। जाते जाते पूछ लेता हूँ शौहर के साथ आपकी तस्वीर हो तो मुझे भिजवा सकेंगी ? नहीं कोई फ़ोटो नहीं है हमारी | वह फिर हँसती है , वही घबराहट से भरी हंसी | एक बच्चे को गोद में लटकाए , दूसरे को घसीटते हुए वो चली जाती है |

बाहर निकलकर मुर्शिदा का घर देखता हूं। आधा प्लास्टर, आधा कच्चा दिखता ये मकान उस लड़की के ख्वाबों का वो सोग गीत है, जो कोई नहीं गाएगा।

अरावली की पहाड़ियों से घिरे उस गांव से निकलकर हमारा अगला पड़ाव है मढ़ी गांव। मेरे लोकल मित्र राजुद्दीन जंग रास्ते भर कई बातें बताते हैं। बकौल राजुद्दीन, अगर किसी भी वजह से मर्द को बीवी नहीं जुटे तो वो गरीब राज्यों से औरत खरीद लाता है। ये औरतें एक नहीं, बल्कि कई बार बेची जाती हैं। ज्यादातर मामलों में ये पांच या इससे ज्यादा बार बिकती हैं। हर बार इनका निकाह भी होता है, ताकि ये तथाकथित शौहर की हर जरूरत पूरी कर सकें। उसके लिए देग पकाने और जानवर पालने से लेकर उसके बच्चे पालने और सोने तक।

बंजर रास्तों से होते हुए हम मढ़ी पहुंचते हैं, जहां हमारी मुलाकात सलीम से हुई। उनके पिता सरपंच थे। जीवन ऐसी ही औरतों को देखते बीता। सलीम से मिलना परत दर परत सारी बाने खोलता जाता कि दलाल किस तरह से लड़कियों के घरवालों या सीधे लड़कियों को फुसलाकर लाते है और यहाँ बेचते हैं |13 साल की कोई बच्ची दिल्ली घूमने के सपने लिए आती है और गुलाम बनकर रह जाती है।

सलीम कहते हैं जिस्म देखकर भाव लगता है कि फलां पशु काम का है या नहीं | जानवरों की मंडी देखी है कभी ? इसी अंदाज में लड़कियों की भी बॉली लगती है | उम्र जितनी कम होगी कीमत उतनी ज्यादा होगी |ऐसी लड़की ज्यादा दिन तक जवान रह सकेगी, ज्यादा वक्त तक

जिस्मानी जरूरतें पूरी कर सकेगी।

चौदह साल की बच्ची का निकाह अस्सी बरस के आदमी से हो जाता है। जब उसका मन भर जाए या वो मरखप जाए तो लड़की दूसरे आदमी को बेच दी जाती है। वो एक से दूसरे मर्द के हाथ में जाते हुए बूढ़ी हो जाती है। अक्सर पारो कभी अपने मां के घर लौट नहीं पाती।

मैं पूछता हूँ शौहर की जिम्मेदारी नहीं बनती ! फिर सलीम कहते हैं निकाह तो होता है पर रहती वे सामान ही हैं |जिसे पैसों की जरूरत है, वो बेचेगा। जिसे नया जिस्म चाहिए, वो खरीदेगा।

इंटरव्यू के बाद सलीम मुझे अपना गांव घुमाते हैं। वहां कोई भी पारो के बारे में बात करने को राजी नहीं। लौटते हुए वे झुँझलाते हैं , बच्चियाँ भाड़ में जाएँ | सबको भला दिखने की पड़ी है |

आखिर में फिरोजपुर नमक की अदालत पहुंचते हैं, जहां गौसिया खान हमारा इंतजार कर रही हैं। हैदराबाद से चौदह साल की उम्र में ब्याहकर मेवात आई गौसिया किस्मतवाली हैं, जो उनकी बोली में अब भी हैदराबादी लहजा सलामत है। शुरुआत उनकी भी मुश्किल रही।अरावली के पहाड़ों की तरफ देखते हुए वे याद करती हैं | वहाँ से रेल गुजरती थी , मैं रोज उसकी आवाज सुनती और भागने के सपने देखा करती | दिन में कितनी ही बार ये होता | मैं पहाड़ियाँ देखती और सोचती कैसे निकल भागूँ ?

कई साल बीत गए। फिर मुझे एक लड़का हुआ। वो दो साल का हुआ, तब जाकर पहली बार मुझे मां के घर जाने की इजाजत मिली। उसके पहले कुरान छूकर वादा लिया गया कि मैं वापस मेवात लौटूं। मैं खुशकिस्मत थी, जो मां से मिल सकी। ज्यादातर लड़कियां एक बार यहां पहुंचती हैं तो कभी निकल नहीं पातीं। यहीं मरखप जाती हैं और किसी को भनक तक नहीं लगती।पंछी के मरने पर भी इससे ज्यादा शोर होता होगा | गौसीया चलते हुए कह जाती है |

12

मुर्दाघर के संजय की कहानी

"नौकरी में खुशी काम में पूर्णता लाती है |"

-अरस्तू

आधी रात में मुर्दों के बीच सोता हूं; मुर्दों से डील करने की तनख्वाह मिलती है मुझे, मुर्दों तो मर्जी से उंगली नहीं उठा सकता |

एक बार किसी हादसे में जली हुई लाशें अस्पताल पहुंची। पोस्टमॉर्टम करते मेरे हाथ एक बॉडी पर रुक गए। बुरी तरह से भुन चुके उस शरीर से तेज महक आ रही थी। शरीर गल रहा था। जैसेतैसे चीरफाड़ की। खाना तो दूर, उस रोज पानी भी गले से नीचे नहीं उतरा। कई दिनों तक नींद में भी वो गंध पीछा करती रही। इंसान चला जाता है, गंध रह जाती है।

मुर्दाघर में काम करना, रोज एक नए हादसे को जीना है। पहले से भी ज्यादा खौफनाक। कभी जली हुई लाश आती है, तो कभी पानी में डूबकर फूली हुई। जहर से ऐंठ चुका शरीर भी आता है, तो कभी फूलसी नाजुक ऐसी देह आती है कि एक खरोंच लगाने का दिल न करे, लेकिन हम सब कुछ करते हैं। चीरफाड़ से लेकर बॉडी की देखभाल और उसे घरवालों को सौंपने तक। हमें इसी काम की तनख्वाह मिलती है | संजय बताते है कि जब पहली बार मुरदों से डील करने की बात घरवालों को बताई तो खूब रगड़ कर हाथ धोए | सूंघकर देखा कोई गंध नहीं थी , तब भी मिचली आने लगी |

ये बोलते हुए संजय की आवाज बिल्कुल शांत थी- ठीक किसी 'डेड बॉडी' की तरह, जिसकी न पलकें कांपती हैं, न उंगलियां। दिल्ली के राम मनोहर लोहिया अस्पताल की मॉर्च्युरी में 12 सालों से काम करते संजय से जब हम मिलने पहुंचे, वे किसी पोस्टमॉर्टम में उलझे हुए थे। इस बीच हम आसपास घूमने लगे। 1500 बिस्तरों के लंबे चौड़े अस्पताल के आखिरी कोने पर है मॉरचयूरी | सामने छोटी सी तख्ती लतकी हुई है जिस पर लाल अक्षरों में किसी चेतावनी की तरह लिखा है –शवगृह |अस्पताल की कंधातोड़ भीड़ यहां छंटने लगती है। दिखती है तो पुलिस, एंबुलेंस, या फिर सिसकियां। इन्हीं के बीच मॉर्च्युरी असिस्टेंट संजय अपना दिन रात गुजारते हैं |

थोड़े इंतजार के बाद उनसे मुलाकात होती है। वे माफी मांगते हुए अंदाज में कहते हैं खराब केस था, निपटाना जरूरी था। 'कैसा खराब केस?' मेरे सवाल पर पलटकर सवाल आता है कभी सड़क पर मरा हुआ जानवर देखा है उससे कैसी गंध आती है? उसी गंध में घंटों बिताकर आ रहा हूं।

मेरे हावभाव शायद कुछ बदल गए हों, वे हल्के से मुस्कुराते हैं और फिर जैसे तसल्ली देते हुए ही कहते हैं कई दिनों पुरानी बॉडी आई थी, जिसका पोस्टमॉर्टम जल्दी करना जरूरी था, वरना शरीर और खराब हो जाता।

मॉर्च्युरी के अंदर जाने की मनाही थी, लिहाजा हम पास के एक दफ्तर में बैठ जाते हैं और संजय एक के बाद एक कहानियां सुनाते चले

जाते हैं।

दिल्ली के राममनोहर लोहिया अस्पताल की मॉर्च्युरी में संजय रोज चार से पांच लाशों की चीरफाड़ करते हैं। इस दौरान लाशों के साथ आए लोग घंटों अस्पताल में इंतजार करते रहते हैं।

अस्पताल के दूसरे वार्ड में काम कर रहा था, 12 साल पहले जब एक रोज अचानक मॉर्च्युरी में तबादला हो गया। रोज की तरह मैं ड्यूटी पर पहुंचा, लेकिन सब बदला हुआ था। यहां मरीजों की चीख-पुकार नहीं थी, बल्कि सन्नाटा था। खत्म होने के बाद का सन्नाटा। मैं बेचैन हो गया। बार-बार बाहर निकल आता। शोरगुल सुनता। ऐसे ही कुछ घंटे बीते। फिर आई असल परीक्षा। मुझे एक बॉडी की पहचान करवाकर उसे घरवालों को देना था।

कोल्ड रूम पहुंचा। वहां 7 लाशें पहले से रखी हुई थीं, उन्हीं में से एक को मुझे निकालकर परिवारवालों तक पहुंचाना था। एकदम ठंडा रूम। लगभग माइनस 4 डिग्री तापमान कुछ ही मिनटों में शरीर तो छोड़िए, मेरी शर्ट की कॉलर तक ठंड से अकड़ गई थी।

कुछ ठंड, तो कुछ घबराहट से हाथ थरथरा रहे थे। नाम और ID देखकर बॉडी निकाली और जिप खोलकर घरवालों को दिखाई। वे रोनेबिलखने लगे। साथ आई एक लड़की बेहोश हो गई। मैं चुपचाप देखता रहा।

उनके जाने के बाद गल्व्स उतारे। खूब रगड़ रगड़ कर हाथ धोए | कई बार साबुन लगाया , उसके बाद भी लगा जैसे हाथों में कुछ चिपक गया हो | सूंघ कर देखा कोई गंध नहीं थी । तब भी मिचली आने लगी। खाना तो दूर, उस रोज मैंने पानी भी नहीं पिया। शुरुआत में ऐसा लगातार हुआ, फिर आदत पड़ गई। ससञ्जय जैसे अपने आप से ही कहते हैं आखिर कब टक भूखे रहेंगे ! कब टाक चम्मच से खाना खाएंगे | एक न एक दिन रूटीन में लौटना ही पड़ेगा |

संजय तो रुटीन में लौट गए, लेकिन क्या उनके परिवार के लिए भी ये उतना ही आसान था ! वे याद करते हैं | शुरुआत तो वाकई मुश्किल थी पत्नी गुस्सा करती थी कि मुर्दाघर में काम करोगे तो समाज बिदकेगा |ये काम छोड़ दो | बच्चे छोटे थे , ज्यादा समझते नहीं थे | धीरे धीरे पत्नी

को आदत हो गई और बच्चे समझदार हो गए |अब मेरा मॉर्च्युरी में काम करना उनके लिए वैसा ही है, जैसे किसी का दफ्तर में कंप्यूटर पर काम करना।

संजय कहते हैं मॉरचयूरी में रहना भूतों का डर खत्म कर देता है |मुर्दा बेचारा अपनी मर्जी से अपनी उंगली भी नहीं हिला पाता | वो भला किसी को कैसे डराएगा ?

जिन भूत प्रेतों की कहानियां हम आंखें चौकोर करके, मुंह खोलकर सुनते हैं, संजय के लिए वो देसी चुटकुले से भी बेकार हैं। वे कहते हैं मुर्दाघर में रहना भूतों पर यकीन खत्म कर देता है | तब भी कभी तो कुछ हुआ होगा ?जागते हुए कभी डर लगा होगा ? वो दिमाग पर जोर डालते हुए कहते हैं –कभी नहीं |

मुर्दों के साथ रहना, जिंदा लोगों के साथ से ज्यादा सेफ है। मुर्दे फरेब नहीं करते। वे आप पर हमला भी नहीं करते। बस, चुपचाप पड़े रहते हैं। हाँ कभी कभार बॉडी ऐसी आती है जिसे देखकर दिल दहल जाता है | लोग पैदा हुए बच्चे को डस्टबिन में फेंक देते हैं | नाजुक शरीर को चींटियाँ और कुत्ते नोचते हैं | ऐसे फूल जैसे बच्चों का पोस्टमॉर्टम करना होता है तो हाथ काँपते हैं | खून जमाने वाली ठंड में भी पसीना आ जाता है | बस, ऐसे मामलों में ही डर लगता है |

मुर्दों के लिए काम करना मरीजों की देखभाल से भी ज्यादा धीरज मांगता है। संजय कहते हैं- पोस्टमॉर्टम में दो बड़े कट लगते हैं, एक पेट से सीने तक, दूसरा सिर के आरपार। चीर फाड़ के बाद अगर हम भद्दी सिलाई करके बॉडी छोड़ दें तो घरवालों की तकलीफ और बढ़ जाती है।

हम बारीक सिलाई करते हैं | सब कुछ जोड़कर बॉडी को ऐसा बना देते हैं कि बस आँखें खोलने की ही देर हो |हम कोशिश करते हैं कि मुर्दा शरीर भी एकदम जिंदा जैसे दिखे | खून साफ कर देते हैं, बालों को सहेज देते हैं |

रोते बिलखते घरवालों को तसल्ली देने की हमें मनाही होती है। उनके कंधे पर प्यार का हाथ नहीं धर पाते, लेकिन इतना ही कर सकते हैं कि उनके अपनों का शरीर उन तक किसी नोंचफाड़ के बगैर पहुंचे।

मॉर्च्युरी में काम करने वाले तो अपने गुस्से और नशे के लिए बदनाम रहते हैं |शरीर की चीर फाड़ करने के आदी संजय की आँखें जैसे मेरे दिमाग का भी पोस्टमॉर्टम कर लेती हैं | वे कहते हैं हांकभी नशे में नहीं रहते | वे कहते हैं जो एक बार मुर्दाघर में काम कर लेगा वो नशे से तौबा कर लेगा | हम शराब पीकर सिकुड़े हुए लीवर देखते हैं | तेज गाड़ी चलाने से तरबूज की तरह फटे हुए सर देखते हैं | दो मिनट के गुस्से का अंजाम देखते है | हमें खुद को कंट्रोल करना आ जाता है |

इस जगह काम करना सब बदल देता है |यहाँ इंसान को वो चीज दिखती है जो कहीं और नहीं दिखती | वह है मौत ! आप करोड़पति हों या फिर सड़कपति , आएंगे आप यहीं | संजय की आवाज कहीं दूर से आती लगती है |

माहौल को हल्का करते हुए वे अचानक हंसते हुए कहते हैं- OPD में भाई लोग परेशान रहते हैं। मरीज रोता है। फैमिली चिल्लाती है। यहां हमें कोई परेशान नहीं करता। वो भी चुप। हम भी चुप।

मुर्दाघर में घर से ज्यादा वक्त बिताते संजय को एक ही दुख है कि वे घर लौटकर अपने बच्चों को वैसे कसमसाकर गले नहीं लगा सकते, जैसे बाकी पिता लगाते हैं। वे बताते हैं घर ग्राउंड फ्लोर पर है | अस्पताल आते हुए सामने के दरवाजे से निकलता हूँ लेकिन लौटता हूँ तो पीछे के दरवाजे से घुसता हूँ | वहाँ से सीधा बाथरूम में | नहाने धोने के बाद घर वालों से मिल पाता हूँ| ऐसा न करूँ तो न जाने कौन सी खतरनाक बीमारी अनजाने में अपने साथ उनको भी दे दूँ |

सड़ी गली लाशों का पोस्टमॉर्टम करते हुए इन्फेक्शन का डर रहता है | वैसे पूरी सेफ़्टी राखी जाती है | गल्वस ,चश्मा , गाउन सब कुछ पहनते हैं | इस्तेमाल की हुई चीजें फेंक दी जाती हैं | तब भी डर लगा रहता है |कोविद की दूसरी लहर में खतरा ज्यादा था | रोज कितनी ही लाशें आती थीं और सबका मुंह खोलकर हमें फेमिली को दिखाना होता था | उंगली से आसमान की तरफ इशारा करते हुए कहा ,दिल डरता था लेकिन उसने रक्षा की |

पत्नी पहले रोती थी कि ट्रांसफर करा लो। मुर्दों के साथ रहना 'सेफ' नहीं। अब बेटी टोकती है कि पापा काम बदल लो। मैं उसके साथ साथ

खुद को भी तसल्ली देता हूँ | बिटिया अब अगले जन्म में ही दूसरा काम मिल सकेगा ! अभी यही करने दो |

13

कुँवारेपन की जांच

"शक्ति और विकाश लगातार कोशिश और संघर्ष से ही आते हैं |"

-अज्ञात

पंचायत के सामने मेरे कुंआरेपन की जांच हुई, लाल धब्बों वाली चादर दिखाई गई; पति बोला दुल्हन खरी है, खरी है, खरी है |ब्याह की अगली सुबह पंचायत बैठती है जहां दूल्हा दुल्हन भी होते हैं | पंच लड़के से पूछते है रात में जो तुम्हें माल मिला वो खरा निकला या खोटा ? लड़की कुंवारी हो तो नया नया पति शान से कहता है माल खरा था | लेकिन रुकिए परीक्षा अभी अधूरी है | दसोने के खरेपन की भी उतनी कड़ी परख नहीं होती जितनी कुँवारेपन यस वर्जिनिटी की | पंचायत में कुँवारेपन के ऐलान के बाद लोग एक सफेद चादर के इर्दगिर्द जमा होते हैं | ये वो चादर है जिस पर दुल्हन रात में सोई थी | इस पर लगा खून का धब्बा तय करता है कि लड़की बेदाग है |

मार्च, 2022, पुणे की खूबसूरत सड़कों से होते हुए यरवदा पहुंचेंगे तो दुनिया बदलने लगेगी। चौड़ी चमकीली सड़कें संवलाने लगती हैं। तने हुए कंधे झुक जाते हैं और गोल होंठ बनाकर अंग्रेजी बोलती जबान से एकदम मराठी झरने लगती है। यरवदा के भीतर छोटी छोटी कई बस्तियां हैं |हरएक की अलग कहानी है | जी हाँ , वो जगह है भाटनगर जहां कंजर भाट समुदाय रहता है |

कच्ची शराब बनाते इस समुदाय में वैसे तो बेहद खुलापन है, लेकिन शादी के वक्त लड़की अनछुई ही चाहिए। इसके लिए वर्जिनिटी टेस्ट होता है, जिसमें नाकामयाब लड़की सारी उम्र बदचलनी के ताने सुनती है या फिर शादी टूटने का दर्द सहती है।

'17 साल की थी, जब अपने दूल्हे के साथ मुझे जबर्दस्ती सोना पड़ा। सबने बताया कि ये हर लड़की के साथ होता है, इसी में घर की इज्जत है। मैंने बात मान ली, लेकिन कुछ साल बाद तय कर लिया कि अपनी या दूसरी बेटियों के साथ ऐसा नहीं होने दूंगी। मैं विरोध करने लगी। सफेद चादर देखने आए लोगों के बीच पहुंचकर बोलने लगी। इससे काम नहीं बना तो पुलिस को कॉल करने लगी।

लोग भड़क गए- सबको लगा कि मैं समाज को गंदा कर दूंगी। अब हमारा पूरा परिवार जात बाहर है। न कोई शादी में बुलाता है, न गमी में।' ये बताते हुए लगभग 45 बरस की सुमन के चेहरे पर दर्द से ज्यादा गुस्सा था और थी एक जिद कि जो मेरे साथ हुआ, वो किसी दूसरे के साथ न हो।

कच्ची हल्दी के रंग की साड़ी और सुनहरे डायल की घड़ी पहने सुमन इंद्रेकर को देखकर शायद ही कोई अंदाजा लगा सके कि परंपरा के नाम पर उन्होंने वर्जिनिटी टेस्ट झेला होगा। खुलेपन से बोलती बतियाती सुमन लगभग घंटे भर की बातचीत में कंजरभाट सोसाइटी की एक एक परत उधेड़ कर रख देती है |

शादी के तुरंत बाद लड़की लड़के को लॉज या होटल ले जाते हैं | वहाँ पहुंचते ही सबसे पहले चलता है सर्च अभियान | कमरे की अलमारियाँ ,कोई पिन या दराजें खोलकर देखा जाता है कि वहाँ कोई दूसरी नुकीली चीज तो नहीं है | लड़की के सारे गहने उतरवा दिए जाते हैं | बालों से क्लिप निकाल दी जाती है | यहाँ तक कि हाथ की चूड़ियाँ भी गईं ली जाती हैं ताकि चूड़े से जख्म करके लड़की खून न निकाल सके | एक पोटली में ये सारी चीजें जमा की जाती है |

अब बिस्तर पर झक सफेद चादर बिछा दी जाती है। चादर कोरी हो, जिस पर कोई दाग न हो। यही सफेदी दुल्हन की परीक्षा लेगी।अब नये दूल्हा दूलहन अंदर बंद हैं और घड़ी की सुइयां घूम रही हैं | दरवाजे के बाहर दोनों तरफ के परिवार बैठे होते हैं, जो हर थोड़ी देर में दरवाजा खटखटाकर पूछते हैं- 'काम हो गया!' नया जोड़ा संकोच कर रहा हो तो उसे 'डेमो' देने का भी रिवाज है, यानी दूसरा जोड़ा उनके सामने संबंध बनाकर दिखाता है कि उन्हें भी इसी तरह करना है। 'कार्यक्रम' के बाद सफेद चादर को जस का तस समेटकर रख लिया जाता है। यही वो अमानत है, जो अगले रोज बैठक में पेश की जाएगी।

शाम के धुंधलके में सूखी हुई आंखों के सामने मानो एकएक दृश्य चल रहा हो सुमन कुछ इस तरह से बता रही हैं...वर्जिनिटी टेस्ट के बाद सड़क से सटे चौक पर ही पंचायत बैठती है। दुल्हन को सारे गहने पहनाकर लाया जाता है, जहां वो दूल्हे के पास बैठती है। पूरा समाज जमा है। इस बीच कड़कती हुई आवाज आती है- 'कल रात तुम्हें जो माल मिला, वो खरा निकला या खोटा'! अगर दूल्हे को कपड़े पर खून का ताजा धब्बा दिखा हो तो वो लड़की को खरा बताएगा। ये सवाल लगातार 3 बार पूछा जाता है, जिससे सब सुन सकें। बिरादरी वाले। सड़क से गुजरते लोग। शोहदे। गुंडे। हर कोई ये सुनता है कि लड़की बदचलन है या सच्ची।

दुल्हे ने लड़की को खोटी कह दिया तो उसकी शामत आ जाती है। वहीं पर पिटाई होने लगती है। लड़के वाले उसके परिवार को कोसने लगते हैं। बात शादी टूटने तक चली जाती है। कई बार शादियां खत्म हो जाती हैं, तो कई बार कुछ महीने या कुछ साल मायके में रहने की 'सजा' के बाद लड़की ससुराल लाई जाती है। रोज बदचलन कहलाने के लिए।

उसके किसी से भी हंसने बोलने पर मनाही रहती है |किसी पुरुष से बात नहीं कर सकती और घर के बाहर तो बिल्कुल नहीं जा सकती | सारी उम्र तानों और मारपीट के साथ जीती है खोटी लड़की |

मैंने बहुत कुछ झेला, लेकिन अपनी बेटी को बचा लिया। हमने रिश्ता तय होने से पहले ही बात कर ली कि उसका वर्जिनिटी टेस्ट नहीं होने देंगे। जिन्हें मंजूर नहीं था, वो रिश्ता ठुकराकर चले गए। जिनको बात जमी, वो आज मेरे जमाई हैं। ये बताते हुए सुमन की आवाज से ज्यादा, उनकी आंखें गर्व की गवाही दे रही थीं।

सुमन समेत कंजरभाट समुदाय के कई परिवार जात बाहर हो चुके हैं | वजह ? वे इंसानियत पर भरोसा करते हैं, और साइंस की भी उन्हे थोड़ी बहुत समझ है | ऐसी कई महिलाओं से हमारी मुलाकात हुई | पोपले मुंह के साथ खुली हंसी वाली जनाबाई पर हमारी नजर जा टिकी |

उम्र पूछने पर वे कहती हैं- नब्बे में 2 जोड़ की हूं। भरे-पूरे परिवार की जनाबाई के पास कोई दर्द नहीं। कच्ची उम्र में शादी हुई। पति लगभग दोगुनी उम्र का, जिसकी दो पत्नियां औलादें छोड़कर मर चुकीं थीं। शादी के बाद एक के बाद एक 12 बच्चे हुए | वे कहती हैं पति गुजर गए लेकिन तकलीफ नहीं है | साथ में भरा पूरा परिवार है |

जना की मिचमिचाती आंखों में तसल्ली है। लगभग 92 बरस की ये महिला तनकर चलती है और बिना लाठी के सीढ़ियां चढ़ जाती है। किसी बड़े शहर में जन्मी होतीं, तो वे शायद पहलवान होतीं या फिर धावक, जिसके मजबूत पैर दुनिया नापते, लेकिन जना की दुनिया में ये ख्वाहिशें नहीं।

औरतों के जमावड़े से निकल हम भाटनगर की बस्ती में घूमने लगे। ज्यादातर मकान बिना पलस्तर के, जिन पर पक्की छत की बजाय टिन की चादरें डली थीं। तंग ऊंचे घरों में खिड़कियों की बजाय लोहे के जंगले लगे थे। दरवाजों पर पुरानी चादर से बने परदे डोलते हुए। टूटी सड़कें। घरों के आगे महिलाएं बर्तन मांज रही थीं, या फिर कपड़े धो रही थीं। कहीं पर भी तैयार होकर दफ्तर जाती या पढ़ती हुई लड़की नहीं दिखी। उम्मीद की पुड़िया थामे हम आगे बढ़ते हैं। कुछ लोगों से बातचीत भी करते हैं। सबके सब जैसे किसी सम्मोहन से बिंधे हुए कहते हैं – यहाँ

कोई वर्जिनिटी टेस्ट अब नहीं होता , पहले होता था |

कुछ लोग डपटकर भगा देते हैं। कुछ आंखें मिचमिचाकर भाषा न समझने का बहाना करते हैं। फिर हमारी मुलाकात एक ऐसे शख्स से होती है, जो बिना कहे ही सब कह जाता है। करण भाट नाम का अधेड़ शख्स सरपंच का भाई है। कुर्सी पर पैर चढ़ाए हुए हमसे ID कार्ड मांगा जाता है। मैं पर्स टटोलते हुए खो जाने का बहाना करता हूँ । मास्क से ढंके चेहरे पर पूरा भोलापन लाकर कहता हूँ – दूर से आए हैं , अब आप ही मदद कीजिए | पुरुष ईगो संतुष्ट होता है | करण कहते हैं जैसे आम की पेटी में एक सड़ा हुआ फल सब खराब कर देता है ,वही हाल लड़कियों का है | समाज के बड़ों ने अगर ये नियम बनाया, तो सोचकर ही बनाया होगा | उसके बाद 'खराब आम बनाम खराब लड़की' पर प्रवचन की गंगा दोबारा बह निकलती है। पूरे उफान से।

यरवदा की उस बस्ती में हमारे पहुंचने के साथ ही एक लड़की की खुदकुशी की खबर आई। 29 साल की लड़की किसी कंपनी में एचआर मैनेजर थी। डांस भी सिखाती थी। मृतका का जिक्र करते हुए करण फरमाते हैं- 'माना कि उसके पिता दुख में थे, लेकिन पुलिस में शिकायत नहीं करनी थी। मामला पंचायत में ही सुलझ जाता और फिर आखिर जनाजा तो उसका ससुराल से ही उठेगा!' हारी और मरी हुई लड़की का जिक्र करते उनके चेहरे पर घुटी हुई मुस्कान है।

हमारे बगल की कुर्सी पर पानी की बोतल रखी है। प्यास से गला सूख रहा है, लेकिन दिल नहीं मानता। बैग संभालते हुए हम चुपचाप उठ जाते हैं।

14

नाचने वालियों की जिंदगी

"एक क्षण के लिए भी मत सोचो कि तुम कमजोर हो , हम सभी के भीतर आंतरिक शक्ति का भंडार छिपा है |"

-अज्ञात

बदन दिखाऊ कपड़े में नाचने वाली की जिंदगी नरक जैसी है | जिसकी जवानी ढल गई उसकी डिमांड खत्म, भले ही वो भूखे मरे |

साहेबान मेहरबान ......एक हसीन बाला मधुबाला आ रही हैं | तैयार हो जाएं, हुस्न की रानी के स्वागत के लिए!' शराब के नशे में डूबी आवाज की इस अनाउंसमेंट के साथ ही स्टेज की भड़कीली रोशनी में कई लड़कियां दिखती हैं। गाढ़े मेकअप के साथ शरीर पर झीने कपड़े। लगभग तीन दशक तक डांस लाइन में काम कर चुकी रेखा रानी कहती हैं- 'सलवार-

सूट पहनी लड़की को कोई नहीं पूछता। कपड़े जितने कम, पैसे उतने ज्यादा।'

कुछ रोज पहले महाशिवरात्रि के मौके पर राजस्थान के बारां में डांसर्स बुलाई गईं। छबड़ा कस्बे में अश्लील गानों पर थिरकती इन लड़कियों के साथ छेड़खानी हुई। इस मामले पर मचा हंगामा शांत भी नहीं हुआ था कि तभी होली पर ऐसा ही एक और वाकया सामने आ गया। दरअसल प्रतापगढ़ जिले में होली उत्सव के दौरान हरियाणवी और रशियन महिला डांसर्स बुलाई गईं और अश्लील गानों पर घंटों डांस कराया गया। ये वाकये इक्का दुक्का नहीं | देश के पूर्वी हिस्से में शादियों में अश्लील गाने की नाच परंपरा पुरानी है |इन वेडिंग डांसर्स की जिंदगी नरक से कम नहीं होती। गहरी लिपस्टिक और पावडर की मोटी परत के नीचे दर्द की बेहद स्याह कहानियाँ छिपी होती हैं |

उनके इस दर्द को कुरेदने की कोशिश की ताकि नाचनेवालियों की जिंदगी का ये हिस्सा हम जैसे 'सभ्य' लोगों के सामने आ सके। बिहार के रोहतास जिले की रेखा रानी इसमें मदद करती हैं। 30 सालों तक वेडिंग डांसर रह चुकी रेखा अब शादियों में गाती हैं, क्योंकि नाचने की उम्र बीत चुकी। वे कहती है जिसकी जवानी ढाल गई उस औरत की डिमांड खत्म | वो डांस ग्रुप से निकाल दी जाती है , फिर चाहे वो भूजकहे मरे |

बिहार के रोहतास जिले की रेखा रानी वेडिंग डांसर रह चुकी हैं, लेकिन शादियों में नाचने की बजाय वो सिर्फ गाती हैं, क्योंकि उम्र ढल जाने के बाद अब डांसर के रूप में उनकी डिमांड नहीं है।

रेखा की कहानी, उन्हीं की जुबानी पढ़ते हैं

सन अस्सी की बात होगी, जब मेरी मां बिजली रानी बिहार में पहचानी जाने लगीं। नाम जैसी ही थिरकन थी उनकी देह में। ऐसा नाचतीं कि बिजली की कौंध भी फीकी पड़ जाए। मां पटना में रहतीं, बुलावे पर दिल्ली भी जातीं। मैं पढ़ाई कर रही थी। बाँकी बच्चों की तरह खेलती कूदती और डॉक्टर , टीचर बनने के सपने देखती | मैं बाकी बच्चों से अलग थी क्योंकि मेरे माँ नाचने वाली थी | जैसे जैसे शरीर पर उभार आने लगे , आसपास के लोगों की नजरें बदलने लगीं | जिन्हे चाचा मामा बोलती थी वही मुझे औरत की तरह देखने लगे | मैं दरकर माँ से चिपक

गई लेकिन बता नहीं सकी |

मैंने भी डांस शुरू कर दिया | धीरे धीरे मेरी पढ़ाई छूट गई | इस लाइन मे आई तो एक के बाद एक कई ताले खुलते चले गए । स्टेज पर भड़कीले डांस करती लड़की की कोई इज्जत नहीं होती। उसे कोई भी छू सकता है, कोई भी कहीं पकड़ सकता है और जिसका मन चाहे, उससे जबर्दस्ती कर सकता है। लड़की मना करे तो या तो उसका काम छिनता है, या फिर जिंदगी।

बीते दिसंबर में भोजपुर में ऐसा ही हादसा हुआ। शादी में डांस करने पहुंची लड़कियों से बारातियों ने रात बिताने की मांग की। उन्होंने मना कर दिया और लौटने लगीं। वो रास्ते में ही थीं कि पीछे से तेज रफ्तार गाड़ी आई और उसमें बैठे लोग दनादन गोलियां चलाने लगे। दो लड़कियां घायल भी हो गईं। जितने पैसे थे, सब खर्च हो चुके। लौटेंगी तो लंगड़ाते पैरों या जख्मी चेहरे के साथ शायद ही कोई काम मिले। दो साल पहले चांदनी नाम की एक डांसर की इसी गोली चलाई में मौत हो गई। अब उसके परिवार को पूछनेवाला भी कोई नहीं।

रेखा रानी कहती हैं कि मेरे भी कुछ सपने थे। पढ़ लिखकर कुछ बनना चाहती थी, लेकिन मां नाचने वाली थी तो मैं भी मजबूरन इसी लाइन में आ गई।

हिफाजत के बंदोबस्त पर रेखा बोलती हैं, मजबूरी में सब नाच रही हैं। कोई नाच के बीच स्टेज पर चढ़ आता है। कोई कमर पकड़ता है, कोई सीना। तब खुद ही डील करना होता है | गुस्सा करेंगे तो भूखों मरेंगे |शांति से सब मैनेज करते हैं | कभी कुछ ज्यादा ऊंच नीच हो जाए तो खुद ही मैनेज करना पड़ता है | ऐसा न करने से वेडिंग ऑर्गनाइजर का नाम खराब होता है | लोग कहते हैं कि उसकी नचनियों के बड़े नखरे हैं | फिर अगली शादी में 'इन्वाइट' नहीं आता |

लड़कियों की सेफ्टी के लिए अब नया इंतजाम हुआ है। उन्हे लोहे के बड़े बड़े पिंजरे में बंद कर दिया जाता है जिसे बारात बारात के साथ साथ घुमाया जाता है ताकि कोई नोच खसोट न सके| डांस लाइन के ट्रेंड को जानने वाली रेखा बताती हैं कि बारात के साथ जाने वाली लड़कियों के लिए ये ट्रेंड निकला है |

बाराती अक्सर नशे में होते हैं और भड़कीला डांस करती लड़की को देखते ही उसे पकड़ने की कोशिश करने लगते हैं। डरी हुई लड़कियां अगर डांस रोकेंगी तो बाराती भड़क जाएंगे और पैसे नहीं मिलेंगे, इसलिए ही पिंजरे का ट्रेंड आया।

डांसरों पर दबाव रहता है कि वो भड़कीले गानों पर नाचें और कपड़े भी बदन दिखाऊ ही पहनें | शुरू शुरू में लड़कियां घबराती हैं | झीने कपड़े पहनने को तैयार नहीं होती हैं फिर आदत हो जाती है |खुद ही दुकान जाकर चोली और हॉट पैंट खरीदती हैं। जालीदार कपड़े लेती हैं ताकि स्किन दिखे। ट्रांसपरेंट गाउन होता है, पेट दिखता है, बैकलेस होता है। इससे पैसे ज्यादा मिलते हैं। डांस करते हुए स्टेज पर चढ़ आए बाराती या दूसरे लोग ऐसी लड़कियों पर ज्यादा पैसे लुटाते हैं। इन पैसों में से आधा मैनेजर लेता है, बाकी डांसर को मिलता है।

रेखा रानी कहती हैं कि डांसरों पर दबाव रहता है कि वो भड़कीले गानों पर नाचें और कपड़े भी बदन दिखाऊ ही पहनें | शुरू में घबराती हैं फिर आदत हो जाती है |

एक बार मैंने एक डांसर को बदन ढंकने को कहा तो उसने तड़ाक से कहा शरीर ढंकेंगे तो सड़क पर आ जाएंगे। तेजी से बोलकर वो रो पड़ी। मैं चुप हो गई। हम सब एक ही दर्द जीती हैं, लेकिन इतना सब भी उस तकलीफ के आगे कुछ नहीं, जो हमारे बच्चे झेलते हैं। जब सारी दुनिया अपने घर में, अपने लोगों के बीच सोई होती है, डांसर लड़कियां अधनंगी होकर भद्दे म्यूजिक पर अनजान लोगों के सामने ठुमके लगाती हैं। इनमें कई अकेली मांएं भी होती हैं। वो अपने बच्चे को किसी के भरोसे छोड़कर रातभर नाचती हैं। बच्चा दूध के लिए रोता है। बदन पर तेल मालिश नहीं होती। मां का कलेजा दुखता तो है, लेकिन वो कुछ कर भी नहीं पाती।

रेखा लरजती हुई आवाज में कहती हैं हर मां चाहती है कि उसका बच्चा उस पर गर्व करे, लेकिन हम अपने पेशे को किसी राज की तरह छिपाकर रखती हैं कि कहीं बच्चा नफरत न करने लगे। हम चाहती हैं कि जो गंदगी हमने झेली, वो कभी उनको न छुए। ब्याह शादी तो कुछ महीने ही चलता है, फिर बाकी वक्त में डांसर्स क्या करती हैं ? इस सवाल

पर रेखा कहती हैं कोई खुशकिस्मत रहे तो मॉल में काम मिल जाता है | बाकी लड़कियां जगराता या दूसरे त्यौहारों पर डांस करने जाती हैं | कहने को ये धार्मिक मौके होते हैं लेकिन नाचने वालियों को देखकर सबकी नीयत डोल जाती है | आखिर में वही डांस होता है जो हमारी पहचान बन चुका है |

15

गुवाहाटी का भूतनाथ श्मशान

मंत्र पढ़ते तांत्रिक ने इंसानी हड्डी सिर पर रख दी, महिला डॉक्टर तक 10 लाख में मारण क्रिया करा रही थी |रात के करीब 12 बज रहे थे | यह जगह गुवाहाटी से उत्तर की ओर 11 किमी दूर कामाख्या शक्तिपीठ की तलहटी का भूतनाथ श्मशान है |

चारों तरफ सुलगती चिताएं। आग की लपटें और उठते धुएं से जलती आंखें... राख का काला सफेद रंग कपड़ों पर निशान छोड़ रहा था और तपिश इतनी की खाल में खोट पड़ जाए |सब तांत्रिक समाधियों में बैठे हैं | कोई चिता के पास नरमुंड लिए जाप कर रहा है, तो कोई तंत्र साधना में मगन है |

तंत्र की देवी मां कामाख्या अभी रजस्वला, यानी मासिक धर्म में हैं। अगले तीन दिन तक कुंडलीचक्र में आराम करेंगी। तब तक असम के खेत खलिहानों में मिट्‌टी तक को नहीं छुआ जाएगा |दीप नहीं जलेगा | इस दौरान देश भर से तांत्रिक यहाँ जुते हैं | माहौल मेले सा है | यह आयोजन अंबुबाची मेला कहलाता है |

श्मशान में आते ही नंगे पांव चलते हैं । चारों ओर चिताएं हैं या उनसे निकली राख पसरी है। पैर रखने में भी सिहरन सी हो रही। न जाने कितनी ही चिताओं की राख पर पांव रखते हुए श्मशान में घूम रहे हैं । हर कदम कुछ डरा रहा है ।कामाख्या का भूतनाथ श्मशान। आधी रात को यहां तांत्रिक साधना में जुटे हैं। वे जलती चिताओं के आगे बैठकर हवनपूजा कर रहे हैं।

एक चिता के सामने बैठे लाल बाबा तंत्र साध रहे हैं। उनके और चिता के बीच थाली में सिंदूर से रंगा नरमुंड धरा है और बाबा के हाथ में बड़ी सी इंसानी हड्डी। बाबा के पास पहुंचे ही थे कि उन्होंने मंत्र पढ़ते हुए सिंदूर से रंगी हड्डी मेरे सिर पर रख दी। अब न उठते बन रहा था, न बैठते। उठते डर लगा कि कहीं बाबा नाराज न हो जाएं। बैठे रहने में ही सलामती समझी।

बाबा ने नाम पूछा और मंत्र बोलते हुए आग में कुछ डाल दिया। मेरे माथे पर चिता की भभूत मलकर कहा जा बाबा को याद रखेगा| कुछ समझ नहीं आ रहा कि यहाँ क्या हो रहा है | लेकिन यहाँ की दुनिया देखने के लिए डर ही इसकी कीमत है जो चुकानी पड़ती है | यह श्मशान देश के बाकी श्मशानों से काफी अलग है | यहाँ पूरी रात चिताएं जलती रहती हैं |

चारों ओर तंत्र साधक बैठे हैं। साधना कर रहे। सबके अपने तरीके हैं। कोई जोर जोर से मंत्र पढ़ रहा है तो कोई चीता पर धुनी रमाये हुए है |थोड़ी दूर पर दो तांत्रिक एक चिता पर मंत्र जाप कर रहे। उनमें से एक उठता है और चिता की सुलगती राख के सामने सीटी मारकर किसी को बुलाने जैसा इशारा करता है। फिर चिता के चारों ओर चक्कर लगाने लगता है।

मेरे पास खड़े शख्स ने बताया कि तांत्रिक चिता से कुछ शक्तियां पुकार रहा है। उनके हाव भाव से लग रहा है मानो कोई अकेले में बात कर रहा हो | इस श्मशान में मौत को भी उत्सव के रूप में मनाया जाता है। ढोलक, चिमटे और तुनकी के संगीत पर लोग नाच गा रहे हैं |

आगे बढ़े तो कानों में ढोलक की थाप गूंजने लगी। ढोलक, चिमटे और तुनकी के संगीत पर लोग मदमस्त से नाच रहे और गा रहे हैं। सबके चेहरे खिले हुए हैं। मैं सोच में पड़ गई... श्मशान में किसी की मौत का

ऐसा उत्सव कैसे मनाया जा सकता है?

रात और बीती, करीब दोढाई बजे होंगे | जगह-जगह दुकानें सजी हैं। कहीं चाय बन रही, तो कहीं पकवान। महादेव के भजनों पर लोग नाच रहे हैं। यहां टहलते-मुस्कुराते चेहरे और बेफिक्र मस्ती देख कोई नहीं कह सकता कि ये सब चिताओं के सामने हो रहा है। चिताओं से उठ रहे अंगारे तांत्रिकों पर गिर रहे हैं, मानो चिता की राख ही इनका जीवनदान हो। ।

इस श्मशान को महिलाओं से भी गुरेज नहीं, बच्चियां भी नाच रहीं

कहते हैं श्मशान में महिलाएं नहीं जातीं, लेकिन यहां हर कोई है। छोटी छोटी बच्चियाँ भी वहाँ सोई पड़ी हैं | महिलायें भी असमिया में पशुपतिनाथ के भजन गा रही हैं , कबीर के दोहे गया रही हैं | पुरुष तांत्रिकों के साथ ही यहां आपको महिला तांत्रिक भी देखने को मिल जाएंगी। ये महिलाएं भी श्मशान में तंत्र साधना कर रही हैं।

लोगों को मारने तक की तंत्र साधना हैं |

अलसुबह करीब चार-साढ़े चार का वक्त हो चला है। अघोरी बाबाओं का झुंड श्मशान में आता जा रहा है। एक एक कर अघोरी साधु शराब पी रहे हैं | बोल रहे हैं रुक जाओ जरा | इनमें तीन महिला भी हैं जो तप कर रही हैं | मैंने पूछ लिया कि 'आपलोग क्या करने वाले हैं ? एक अघोरी ने बताया कि एक महिला डॉक्टर आ रही है मारण क्रिया के लिए |

ये सुन मेरे भी होश उड़ गए | अघोरी कहने लगे कि ये उस महिला डॉक्टर का फेमिली मैटर है | मैंने पूछा किसी को मारने के लिए क्या क्या सामग्री लगती है | जवाब मिला ये गुप्त बात है |वे एक दूसरे से कानाफूसी करने लगे | मैंने गुजारिश की कुछ तो बता दें |यहां नरमुंड और हड्डियां लिए तांत्रिकों का दावा है कि वे महज तीन दिनों में ही कई तंत्र शक्तियां हासिल कर लेंगे।

तभी एक अघोरी उठा और एक लिफाफा लेकर उसमें रखी एक टोकरी निकाल लाया और बोला- 'देखो यह है मारण क्रिया का सामान।' आटे जैसी दिखने वाली किसी चीज से दो इंसानी मूर्तियां बनी हैं, जिन्हें काले धागे के साथ बांधा हुआ है। मैंने पूछा यह आटा है ?

तो वह बोला कि नहीं, इसके अंदर बहुत कुछ है। बहुत मंहगी मंहगी सामग्री है | यह सब देख कर एक बार तो आश्चर्य हुआ कि पढे-लिखे

लोग यह सब कराते हैं |आटे जैसे दिखने वाली किसी चीज से दो इंसानी मूर्तियां बनी हैं। इसके ऊपर काला धागा बांधा है। तांत्रिकों का कहना है कि यह मारण क्रिया का सामान है।

वहां मौजूद बाबा रॉबिन बांग्लादेश वाले कहते हैं कि वशीकरण, शत्रुनाश, उच्चाटन, मारण, नौकरी, शादी, पढ़ाई, अलग-अलग दोष के लिए लोग तांत्रिक पूजा कराते हैं। ऐसी पूजाओं में लगने वाला सामान एक लाख रुपए तोला से लेकर 10 लाख रुपए तक में मिलता है।

मसलन... इसाकटक, काला मायाजाल, सफेद मायाजाल, पायाजोड़ी, हथापौड़ी। मूलचल फल नाम की एक सामग्री होती है। दावा है कि इसे किसी के हाथ पर रगड़ दिया जाए तो वह आदमी आपसे पैसे लेना भूल जाता है। इस तरह के काम के लिए लाखों रुपए देने पड़ते हैं।जिन लोगों को अपनी इच्छानुसार काम करना होता है, किसी को वश में करना होता है, वे चिता के पास बैठकर तांत्रिकों के साथ पूजा कराते हैं।

इन सब से बातें खत्म कर जैसे ही हम जाने को होते हैं , वो डॉक्टर आ जाती हैं, जिनका जिक्र बाबा कर रहे थे। बाबा बोले कि लो खुद बात कर ले इससे। दिखने में सुंदर, भोलीभाली सी, कम उम्र की, मीठी बोलने वाली यह महिला क्या करने जा रही है कुछ समझ नहीं आ रहा। मैंने पूछा कि क्या कर रही हैं आप... वह मेरे सवाल से डर गई और कहने लगी कि फैमिली मैटर है।

अब हम बाहर निकल आए और देख रहे हैं कि इस श्मशान में रात गुजारने वालों की गिनती हजारों में हो चुकी है।

यहां योनि, मासिक धर्म, लिंग पर बातचीत बेहद आम है

मुझे एक बात अचंभित कर रही है कि औरत के शरीर के जिस हिस्से का किसी मंदिर में जिक्र करना भी पाप माना जाता है, उसके बारे में यहां खुलकर बात की जाती है। योनि, मासिक धर्म, लिंग जैसे शब्द बात बात में बोले जा रहे हैं | यहाँ के मुख्य मंदिर में कामेश्वरी और कामेश्वर को माथा टेकने के बाद दस कदम की दूरी पर नीचे की ओर एक अंधेरी गुफा है जहां टेढ़ी मेढ़ी सीढ़ियों से होकर जाना होता है |कामाख्या धाम में देशभर से नागा साधु आए हैं। वे यहां रहेंगे और मां की पूजा अर्चना करेंगे |

यहां पहुंचने पर एक चकोर सी छोटी जगह कपड़ों से ढंकी है। जिसके चारों तरफ जल है। भक्त उस जल को छूकर माथे से लगा रहे हैं, पी रहे हैं। कुछ भक्त उसे गडवी में भरकर घर भी ले जा रहे हैं। यही वो योनिस्थल है, जिसे हमेशा कपड़ों से ढंककर रखा जाता है। यह इतना गहरा है कि घुटनों के बल झुककर इसे छूना पड़ता है।

मंदिर के ऊपर कबूतर दिखाई दे रहे हैं। उनके ऊपर सिंदूर लगा हुआ है। कबूतर वाले से पूछा तो बताने लगे कि शरीर से रोग दूर करने और मनोकामना पूरी करने के लिए सिंदूर लगाकर कबूतर को उड़ाया जाता है। यहां एक कबूतर करीब 500 रुपए में मिलता है।

यहां नागा साधु कपड़ों में होते हैं, क्योंकि मां के सामने नंगे नहीं रह सकते

यहां मंदिर का अपना कोई ऑफिस नहीं है। जूना और किन्नर अखाड़ा ही मंदिर का प्रशासन संभालता है। जूना अखाड़े में देशभर से नागा साधु आए हैं। काफी चहल पहल है | चिलम फूंकी जा रही है | जटाधारी भभूत लगाए धूनी रमा रहे हैं | सबसे दिलचस्प बातयह है कि यहाँ महिला नागा साधु भी हैं | नागा साधु कपड़ों में हैं |इनका कहना है कि कामाख्या उनकी माँ है और माँ के सामने वे बिना कपड़ों के नहीं रह सकते |

कोई धर्मशाला नहीं, एक दिन का किराया 3 हजार से 10 हजार तक

तस्वीर अंबुबाची मेले की है। कोविड के बाद पहली बार अंबुबाची मेला लगा है। लिहाजा रौनक देखते ही बनती है। आसपास दुकानें गुलजार हैं।मंदिर परिसर से करीब एक किलोमीटर के दायरे में कई दुकानें हैं। जहां मौली, शंख, नरमुंड, रुद्राक्ष की माला और प्रसाद बिक रहे हैं। कोरोना के बाद पहली दफा अंबुबाची मेले का आयोजन हो रहा है। इसलिए दुकानदारों की खुशी दोगुनी हो गई है।

बड़ी परेशानी यह कि यहां कोई धर्मशाला या होटल नहीं है। मंदिर में पूजा करने वाले 466 पंडों के घर यहीं हैं। इन्होंने ही यहां अस्त-व्यस्त मकान बना रखे हैं। उसी में ठहरना होता है, लेकिन इसका एक दिन का किराया तीन से दस हजार रुपए तक वसूलते हैं।

16

बीड़ जिले की बेकोख महिलायें

"जहां संघर्ष नहीं है वहाँ शक्ति नहीं है |"

-अज्ञात

हम औरतों को कोख निकलवानी पड़ती है, ताकि हर महीने 4-5 दिन का काम न छिने और रेप हो तो बच्चा भी न ठहरे |

कुल 14 बरस की थी, जब शादी हुई। पति के साथ गन्ना काटने दक्षिण जाना पड़ा। खाली खेत में टिन की झोपड़ी। दरवाजे की जगह साड़ी का परदा। सूना पाकर ठेकेदार आता और नोच खसोट के निकाल जाता | हम कुछ नहीं कर पाते थे –मन भर के रोना भी नहीं |

अठमासे पेट के साथ रोज 3 हजार किलो गन्ना ट्रक पर चढ़ाया। लकड़ी की कच्ची सीढ़ी पर चढ़ते हुए जितना पैर कांपते, उससे ज्यादा

दिल थरथराता। अब सब झंझट खत्म! 30 साल की उम्र में बच्चेदानी निकलवा दी। न पीरियड होंगे और न बच्चा ठहरने का डर!

मराठी मिली हिंदी में अटकथमकर अपनी कहानी कहती महानंदा महाराष्ट्र के बीड जिले की हैं। वो बीड, जहां की जमीन अपनी दरारों के लिए पहचानी जाती है। यहां कुएं तो हैं, लेकिन पानी नहीं। खेत हैं, लेकिन किसान नहीं। पथरीली जमीन और कांटेदार पेड़ों से घिरे बीड में इकलौती रसीली चीज है गन्ना | इलाके में घुसते ही इसकी सरसराहट औरत मिठास जबान पर घुलने लगती है , लेकिन ठहरिए इस रस की बहुत बड़ी कीमत यहाँ की औरतें चुका रही हैं |वे कोख निकलवा रही हैं ताकि पीरियड्स न आयें | गन्ने का वजनी गठ्ठर सिर पर लाद वे सरपट सीधी चढ़ और उतार सकें |

साल 2019 की गर्मियां बीतने को थीं, जब महाराष्ट्र स्टेट कमीशन की रिपोर्ट ने सनसनी पैदा कर दी। रिपोर्ट बीड जिले की थी, जिसमें बताया गया कि गन्ने के खेत में काम करने वाली औरतें 20-30 साल की उम्र में ही यूट्रस यानी बच्चेदानी निकलवा रही हैं। साल 2016 से अगले तीन सालों में 4 हजार से ज्यादा औरतों ने बच्चेदानी ऐसे निकलवा डालीं, जैसे गर्मी के मौसम में कोई बाल कटवाता हो।

इनके पास अपनी वजहें हैं। पीरियड्स के दौरान छुट्टी लेने पर पैसे कटते। मजदूरी के लिए दूसरे राज्य जाने पर छेड़छाड़ और रेप आम है। छुटकारा पाने के लिए वे बच्चेदानी ही हटवाने लगीं। बीड के कई इलाके अब बगैर कोख वाली औरतों के गांव कहलाते हैं।

हमारा पहला पड़ाव था कसारी गाँव | । मार्च की दुपहरी भी ऐसी तपती हुई, मानो मई का महीना हो। सड़क किनारे ठूंठ हुए पेड़। रस बेचती इन दुकानों पर लिखा था 'आमच्याकड़े उसाचा ताजा व ठंड रस मिलेल' यानी हमारे यहाँ गन्ने का ताजा और ठंडा रस मिलता है | गर्मी से पड़पड़ाये होंठों को तर करते हुए हम कासारी बॉर्डर पहुंचे |

यहां सबसे पहली मुलाकात हुई महानंदा से। जैतूनी रंग की साड़ी पर मैचिंग चूड़ियां पहनी इस महिला को देखकर साफ था कि वो हमसे मुलाकात के लिए बाकायदा तैयार होकर आई हैं। खेत में गन्ना ढोते हुए साड़ी पैरों से कसकर लिपटी होती है और हाथों में नामभर की चूड़ियां।

इंटरव्यू के बीच और आखिर में वे कहती हैं " या तो सजधज कर रहें या फिर पेट ही भर लें |

महानंदा किसी सहेली की तरह गपियाती हैं, लेकिन कैमरा ऑन होते ही उनका लहजा बदल जाता है। बोलते हुए वे लड़खड़ाती हैं और फिर संभलकर बोलती हैं, ऐसे कि दर्द की टीस उन्हें कमजोर न दिखाए।

वो कहती हैं करीब 14 साल की उम्र में शादी हो गई। जिस उम्र में लड़कियां गुड्डे गुड़िया खेलती है , मैं घर संभालने लगी । जमीन के बित्ताभर टुकड़े पर खेतीबाड़ी और सबके लिए भात-भाखरी (रोटी) बनाना। ये फिर भी आसान था, असल मुश्किल तब हुई, जब खेतों में काम करने कर्नाटक जाना पड़ा। वहां जोड़े में काम मिलता। पति गन्ने काटता, मैं गड्डियां बनाकर ट्रक पर चढ़ाती। एक बार में 30 किलो की गठरी सिर पर लेकर चलना और हवा में झूलती कच्ची सीढ़ी से होते हुए ट्रक पर चढ़ाना। मैं रो रो पड़ती |मेहनत खूब की थी, लेकिन ये काम खून मांगता था। महानंदा याद करती हैं बोझ उठाकर चलते चलते कपड़ा पट से भीग जाता | पीरियड्स में खून बहना बढ़ने ही लगा | लेकिन उन पराए गाँव में न तो सैनिटरी पैड मिलता, न हमारे पास पैसे थे, और न ही दुकान जाकर ये सब खरीदने का वक्त |

महाराष्ट्र के बीड़ जिले का कसारी गांव गन्ने की खेती के लिए मशहूर है। जिस उम्र में लड़कियां गुड्डे गुड़ियों का खेल खेलती हैं , उस उम्र में यहां की लड़कियों को रोजीरोटी कमाने के लिए अपनी बच्चेदानी तक निकलवानी पड़ जाती है।

अनगढ़ हिंदी में महानंदा जब बात कर रही थीं हम ध्यान से सुन रहे थे । बिल्कुल अपने मोबाइल या कैमरे के रिकॉर्डर की तरह। महसूस तब हुआ, जब खुद खेतों में पहुंचे । तीखी पत्तियां पैरों पर ऐसे चुभतीं, जैसे कीड़े काट रहे हों। चलते हुए पांवों पर बारीक खरोंचें आ गईं। उस पर लोहे को मोम बनाती धूप। तपते सिर को हाथों से ढांपने की नाकाम कोशिश करते हुए केवल अंदाजा ही लगा सके कि 12 घंटों तक बोझ चढ़ाना कितनी और कैसी तकलीफ देता होगा।

'गन्ना ढोतेढोते एक के बाद एक तीन बच्चे हो गए। जिस वक्त औरत ठीक से चल नहीं पाती है, मैं पूरे पेट के साथ बोझ उठाती रही।

चढ़ते हुए चक्कर आता था, लगता कि नीचे गिर जाऊंगी, लेकिन कोई रास्ता नहीं था। मैं गिरूँ चाहे बच्चा गिरे काम तो करना ही होगा | चटर पटर खाना चाहती थी, लेकिन भात भाखरी कहाकर सो जाती |भरे गले, लेकिन सूखी आंखों से महानंदा बताती हैं, जैसे किसी और की कहानी सुना रही हों।

वजन उठा-उठाकर गले में गांठ बनने लगी। डॉक्टर ने ऑपरेशन कर दिया। वे गले की ओर इशारा करती हैं, जहां माला की तरह सर्जरी के बाद लगे टांके सजे हुए थे। साड़ी के अंचरे से वे टांकों को छिपाकर रखती हैं। हमारे कहने पर उसे उघाड़कर दिखाया और फिर तुरंत ढंक दिया। ब्लीडिंग बढ़ने पर डॉक्टर ने बच्चेदानी निकलवाने को कहा। पति से सलाह करके मैंने हां कर दी। बच्चे हो चुके। अब बच्चेदानी का क्या काम! नहीं पता था कि इतनी तकलीफ होगी। कमर| दुखती है, हाथ-पैरों में दर्द रहता है। नींद नहीं आती। पसीना आता है। बात-बात पर रोना आता है।

पति के साथ रहने का मन करता है? मेरे सवाल पर छोटा सा जवाब आता है- 'नहीं, मन नहीं करता अब'। वे मराठी में आसपास की औरतों से बात करने लगती हैं। धीरे से समझ आता है कि सब कुछ बोल सकती हैं लेकिन ये बात नहीं | पति नाराज हो जाएंगे। क्या पता छोड़ भी दें। बिना कोख की औरत भला किस काम की।

तपती धूप और सर पर करीब 30 किलो गन्ने की गठरी का बोझ। 12 घंटों तक कच्ची सीढ़ी के सहारे ट्रक में बोझ चढ़ाना कितनी और कैसी तकलीफ देता होगा, यह तस्वीर देखकर साफ समझा जा सकता है।

क्या अच्छा लगता है? 'गाना'- उधर से जवाब आता है। 'स्कूल में गाती थी। खूब शौक था। आगे पढ़ती तो गाना सीखती, लेकिन शादी ने सब बदल दिया।' हमारे कहने पर महानंदा मराठी में कुछ

गुनगुनाती है | जिसका हिंदी तर्जुमा है- इस खुले आसमान के नीचे हम सब बराबर हैं। न जाति अलग है, न रंग अलग। हम सब ईश्वर की संतानें हैं, हम सब बराबर हैं।

बंद दरवाजे से सटी हुई महानंदा सिर हिलाते हुए धीमे धीमे गा रही है | बेरंग से दरवाजे पर ताला लटक रहा है | मैं देखते हुए सोच रहा हूँ शायद गाने के बोल ही कोई जादू फूँक दे |

शायद बंद दरवाजा खुल जाए। मासूम बोलों वाले इस गीत को सुनकर शायद महानंदा समेत उन तमाम औरतों की किस्मत का ताला भी खुल जाए, जो औरत होने की सजा काट रही हैं।

आगे हमारी मुलाकात होती है, 29 साल की लता दत्तात्रेय से। लाल छींट की साड़ी में लता बताई हुई उम्र से काफी छोटी लगती हैं। शहर में होतीं और नए फैशन के कपड़े पहनतीं तो शायद यूनिवर्सिटी की स्टूडेंट लगतीं। तेज-तर्रार और चुटीली बोली वाली। पूरी बातचीत के दौरान वे हंसती रहती हैं। वजह पूछने पर कहती हैं- 'हिंदी में बोलना है न, तो हंसी आती है। मराठी बोलने कहो तो सब बता डालूंगी।'

हमें मराठी नहीं आती, लता को हिंदी नहीं आती। वो याद करती हैं शादी के दो साल तक घर पर रही | फिर पति कर्नाटक ले गया | वहाँ टाट की झोपड़ी बनाई, जो हवा से हिलने लगी थी | राज में उजाला ऐसे झाँकता, जैसे लाइट जली हो | थकान रहती तब भी नींद नहीं आती थी

दिन में दस बार रोती। सिर पर अधबनी छत। न बोली की समझ थी, न काम आता था। गन्ना खाया तो था, लेकिन उठाया कभी नहीं था। बार-बार गिर जाती, उठकर फिर काम करती। 3 हजार किलो का गट्ठर ट्रक पर लोड न हो तो पैसे कट जाते थे। कितने पैसे? लता बताती हैं एक आदमी का 200 रुपया | जोड़े का 400 रुपया |सुबह 8 से रात 8 बजे तक काम करने पर ये पैसे मिलते। वो भी तब, जब ट्रक मुंह तक भरी हो।

ये तो फिर भी सह लें, लेकिन ठेकेदार की बदतमीजी ज्यादा रुलाती थी। मैं पेट से थी। सातवां महीना था, जब गांव लौटने का मन हुआ। पति ने ठेकेदार से बात की तो उसने मना कर दिया। कहा कि पहले काम करो, फिर जाते रहना। पति जितना गिड़गिड़ाता, वो उतना अनाप-शनाप बोलता। मुझे भी पीटा। हम कुछ नहीं कर सके। वहीं रहना पड़ा। लौट भी जाते तो क्या खाते। गांव में न खेत है, न कारखाना। वो हम औरतों को छेड़ता छूटा तब भी हम चुप रहती थीं। आहिस्ता आहिस्ता रोती , लेकिन चिल्ला नहीं पाती थीं। पेट का डर मुंह सिल देता है।

हंसते हुए ही लता दर्द की पूरी तस्वीर उकेर जाती हैं। पराई धरती पर ठेकेदारों की छेड़छाड़ की बात लगभग सभी ने दोहराई लेकिन दबी जबान में ही। इस पर सोशल वर्कर मनीषा सीताराम घुले कहती हैं ये तो होता

ही है | गन्ने के खेतों में काम करते हुए कई औरतों के कईयों बार रेप हो जाते हैं, लेकिन वे पति तक से नहीं कह पातीं। उन्हें डर रहता है कि पति उन्हीं पर इलजाम लगाएगा।

बहुतों के साथ यही हुआ। अब औरतें चुप रहती हैं। यूट्रस निकलवाने की ये भी बड़ी वजह है। बच्चा ठहरने का डर खत्म हो जाता है। पीरियड्स का झंझट चला जाता है। ये बात अलग है कि इसके बाद नए दर्द शुरू हो जाते हैं | उम्र से पहले उम्र बीत जाने का डर |

जैसा कि महानंदा कहती हैं- 'मेरे बाल काले हैं। दांत पूरे हैं। सबको जवान लगती हूं, लेकिन मैं खुद अपनी नजर में बुढ़ा चुकी। काम करते-करते थक जाती हूं। अब आराम करना चाहती हूं।' कहते हुए आवाज सूखी हुई है। बीड की सख्त जमीन ने जैसे उनके भीतर का सारा रस सोखकर गन्नों में भर दिया हो।

17

दिल्ली का जी बी रोड

“सभी प्रकार के डरों में से बदनामी का डर सबसे बड़ा होता है |” -अज्ञात

मेरा घर सेक्स वर्कर्स की गली में है, खिड़की से झांको तो गंदे इशारे, बाहर निकलो तो कभी ग्राहक दबोचते हैं तो कभी दलाल | यह कहानी है दिल्ली के जी बी रोड के वेश्यालय की गली में रहने वाले आम लोगों की |

पढ़ी लिखी हूँ |एक बार इंटरनेट पर समझना चाहा कि आसमान कितना बड़ा है तो पता चला सिंगल चादर से भी छोटा | जितना मैं घर के अंदर से देखती हूँ । छत पर जाने की मनाही है। खिड़की से झांको तो गंदे इशारे होते हैं। बाहर निकलो तो झूमते शराबी टकराएं। एकाध मौके को छोड़कर मैंने कभी तारों भरा आसमान नहीं देखा।

धूप भी उतनी ही, जितनी झरोखे से आ जाए। ये बताते हुए बादामी आंखों वाली विनीता चेहरे पर बंधे कपड़े को कस लेती हैं। उनका पुश्तैनी घर वेश्याओं की गली में है। वो इलाका, जिसे दिल्ली के लोग जीबी रोड कहते हैं। वो कहती हैं गटर साफ करने वाल भी शरीर बदबू हटा पाता है पर हमारे एड्रेस में ही बदबू है |

हाल में रिलीज हुई गंगूबाई काठियावाड़ी फिल्म विवादों में है। गंगूबाई के परिवार का कहना है कि वे रेड लाइट एरिया में रहती जरूर थीं, लेकिन सेक्स वर्कर नहीं थीं। अब फैमिली परेशान है कि चाहे वो कितनी ही सफाई दें, सब उन्हें वेश्या के बच्चे ही मानेंगे। ये तो हुई गंगूबाई की बात, लेकिन वाकई में लाल बत्ती इलाके में रहना कैसा होता है, इसे समझने के लिए हमने दिल्ली के जीबी रोड की पड़ताल की, जो देश के कुछ सबसे बड़े रेड लाइट इलाकों में शुमार है।

दिल्ली का जीबी रोड इलाका। यहां करीब 30 पुरानी इमारतों में वेश्यालय चलते हैं। हर कमरे के सामने लोहे की जालीदार खिड़की है, जो सड़क पर खुले। इसी खिड़की से हाथ के इशारे करके या आवाजें निकालकर औरतें अपने ग्राहक बुलाती हैं।

ये चमचमाती दिल्ली का वो चेहरा है, जहां की तंग गलियां और पलस्तर झरती दीवारें अपना दर्द खुद बयां करती हैं। पान की पीक से सजी बिल्डिंगों के पहले फ्लोर पर ऑटोमोबाइल की दुकानें हैं और दूसरी मंजिल पर औरतों की दुकानें, संकरी सीढ़ियों से होते हुए वहां जाना होता है।

अजमेरी गेट से लेकर लाहौरी गेट तक फैले इस इलाके में लगभग 30 पुरानी इमारतों के दड़बेनुमा कमरों में वेश्यालय चलते हैं। हर कमरे

के सामने लोहे की जालीदार खिड़की है, जो सड़क पर खुले। इसी खिड़की से हाथ के इशारे करके, आवाजें निकालकर, या शरीर का कोई हिस्सा झलकाकर औरतें अपने ग्राहक बुलाती हैं। ग्राहक यानी सड़क पर चलते लोग, दफ्तर से लौटते लोग, नशे में धुत लोग, या फिर 'जरूरत' मिटाने को भटकते लोग।

सड़क का खौफ इतना कि कोई कैब भरी दोपहर में भी वहां जाने को तैयार नहीं हुई। एक के बाद एक 4 ड्राइवरों ने बुकिंग कैंसल की। आखिरकार एक ऑटोवाले को पकड़ा, जो राजी तो हुआ, मगर इस शर्त पर कि वो मुझे अजमेरी गेट पर ही छोड़ देगा।

जीबी रोड के पीछे रिहायशी इलाका है, जहां घरों के बीच आसमान का इतना ही टुकड़ा देखते हुए घरेलू लड़कियां जवान हो जाती हैं। छत पर जाने की मनाही है, घर से बाहर निकलना तो शायद ही कभी मुमकिन हो सके। वजह है गंदे और भद्दे कमेंट।

वहां से अंदर जाने में लोकल रिक्शे वाले भी नानुकर करने लगे। सबको डर था कि कोई दलाल या 'धंधेवाली' उनका मोबाइल और रुपया पैसा छीन लेगी | किसी तरह हम एक संकरी गली की भूल भुलैया में पहुंचे |

विनीता हमें बताती है , यहाँ हमारी खिड़की खुलती है | यहाँ हमारी नजरें आने जाने वाले लोग, दुकान करने वाले लोग , जूते या कपड़े सिलने वाले लोग दिखाई देते हैं | हालांकि हम अपना एड्रेस जितनी आसानी से बता पाते हैं वह यहाँ के लोगों के लिए बता पाना उतना ही मुश्किल है |जीबी रोड में रहना, यानी शर्म और गंदगी में लिथड़ा होना। यहां के ज्यादातर पुराने लोग दिल्ली के दूसरे इलाकों में रहने चले गए। वही बाकी हैं, जो मजबूर हैं।

विनीता ऐसा ही एक चेहरा हैं। वो बात करने को इसी शर्त पर राजी हुईं कि चेहरा ढंका रहेगा। इंटरव्यू शुरू होते ही कहती हैं, "मैं आज तक अपनी सहेलियों को यहां नहीं ला सकी। सब बर्थडे पार्टी करतीं, घर बुलातीं, मम्मी पापा से मिलाती |मैं सबके साथ जाती तो थी, लेकिन कभी किसी को लेकर नहीं आ सकी। कोई घर आना भी चाहे तो मैं कुछ न कुछ बहाना बना देती। धीरेधीरे सबने खुद ही कहना छोड़ दिया।"

विनीता का चेहरा नहीं दिखता है, लेकिन उनका दर्द साफसाफ झलकता है। इस इलाके में रहना उनके लिए जेल की जिंदगी से भी दुखदाई है। न तो वे घर से बाहर निकल पाती हैं न ही अपने दोस्तों को घर बुला पाती हैं।

“मैं कभी सब्जीफल लेने भी बाहर नहीं निकली। पापा या भाई शाम को जो ले आएंगे वही पकेगा और अगर वो लाना भूल गए तो सब्जी नहीं बनेगी। अक्सर हमारे घर पर रात में आलू की रसेदार सब्जी बनती है। कई बार ऐसा भी होता है कि आटा खत्म हो जाए और पापा को फोन न लगे तो रोटियां भी नहीं पकतीं। हम लड़कियां सब्जीतरकारी लाने जैसे काम के लिए बाहर जाने का ‘रिस्क’ नहीं लेतीं। इमरजेंसी में ही घर से निकलते हैं।”

आखिरी बार मैं कोविड की वैक्सीन लेने के लिए बाहर गई थी। ये बताते हुए विनीता की आवाज गुस्से और रोने के बीच झूलती लड़कियों जैसी हो रही थी | मैं अपने बारे में सोच रही हूँ जिसके लिए घूमना सांस लेने की तरह है | इतवार का मतलब सैर सपाटा और खाना खा कर घर लौटना है।

विनीता के लिए ये मुमकिन नहीं। वो रेड लाइट एरिया में रहती हैं, जहां बाहर निकलना यानी किसी शराबी कबाबी से टकराना| एक डर ये भी है कि कहीं रातों रात गायब न हो जाएँ | शायद पहले ऐसा हो चुका हो |

राजरानी यहां ब्याहकर आईं, तब काफी सारे लोग हुआ करते थे, लेकिन अब इस इलाके में कोई रहना नहीं चाहता है। वे बताती हैं कि यहां रहने वालों के रिश्ते नहीं होते हैं। अपनी बहन बेटी कोई रेड लाइट एरिया में भेजना चाहेगा क्या ?

22 साल की विनीता से मिलते हुए हम पहुंचे 55 बरस की राजरानी के पास। रेड लाइट इलाके में तब बिजली कटी हुई थी और संकरे घरों में गहरा अंधेरा था। बाहर रोशनी में आकर मैंने सवाल किया तो वो जैसे फट पड़ी| सारे लोग यहाँ से चले गए | बस दो तीन घर रह गए हैं |

सबसे हमारा रोटी का नाता था। दोपहर कंघी करते हुए, चने खाते हुए हम दुखसुख बांटते। अब कोई बाकी नहीं। न खुशी में हंसने के लिए, न

दुख में रोने के लिए। दोचार लोग हैं, वो भी गली छोड़ना चाहते हैं। जैसे ही पैसे आएंगे, सब चले जाएंगे।

मेरे सवाल पर आवाज आती है मुझे यहां रहते| 40 साल हुए। पुराने बरगद की जड़ों से भी ज्यादा गहरे जमी हूं मैं। अब यहां से शायद ही कहीं और जा सकूं! जीबी रोड पर जितनी रौनकें हैं, उससे सटी हुई इन गलियों में उतना ही सन्नाटा। दोपहर में भी धूप नहीं आती, जैसे दुख का साया हर मकान को अपने भीतर समेटे हुए हो। राजरानी को दुख है कि बुढ़ापे में भी उनकी हड्डियों को पूरी धूप नहीं मिलती।

जीबी रोड की इन सीढ़ियों पर भूले से ही कोई शरीफ आदमी चढ़ता है। जैसे-जैसे आगे पांव बढ़ते हैं, यहां से रोने चीखने या मारपीट की आवाजें तेज होती जाती हैं,

उंगलियां चटकाते हुए वे कहती हैं रात में नींद नहीं आती | डॉक्टर धूप में बैठने को कहता है |पूरे शरीर में दर्द रहता है | पार्क कहीं है भी नहीं | जहां है भी धूप वहाँ जाने पर खतरा है | रात बिरात कहीं निकालना पड़ जाए तो डर लगा रहता है कहीं कोई दबोच न ले|

एक दर्द और भी है, जो पसलियों के दर्द से भारी है। राजरानी छोटीसी हिचक के साथ कहती हैं |यहाँ रहने वालों के रिश्ते नहीं होते हैं | कौन भला रेड लाइट एरिया में अपनी बहन बेटी का रिश्ता करेगा | कई बार रिस्ता होते होते रुक गया क्योंकि हम जी बी रॉड के रहने वाले हैं |

कई परिवारों की बेटियां शादी के इंतजार में बालों में खिजाब लगाने लगीं। बेटों के बाल कम होते होते गायब हो गए | कोई नई दिल्ली चले गए कोई पुरानी दिल्ली , तो कोई अपने गाँव चला गया |अब बस जीबी रोड नाम की बदनाम सड़क है, और अंधेरी गलियों में छिपते छिपाते कुछ परिवार हैं |

18

मुंबई का कमाठीपुरा

"सफलता के लिए संघर्ष करना कठिन है पर जीने के लिए संघर्ष करना और भी मुश्किल है |"

-अज्ञात

यहां की 16 में से 7 गलियों में सिर्फ सेक्स वर्कर्स रहती हैं, गंगूबाई को मां कहती हैं; घरों में उनकी फोटो लगी है |नाम-गंगूबाई काठियावाड़ी,असली नाम-गंगा हरजीवनदास

पता-हाउस नं. 10, रेशमवाली चॉल नंबर 39, ग्राउंड फ्लोर, कमाठीपुरा, 12वीं लेन, मुंबई,जन्मस्थान-काठियावाड़, गुजरात,डेट ऑफ बर्थ-मालूम नहीं,मृत्यु-1 फरवरी 1980, मुंबई

शुक्रवार, दोपहर के 12 बज रहे हैं। मैं मुंबई में ग्लैमर की चकाचौंध के बीच निकल पड़ा हूं रेड लाइट एरिया कमाठीपुरा के लिए।लोकल ट्रेन में अंधेरी से ग्रांट रोड स्टेशन उतरे। वहां से टैक्सी से 25 मिनट में

कमाठीपुरा पहुंच गए।

दुकानों के ऊपर से झांकती हुई, सेक्स वर्कर्स

कमाठीपुरा में दुकानें आम बाजार जैसी ही दिख रही हैं, लेकिन दुकानों के ऊपर से सेक्स वर्कर्स झांकती हुई नजर आ रही हैं। थोड़ा और आगे बढ़े तो दुकानों के सामने गलियों में रंगरोगन की हुई सेक्स वर्कर्स का ग्रुप खड़ा है।वे खुद को किसी शो केस में रखे शोपीस की तरह पेश कर रही हैं। धूप में भी दुकान के पास लगे शेड के नीचे खड़ी हैं, बस किसी ग्राहक का इंतजार है।

कुछ कदम और आगे बढ़ते हैं तो एक आदमी पास आता है। बोला, 'सर मेरे पास फ्रेश माल है। आइए, मेरे साथ आइए |उस आदमी से जैसेतैसे पीछा छुड़ाया तो दूसरा आदमी आ गया। मैं समझ चुका हूं कि ये सब दलाल हैं, जो दलाली के लिए ग्राहकों को कोठे तक ले जाने का काम करते हैं।

तभी एक टोपी लगाया व्यक्ति कहता है, 'आपको क्या चाहिए?' मैंने कहा- 'बस घूमने आए हैं' तो वो बोला- 'दाढ़ी सफेद हो गई हमारी यहां, इस इलाके में कोई घूमने नहीं आता। अभी अगली गली में जाकर किसी कोठरी में घुस जाओगे। अच्छी लड़की दिखाऊंगा मेरा नंबर ले जाओ।'

हम आगे बढ़े, क्योंकि हम जिस मकसद से इस रेड लाइट एरिया में आए थे, वह था गंगूबाई काठियावाड़ी की जिंदगी की पड़ताल करना। उनका जीवन इसी रेड लाइट एरिया में बीता।

हम ये जानने आए थे कि जो संजय लीला भंसाली के ट्रेलर में गंगूबाई काठियावाड़ी को दबंग औरत और वेश्या के रूप में दिखाया जा रहा है, हकीकत में वो कौन थीं, कहां रहती थीं, क्या करती थीं। क्या थी उनकी कहानी, यही जानने के लिए हम इस जगह पहुंचे।

कोने की दुकान वाला आपको पता बता देगा

गंगूबाई के घर का पता पूछते हुए आगे बढ़े तो वहां मिले एक शख्स ने कहा, 'सर आगे 12 नंबर गली में कोने पर दुकान वाला है वो आपको बता देगा।'

दुकानवाले ने बताया कि 'गंगूजी ने बहुत सारे बच्चों को गोद लिया था। जो उसके साथ घर में ही रहते थे। इसी 12 नंबर गली में गंगूजी

की गोद ली बेटी बबीता रहती है। बाकी लोग मुंबई में अलगअलग जगह रहते हैं।

उनके साथ के बहुत से लोग अभी इस दुनिया में भी नहीं हैं। गंगूबाई का 1980 में दमा की बीमारी के चलते निधन हो गया था। बबीता से आपको सब जानकारी मिलेगी।' हम उस संकरी गलियों में आगे बढ़ गए, जहां छोटीछोटी कोठरियां थीं।

जो कारखाना है, वो गंगूबाई का आशियाना था

वहां हमें टेलर की दुकान पर काम करने वाले ने बताया कि 'सर ये सामने जो कारखाना है, यही था गंगूबाई का आशियाना। जो आप पता बता रहे हो हाउस नं. 10 रेशमवाली चॉल, नंबर 39, ग्राउंड फ्लोर, कमाठीपुरा 12वीं लेन यही है। अब यहां कारखाना चलता है। यहीं उनका दरबार लगता था। यहीं से वे कमाठीपुरा में वेश्यावृत्ति में लिप्त महिलाओं और दूसरे लोगों की मदद करती थीं। उनकी बेहतरी के लिए काम करती थी।'

आगे कमाठीपुरा की कईं गलियों में हमें इसी तरह तैयार लड़कियां दुकान के और घर के बाहर दिखीं। वहीं कुछ बूढ़ी औरतें खाट पर बैठी दिखीं। फिर हम बबीता के घर 12वीं गली में पहुंचे। एक छोटे से कमरे में एक कोने पर भगवान का छोटा सा मंदिर और वहीं पास में गंगूबाई की फोटो रखी है।

छोटे से कद की महिला बबीता और उनके बैंक में काम करने वाले बेटे विकास गौड़ा से मुलाकात हुई। बबीता कहती हैं, 'गंगूबाई ने पालन पोषण किया, शादी की। मेरे लिए वह मां थी और हमारे बच्चों की नानी। हम जब छोटे थे तब से उनसे जुड़े थे। बच्चे, बड़े, लड़कियां सब मिलाकर 20 से 30 लोग घर में रहते थे। कमाठीपुरा की लड़कियों को जब भी कोई तकलीफ होती थी तो गंगू मां ही थाने में जाकर उनको छुड़ाती थीं। वह बहुत ही सादी सिम्पल सफेद साड़ी और ब्लाउज पहनती थीं, बिंदी नहीं लगाती थीं। गुरुवार को फकीर को पैसा बांटती थीं। रविवार को रेस में जाती थीं। उन्हें पत्ते खेलने का भी शौक था।'

अब तीन किस्सों में बताते हैं गंगूबाई की रियल स्टोरी |पहला किस्सा वो हीरोइन बनने के लिए मुंबई आई थी |

गंगूबाई को अपनी नानी कहने वाले विकास चंद्र गौड़ा के मुताबिक, 'वे हीरोईन बनने के लिए मुंबई आई थीं। जबकि हुसैन जैदी की किताब और फिल्म में दिखा रहे हैं कि रमणीक लाल ने उन्हें 500 रुपए में कोठे में बेचा, यह गलत है। रियल स्टोरी यह है कि गंगू मां जब मुंबई में हीरोइन बनने आईं थीं, तो उस बीच में उनके साथ कुछ प्रॉब्लम हुई, वो फंस गईं, लेकिन वो पढ़ी-लिखी थीं। उस वक्त नौंवी तक पढ़ी थीं।

तब उन्होंने सोचा कि मेरी जिंदगी तो खराब हो गई है, लेकिन अब मैं सबके लिए जिऊंगी। उन्होंने गरीब अनाथों के लिए काम शुरू किया। प्रॉस्टिट्यूशन में जिसको शादी करनी थी, उनकी शादी करवा दी। रेड लाइट एरिया में इन सब लड़कियों की वो मां बन गईं।'

दूसरा किस्सा करीम लाला ने बहन माना था

पिक्चर में दिखाया जा रहा है कि गंगू मां के साथ डॉन करीम लाला के लोगों ने गलत काम किया, जबकि यह झूठ है। वे करीम लाला से इसलिए मिली थीं कि उनके लोग आकर यहां की लड़कियों को परेशान करते थे। इसी बात को लेकर गंगू मां करीम लाला के पास गईं और उन्हें अपनी प्रॉब्लम बताई। उन दोनों की इतनी जमी कि लाला ने गंगूबाई को अपनी बहन बना लिया।

तब लाला ने कहा कि अब आगे कोई परेशान करे तो मुझे बताना, मैं हूं। उनको यह बैक सपोर्ट था। गंगू मां ने इस सपोर्ट के जरिए ही रेड लाइट कई लड़कियों की शादी करवाई। आज वो अच्छी जिंदगी जी रही हैं।

तीसरा किस्सा नेहरू से पूछा था , आप मुझसे शादी करेंगे तो ये सब छोड़ दूंगे

देश के पहले प्रधानमंत्री जवाहरलाल नेहरू से जुड़ा वाकया यह है कि उस वक्त आंदोलन चला था कि कमाठीपुरा से प्रॉस्टिट्यूशन हटा दो। तब सारी लड़कियां गंगू मां के पास आईं। तब गंगू मां ने आजाद मैदान में भाषण दिया। रेड लाइट एरिया की लड़कियों के लिए खड़ी हुईं। दो बार दिल्ली से फोन आया।कई लड़कियों के साथ गंगू मां उस वक्त के प्रधानमंत्री पंडित जवाहरलाल नेहरू जी से मिलने गईं। तब नेहरू जी ने गंगू मां से कहा था कि वो शादी कर लें और इस गंदी जगह से चली जाएं। तब गंगू मां ने उनसे कहा था कि आप मुझे पत्नी के रूप में स्वीकार करने

को तैयार हैं तो वह ये सब हमेशा के लिए छोड़ देंगी।

इस बात से नेहरू दंग रह गए और उन्होंने गंगूबाई के बयान से असहमति जताई। तब गंगूबाई ने कहा था कि प्रधानमंत्री जी, नाराज मत होइए। मैं सिर्फ अपनी बात साबित करना चाहती थी। उपदेश देना आसान है, लेकिन उसे खुद अपनाना मुश्किल है। मुलाकात खत्म होने पर नेहरू ने गंगूबाई से वादा किया कि वो उनकी मांगों पर ध्यान देंगे। प्रधानमंत्री ने जब खुद इस पर हस्तक्षेप किया फिर भी कमाठीपुरा से वेश्याओं को हटाने का काम कभी नहीं हो पाया। अब तक कमाठीपुरा में रेड लाइट एरिया है।

फिल्म में गलत तरीके से दिखाया जा रहा

बबीता कहती हैं, 'यह जो फिल्म आ रही है गंगूबाई, उसमें मां को गलत तरीके से दिखा रहे हैं। पैसा कमाने के लिए वो लोग कुछ भी दिखा रहे हैं। हमसे कोई नहीं मिला। जब किताब छापी थी, तब वो किताब वाले आए थे। संजय लीला भंसाली नहीं मिले। मेरी मां समाज सेविका थीं। पूरी जिंदगी कमाठीपुरा के लोगों के लिए ही काम किया। उसे वे बदनाम करने के लिए फिल्म बना रहे हैं।'

फिल्म शुरू होने के बाद से फैमिली परेशानी में

गंगूबाई की दत्तक पोती भारती कहती हैं कि यह फिल्म शुरू होने के बाद से हमें यहां से घर बदलना पड़ रहा है। हम फंक्शन्स में नहीं जा पा रहे। हमें अपने नंबर बदलने पड़ रहे हैं।

गंगूबाई की दत्तक पुत्री सुशीला शिवराम रेड्डी ने बताया कि गंगूबाई ने हमें गोद लिया था। वो मेरी मां हैं। अपनी मां को कोई डाकन नहीं बोलता। जो फिल्म आ रही है उसमें उन्होंने मेरी मां को डाकन और वेश्या बनाकर पेश किया है। ये गलत किया है।

कमाठीपुरा में दो हजार लड़कियां सेक्स वर्कर

कमाठीपुरा में काम करने वाले एक NGO से पता चला कि आज भी कमाठीपुरा में दो हजार लड़कियां और औरतें देह व्यापार में एक्टिव हैं। उनके लिए लड़ाई लड़ने वाली गंगूबाई अब इस दुनिया में नहीं हैं | अपने जीवनपथ की लड़ाई अब उन दो हजार लड़कियों को खुद लड़नी पड़ेगी |

****

जीवन के अग्निपथ का रास्ता इंशान को स्वयं तय करना पड़ता है | यहाँ महात्मा गौतम बुद्ध की एक प्रेरणादायक कहानी सन्यासी, चोर और वेश्या का उल्लेख आवश्यक है |

सन्यासी, चोर और वेश्या

गौतम बुद्ध जब भी अपना प्रवचन समाप्त करते, अपने शिष्यों को तीन बार समझाते और कहते कि जाओ अब अपना-अपना काम करो। उनका एक प्रिय भिक्षू था आनंद। उसे यह बात अजीब सी लगती कि रोज-रोज उसी बात को कहने का क्या मतलब है? और जब एक दिन उससे रहा नहीं गया, तो उसने उन्हें टोक दिया।

बुद्ध धीरे से मुस्कराए और बोले, "आनंद तुम्हारा कहना अपनी जगह पर सही है कि भिक्षु को रोज-रोज क्या समझाना कि जाओ अब अपना-अपना काम करो। पर शायद तुमने यह ध्यान नहीं दिया कि धर्म सभा में सिर्फ भिक्षु ही नहीं, आसपास की बस्तियों के बहुत से लोग भी आते हैं। उनमें से बहुत से लोग ऐसे होते हैं, जो पहली बार आए होते हैं। तो उनके लिए मैं यह बात तीन बार दोहराता हूं।"

पर यह स्पष्टीकरण भी आनंद के पल्ले नहीं पड़ा। इसपर बुद्ध बोले- "आनंद आज की सभा में जितने लोग बैठे थे उनमें सन्यासी तो बहुत सारे थे, पर एक चोर और एक वेश्या भी थे। कल तुम ऐसा करना कि किसी एक संयासी, उस चोर और वेश्या से जाकर मिलना और उनसे पूछना कि मेरी बातों का उन्होंने क्या अर्थ ग्रहण किया।"

यह सुनकर आनंद और आश्चर्यचकित हुआ कि इतने लोगों की भीड़ में बुद्ध ने चोर और वेश्या को एक नज़र में कैसे पहचाना। और भला मैं कैसे जानूंगा कि वह चोर और वेश्या कहां रहते हैं? बुद्ध उसके मन की बात समझ गये। उन्होंने आनंद को चोर और वेश्या के बारे में बताया और जाकर आराम करने को कहा।

आनंद ने जैसे-तैसे उत्सुकता में वह रात काटी और अगले दिन सुबह-सुबह तहकीकात के लिए निकल पड़ा। सबसे पहले वह एक सन्यासी के घर पहुंचा, जो बुद्ध की धर्म सभा में नियमित रूप से आता था। आनंद ने उससे पूछा- "रात्रि सभा में बुद्ध ने जो आखिरी वचन कहे कि अब जाकर अपना-अपना काम करो, आपने उससे क्या सीखा?"

इसपर वह भिक्षु बोला- "इसमें सीखने वाली क्या बात है? भिक्षु का नित्य कर्म है शाम को ध्यान, अल्प भोजन और विश्राम। मैंने कल भी वही किया।"

आनंद को पता था कि भिक्षु से उसे यही उत्तर प्राप्त होगा। अतः वह मुस्कराया और चोर के घर की ओर चल पड़ा। पूछते-पूछते वह चोर के घर पहुंचा। चोर उस समय सो रहा था। उसे उसके घर वालों ने जगाया और बताया कि भिक्षु आनंद उससे मिलने आए हैं। यह सुनकर चोर चौंक उठा और हाथ जोड़कर आनंद के सामने हाजिर हो गया।

आनंद ने अपना सवाल दोहरा दिया- "रात्रि सभा में बुद्ध ने जो आखिरी वचन कहे कि अब जाकर अपना-अपना काम करो, आपने उससे क्या सीखा?"

चोर विनम्र शब्दों में बोला- "भिक्षु, बुद्ध तो अन्तर्यामी हैं, इसलिए आपसे क्या छिपाना? मैं कल रात पहली बार बुद्ध की धर्मसभा में गया और उनके प्रवचन सुने। मेरा तो जीवन ही सफल हो गया। बुद्ध के प्रवचन सुनने के बाद मैं उनके कहे अनुसार अपने काम यानी कि चोरी करने निकल पड़ा। और कल इतना तगड़ा माल हाथ लगा कि अब आगे मुझे चोरी करने की जरुरत नहीं पड़ेगी। अब मैं अपना जीवन आराम से काट सकूंगा।"

चोर की बात सुनकर आनंद हैरान रह गया। वह वहां से उठा और वेश्या के घर की ओर चल पड़ा। वेश्या आनंद को देखते ही पहचान गयी। उसने आनंद को प्रेमपूर्वक घर के भीतर बुलाया और उनके लिए जलपान लेकर आई।

जलपान ग्रहण करने के बाद आनंद ने वेश्या के सामने भी अपना सवाल दोहराया। यह सुनकर वेश्या बोली- "भिक्षु, भगवान बुद्ध ने अपने प्रवचन के अंत में कहा कि जाओ अपना-अपना काम करो। सो प्रवचन के बाद मैं अपने घर आई और अपनी नाच-गाने की महफिल सजाई। लेकिन बुद्ध के आशीर्वाद से कल के जैसी महफ़िल तो कभी नहीं सजी। कल मेरी महफिल में कई बड़े-बड़े राजे-महाराजे पधारे। उन लोगों ने प्रसन्न होकर इतना धन-धान्य मुझे दिया, कि अब मुझे धन के लिए ये कर्म करने की आवश्यकता ही नहीं पड़ेगी।"

आनंद के आश्चर्य की सीमा न रही। वह वहां से वापस महात्मा बुद्‌ध के पास गया। उसने बुद्‌ध को जाकर प्रणाम किया और उन्हें सारी बात कह सुनाई।

बुद्‌ध बोले- "आनंद, इस संसार में जितने भी व्यक्ति हैं, सबके मस्तिष्क अलग-अलग हैं। वे सभी लोग अपनी बुद्‌धि और क्षमता के अनुसार ही हर बात का मतलब निकालते हैं। इसीलिए मैं अपनी इस बात को तीन बार कहता हूं कि जाओ अब अपना-अपना काम करो। इसके पीछे मेरी सोच यही है कि किसी के समझने में कहीं कोई कमी न रह जाए। लेकिन इसके बाद भी लोग उस बात का मतलब अपने-अपने हिसाब से समझते हैं। और इसका कोई उपाय भी नहीं है। इसीलिए ये सृष्टि ऐसी है। हम इसे बदलने के लिए लोगों को प्रेरित तो कर सकते हैं, पर हमारी बातों का कितना असर उनपर होगा, यह कोई नहीं जानता। इसीलिए मैं सभी के साथ एक समान व्यवहार करता हूं और सभी को एक समान अपना-अपना कार्य करते रहने के लिए प्रेरित करता हूं।"

19

रिक्शेवाले से विधायक तक

"संघर्ष जितना कठिन होता है जीत उतनी ही शानदार होती है | आत्म-ज्ञान के लिए बहुत संघर्ष करना पड़ता है |"

-अज्ञात

बचपन शरणार्थी शिविर में बीता; बहन भूख से मरी, लेखिका महाश्वेता देवी से मुलाकात ने बदली जिंदगी|

देश के विभाजन के बाद छह साल की उम्र में एक बच्चा बंगाल के शरणार्थी शिविर में पहुंचता है। बचपन इतना मुश्किल कि चाय की दुकानों में काम करना पड़ा, मजदूरी करनी पड़ी। यह बच्चा थोड़ा बड़ा होता है तो बंगाल के तत्कालीन नक्सलबाड़ी आंदोलन का हिस्सा बन जाता है। लंबे समय तक जेल में रहता है, लेकिन वहां से भी मोहभंग होता है। फिर जादवपुर विश्वविद्यालय के सामने हाथ रिक्शा चलाने

लगता है।

यह सब तो हुईं पुरानी बातें। ताजा जानकारी यह है कि मनोरंजन व्यापारी नाम का हाथ रिक्शा खींचने वाला वह व्यक्ति तृणमूल कांग्रेस के टिकट पर जीतकर विधायक बन चुका है। रिक्शा वाले से लेकर माननीय विधायक हो चुके मनोरंजन व्यापारी की उतार-चढ़ाव भरी जिंदगी को अब जरा तफसील से जानते हैं।

हुगली की बालागढ़ सीट पर चुनाव प्रचार के दौरान मनोरंजन व्यापारी। मनोरंजन देश के बंटवारे के बाद छह साल की उम्र में पश्चिम बंगाल आए और बांकुड़ा के शरणार्थी शिविर से अपनी जिंदगी शुरू की।

बहन को अपनी आंखों के सामने भूख से दम तोड़ते देखा था

देश के विभाजन के करीब छह साल बाद 1953 में मनोरंजन अपने परिवार के साथ तत्कालीन पूर्वी पाकिस्तान के बरीशाल (अब बांग्लादेश में) से पश्चिम बंगाल के बांकुड़ा स्थित शरणार्थी शिविर में पहुंचे थे। कुछ दिनों बाद ही उन लोगों को दंडकारण्य जाने निर्देश दिया गया, लेकिन मनोरंजन के पिता ने वहां जाने से मना कर दिया। उसके बाद शुरू हुआ संघर्ष का अंतहीन सिलसिला। मनोरंजन छोटी उम्र में ही चाय की दुकान पर काम करने लगे।

मनोरंजन बताते हैं कि उन्होंने अपनी आंखों के सामने भूख से बड़ी बहन को दम तोड़ते देखा। उसके बाद दार्जिलिंग, जलपाईगुड़ी, गुवाहाटी, लखनऊ और बनारस जैसे शहरों में जाकर बेगारी की, लेकिन कहीं मन नहीं रमा तो कोलकाता लौट आए। साठ के दशक में पश्चिम बंगाल में जब नक्सली आंदोलन चरम पर था, तो वह भी इससे जुड़े थे। 26 महीने जेल में बिताने पड़े, लेकिन नक्सल नेताओं की कार्यशैली को देखकर उनका मोहभंग हो गया। जेल से बाहर आने के बाद वे कोलकाता के जादवपुर रेलवे स्टेशन के सामने रिक्शा चलाने लगे।

मनोरंजन बांग्ला साहित्य लेखन में जाना पहचाना नाम है | वे बताते हैं रिक्शा चलाते हुए उनकी मुलाकात बांग्ला की महान लेखिका

महाश्वेता देवी से हुई | उन्होंने ही लिखने के लिए प्रेरित किया |

प्रसिद्ध साहित्यकार महाश्वेता देवी से मुलाकात के बाद बन गए लेखक

यहीं रिक्शा चलाते समय एक दिन अचानक एक महिला सवारी से मुलाकात हुई और उनके जीवन की दिशा ही बदल गई। वह महिला थी आदिवासियों के हक की लड़ाई लड़ने वाली जानी-मानी लेखिका महाश्वेता देवी। मनोरंजन ने हिम्मत जुटाते हुए उस महिला यात्री से जिजीविषा शब्द का अर्थ पूछा। इससे वह महिला हैरत में पड़ गई। उसने शब्द का अर्थ तो बताया ही, रिक्शेवाले के अतीत के पन्ने भी पलटे। महाश्वेता ने उस रिक्शा वाले से अपनी पत्रिका बार्तिका में अब तक के जीवन और संघर्ष की कहानी लिखने को कहा और उसे अपना पता भी बताया। वह वर्ष था 1981। मनोरंजन बताते हैं, 'महाश्वेता देवी से उस मुलाकात ने मेरी जीवन की दशा और दिशा ही बदल दी | अगर उनसे मुलाकात न होती तो मैं रिक्शा ही चला रहा होता |

दर्जनों पुस्तकें प्रकाशिक हो चुकी हैं

महाश्वेता देवी की पत्रिका में छपने के बाद धीरे धीरे उनके कई लेख बांग्ला पत्रों में छपने लगे और उनको पूरा बंगाल पहचानने लगा |जेल के दौरान जेलर ने उनको लिखने की प्रेरणा दी| मनोरंजन का लिखना अलीपुर जेल से ही शुरू हो चुका था, लेकिन महाश्वेता से मुलाकात के बाद मनोरंजन बाकायदा साहित्यकार बन गए।

आखिर महाश्वेता देवी से जिजीविषा का अर्थ पूछने का ख्याल कैसे आया था? इस सवाल पर मनोरंजन कहते हैं, 'मुझे लगा कि वे कोई प्रोफेसर होंगी। इसलिए हिम्मत जुटा कर पूछ लिया।' महाश्वेता का मनोरंजन के जीवन पर इतना गहर असर है कि उन्होंने अपनी पुत्री का नाम भी महाश्वेता ही रखा है।

वर्ष 1981 में लेखक साहित्यकार के तौर पर शुरू हुआ उनका सफर अब कई ऊंचाइयां हाशिल कर चुका है | उनकी आत्मकथा समेत दर्जनों पुस्तकें प्रकाशित हुई हैं और पुरस्कार भी मिल चुके हैं | उनकी कई पुस्तकों का अंग्रेजी अनुवाद भी हो चुका है | मबनोरंजन की पुस्तकों में दलित वर्ग के संघर्ष नक्सल आंदोलन का विस्तार से जिक्र मिलता है |

मनोरंजन पिछले साल तक बंगाल के एक सरकारी स्कूल में बच्चों के लिए खाना पकाने का काम करते थे। उनके अनुरोध पर ममता ने उनका ट्रांसफर लाइब्रेरी में कर दिया था और फिर उन्हें दलित अकादमी का अध्यक्ष भी बनाया गया।

ममता के टिकट देने के फैसले पर किसी को हैरत नहीं हुई थी

मनोरंजन कहते हैं, 'मेरा बचपन जिन हालात में बीता है, उसमें मैंने यहां तक पहुंचने की कल्पना तक नहीं की थी। खासकर बीते एक साल के दौरान मेरा जीवन पूरी तरह बदल गया है। किताबें लिखते हुए एक सरकारी स्कूल में बच्चों के लिए खाना पकाना और उसमें से समय निकाल कर पुस्तकें लिखना मेरी दिनचर्या हो गई थी। अब मुझे इस बात का संतोष है कि विधायक बन कर मैं उस समाज को कुछ लौटाने के काबिल रहूंगा जिसने मुझे बहुत कुछ दिया है। अब मैं खासकर दलितों और पिछड़े तबके के लोगों के लिए कुछ कर सकूंगा ताकि किसी और को वह सब नहीं झेलना पड़े जो मुझे झेलना पड़ा था।'

ममता बनर्जी ने जब तृणमूल कांग्रेस के उम्मीदवारों की सूची जारी की तो उसमें मनोरंजन का नाम देख कर किसी को खास हैरत नहीं हुई थी। इसकी वजह भी थी। ममता बनर्जी ने बीते साल ही उनको खाना पकाने के काम से हटा कर लाइब्रेरी में नियुक्त कर दिया था। उसके बाद सरकार ने जिस नई दलित अकादमी का गठन किया, उसका अध्यक्ष भी उनको ही बनाया गया।

रिक्शे पर जाकर पर्चा भरा, रिक्शे पर ही प्रचार

सड़क से सत्ता का सफर तय करने के बावजूद मनोरंजन अपना अतीत नहीं भूले हैं। उन्होंने रिक्शे पर जाकर ही अपना नामांकन पत्र दाखिल किया और ज्यादातर चुनाव अभियान भी रिक्शे पर ही किया। चुनाव अभियान के दौरान उनके समर्थकों का नारा था –एक रिक्शे वाला अब विधानसभा पहुंचेगा | वे अपने हाथों में हमेशा अंगूठी पहनते है जिस पर जिजीविषा शब्द लिखा है |

इस बारे में वे बताते हैं, 'एक बार मैंने बांग्ला की महान साहित्यकार महाश्वेता देवी से इसका अर्थ पूछा था। उन्होंने जिस अद्‌भुत तरीके से इसका अर्थ समझाया था, उसने एक लेखक के तौर पर मेरा पुनर्जन्म

किया।'

आप आखिर चुनाव प्रचार या नामांकन पत्र दायर करते समय रिक्शा क्यों चला रहे थे? इस सवाल पर मनोरंजन कहते हैं, 'देश में डीजल और पेट्रोल की कीमतें आसमान छू रही हैं। इसके प्रति विरोध जताने के लिए ही मैंने रिक्शा को चुना। रिक्शा मेरे जीवन का अभिन्न अंग रहा है। मैं इसे कैसे भूल सकता हूं?'

पश्चिम बंगाल में दलितों का चेहरा और आवाज बन चुके मनोरंजन अपने चुनाव प्रचार के दौरान लगातार कहते रहे थे, 'मैं भी आपकी तरह ही एक सामान्य व्यक्ति हूं। सिर पर छत नहीं होने की वजह से मैंने अनगिनत रातें रेलवे प्लेटफार्म पर सोकर काटी हैं।'

नामशूद्र जाति के हैं मनोरंजन, भाजपा इस वर्ग को लुभाने की कोशिश कर रही थी

दरअसल, मनोरंजन नामशूद्र जाति के हैं, जिसे दलित माना जाता है। इस समुदाय के ज्यादातर लोग बांग्लादेश से आए हैं और उनको अभी स्थायी नागरिकता नहीं मिली है। भाजपा ने ध्रुवीकरण और जातिगत पहचान की राजनीति के साथ इस समुदाय को लुभाने के लिए कहा था कि उसे सीएए के जरिए नागरिकता दी जाएगी। इसकी काट के तौर पर ही ममता ने मनोरंजन को चुनाव मैदान में उतारने का फैसला किया था। बालागढ़ विधानसभा क्षेत्र में दलित तबके के अच्छेखासे वोटर हैं। उन सबका समर्थन मनोरंजन को मिला और वे विधानसभा पहुंच गए।

वर्ष 1997 से दक्षिण कोलकाता के एक मूक बधिर स्कूल में छात्रों के लिए खाना पकाने वाले मनोरंजन बताते हैं, 'बढ़ती उम्र, घुटनों में दर्द रहने और ऑपरेशन होने की वजह से खड़े होकर खाना पकाना मुश्किल हो गया था। इसलिए मैंने बीते साल ममता दीदी को अपने तबादले का अनुरोध करते हुए एक पत्र भेजा था। ममता ने तुरंत उसका संज्ञान लेते हुए लाइब्रेरी में ट्रांसफर कर दिया।' उसके बाद बीते साल के आखिर में ममता ने जब दलित अकादमी के गठन का ऐलान किया तो मनोरंजन को ही उसका अध्यक्ष नियुक्त किया गया।

अपनी प्राथमिकता के बारे में वे कहते हैं कि कमजोर तबके के लिए काम करता रहा हूं, आगे भी करूंगा। इसके अलावा राज्य में एनआरसी

और सीएए जैसे कानूनों का बड़े पैमाने पर विरोध जरूरी है। ऐसा नहीं हुआ तो सरकार असम की तर्ज पर यहां भी दशकों पहले सीमा पार से आने वाले तमाम लोगों को डिटेंशन सेंटर भेजेगी।

20

चॉकलेट मेकर ऋषभ

"कोई जुनून बिना संघर्ष के नहीं आता |"

-अज्ञात

10 हजार रुपए की लागत से 3 साल पहले चॉकलेट बनाने का स्टार्टअप शुरू किया, आज सालाना 8 लाख रुपए मुनाफा कमा रहे हैं |

ऋषभ एक बेहद साधारण परिवार से ताल्लुक रखते हैं। उनके पिता अगरबत्ती बेचकर परिवार का खर्च निकालते हैं। ऋषभ को पिता की आर्थिक मजबूरी का एहसास था। इसलिए वे बचपन से ही कुछ न कुछ करना चाहते थे ताकि अपने पिता की मदद कर सकें, लेकिन वे तय नहीं कर पा रहे थे कि क्या किया जाए।

ऋषभ और उनकी फैमिली खाटू श्यामजी को मानती है। वे अक्सर राजस्थान के खाटू श्यामजी मंदिर जाते रहते थे। उसी दौरान ऋषभ के एक मित्र ने उन्हें चॉकलेट का प्रसाद बनाकर बेचने का आइडिया दिया।

ऋषभ तब ग्रेजुएशन की पढ़ाई कर रहे थे। उन्हें यह आइडिया पसंद आया, क्योंकि खाटू श्यामजी को भारी मात्रा में प्रसाद चढ़ता है। ऐसे में प्रसाद के रूप में चॉकलेट लोगों के लिए नया भी होगा और उन्हें पसंद भी आएगा।

इसके बाद ऋषभ ने चॉकलेट के बारे में जानकारी जुटानी शुरू कर दी। फिर पड़ोस में रहने वाली एक महिला से उन्होंने चॉकलेट बनाने की ट्रेनिंग ली और 2018 में 10 हजार रुपए की लागत से अपने घर के किचन से ही स्टार्टअप की शुरुआत की। आज ऋषभ हर महीने 6 हजार से ज्यादा चॉकलेट सेल करते हैं। सालाना 7 से 8 लाख रुपए उनकी कमाई हो जाती है। इतना ही नहीं, उन्होंने 8-10 लोगों को रोजगार भी दिया है।

आसान नहीं रहा ऋषभ का सफर

हालांकि ऋषभ का यह सफर आसान नहीं रहा है। उन्हें इसके लिए काफी संघर्ष करना पड़ा है। चहयोती छोटी चीजों के लिए स्ट्रगल करना पड़ा है | ट्रेनिंग के लिए कई शहरों का दौरा करना पड़ा है |संसाधनों के अभाव में वे और उनकी मां दिन रात काम करते थे ताकि ज्यादा से ज्यादा ऑर्डर हासिल हो सकें। उनकी मां घर के काम के साथ-साथ चॉकलेट तैयार करने में भी ऋषभ की भरपूर मदद करती थीं।

ऋषभ कहते हैं कि शुरुआत में हम आर्थिक रूप से कमजोर थे। महंगी मशीनें खरीद नहीं सकते थे। इसलिए घर में कड़ाही और एक छोटे से ओवन से चॉकलेट तैयार थे। ज्यादा डिमांड आती तो उसी से तैयार करते थे , लेकिन हम मजबूर थे, हमारा इतना बजट नहीं था कि दो ढाई लाख की मशीनें खरीद सकें। वे कहते हैं कि मैं दिन में काम भी करता था और कॉलेज भी जाता था। कॉलेज से लौटने के बाद देर रात तक काम करता था।

ऋषभ अभी एक दर्जन से ज्यादा वैरायटी के चॉकलेट बेचते हैं। जिनमें डार्क चॉकलेट, फाइबर चॉकलेट, चिया सीड चॉकलेट, अलसी चॉकलेट शामिल हैं।

मुंबई में ली चॉकलेट बनाने की प्रोफेशनल ट्रेनिंग

25 साल के ऋषभ कहते हैं कि शुरुआत में मैंने इंटरनेट के जरिए

चॉकलेट बनाने के बारे में जानकारी ली। इसके बाद पड़ोस की एक आंटी से ट्रेनिंग ली, लेकिन प्रोफेशनल लेवल पर काम के लिए मुझे बेहतर ट्रेनिंग की तलाश थी। मैंने कई संस्थानों में पता किया लेकिन फीस अधिक होने के चलते खाली हाथ लौट आया। इसके बाद जैसे तैसे करके मुंबई में एक चॉकलेट मेकर्स उन्हें ट्रेनिंग देने के लिए राजी हो गया। वहां से लौटने के बाद ऋषभ ने कमर्शियल लेवल पर चॉकलेट का कारोबार शुरू किया। उन्होंने श्याम जी चॉकलेट्स नाम से अपनी कंपनी रजिस्टर की है।

ऋषभ शुरुआत में नॉर्मल चॉकलेट तैयार करते थे। बाद में उन्होंने ऑर्गेनिक चॉकलेट बेचना शुरू कर दिया। अभी वे एक दर्जन से ज्यादा वैरायटी के चॉकलेट की बिक्री करते हैं। जिनमें नॉर्मल डार्क चॉकलेट, फाइबर चॉकलेट, चिया सीड चॉकलेट, अलसी चॉकलेट, ब्राह्मी चॉकलेट, लीची चॉकलेट, कोकोनट चॉकलेट, स्ट्रॉबेरी चॉकलेट आदि शामिल हैं। हरियाणा, राजस्थान, गुजरात और दिल्ली जैसे बड़े शहरों में ट्रांसपोर्ट के जरिए उनकी चॉकलेट बड़ी बड़ी दुकानों और मार्केट तक पहुंचती है। इसके अलावा वे कुरियर के माध्यम से देशभर में चॉकलेट की डिलीवरी करते हैं। ऋषभ जल्द ही ऑनलाइन प्लेटफॉर्म भी लॉन्च करने वाले हैं।

कैसे तैयार करते हैं चॉकलेट?

वे हर महीने लगभग 6000 चॉकलेट बार तैयार करते हैं। एक बार 50 ग्राम का होता है।वे बताते हैं कि सबसे पहले कोको बीन्स को भूना (रोस्ट) जाता है। फिर इनका छिलका निकाल लिया जाता है। इसके बाद इसे ग्राइंडर में पीसा जाता है। जिससे चॉकलेट का पेस्ट तैयार होता है।अलग अलग चॉकलेट के लिए ग्राइन्डींग की प्रोसेस अलग अलग होती है | पेस्ट में गुड का पाउडर मिलाया जाता है |

ऋषभ इसमें चीनी का इस्तेमाल नहीं करते हैं और न ही किसी प्रकार के एडिटिव या प्रिजर्वेटिव का इस्तेमाल करते हैं। हर महीने वह लगभग 6000 चॉकलेट बार तैयार करते हैं। एक बार 50 ग्राम का होता है। वे बताते हैं कि हम केरल और कर्नाटक में कोको की खेती करने वाले किसानों से बीन्स खरीदते हैं।

मार्केटिंग के लिए क्या स्ट्रैटजी अपनाई?

ऋषभ कहते हैं कि शुरुआत में प्रसाद के रूप में लोग उनका चॉकलेट खरीदते थे, लेकिन जब उन्हें लगा कि वे चॉकलेट अच्छा तैयार कर रहे हैं और लोगों को पसंद भी आ रहा है तो उन्होंने आसपास की दुकानों में भी भेजना शुरू कर दिया। इसके बाद उन्होंने अलग

अलग जगहों पर प्रदर्शनी लगाकर मार्केटिंग शुरू कर दी। वे अपना स्टॉल लगाकर मार्केटिंग करने उन्होंने सोशल मीडिया की मदद ली और अपने फ़ेसबुक पेज पर तस्वीरे पोस्ट करने लगे | लोग उन तस्वीरों को देखकर डिमांड देने लगे |ऋषभ अलग-अलग शहरों में स्टॉल लगाकर चॉकलेट की सेल करते हैं। कस्टमर्स के बीच उनके चॉकलेट की डिमांड रहती है।

ऋषभ कहते हैं कि कोरोना और लॉकडाउन की वजह से उनका काम प्रभावित हुआ है। इस वक्त डिमांड कम हो गई है क्योंकि सप्लाई चेन प्रभावित हुआ है। फिर भी वे ट्रांसपोर्ट के जरिए अपने प्रोडक्ट की सप्लाई कर रहे हैं। वे कहते हैं कि धीरे-धीरे लोगों के बीच उनके प्रोडक्ट की लोकप्रियता बढ़ रही है क्योंकि लोग ऑर्गेनिक चॉकलेट की डिमांड कर रहे हैं | ये चॉकलेट हानिकारक नहीं होते हैं और हम इसमें कोई केमिकल भी नहीं मिलाते। यहां तक कि अंडा भी नहीं। इसलिए यह पूरी तरह शाकाहारी है।

21

कृष्णा यादव की कहानी

"जहां कोई संघर्ष नहीं वहाँ कोई ताकत नहीं |"

-ओपरा विनफ्रे

सड़क किनारे अचार बेचकर करोड़पति कैसे बनीं कृष्णा यादव, आज 4 कंपनियों की मालकिन, टर्नओवर 4 करोड़ रुपए से ज्यादा है |कृष्णा यादव ने साबित कर दिया कि, शुरूआत भले ही छोटी हो लेकिन कोशिशें इमानदारी से की जाएं तो सफलता मिलकर रहती है।

पति का बिजनेस चौपट हो गया था, घर तक बेचना पड़ा, अपना शहर छोड़कर दिल्ली आ गईं थीं| किराए की जमीन पर खेती शुरू की, दूरदर्शन पर प्रोग्राम देखकर अचार बनाने का आइडिया आया| बात आज से करीब 30 साल पुरानी है। बुलंदशहर में रहने वाली कृष्णा यादव का परिवार रोड पर आ चुका था। पति ने गाड़ी का बिजनेस शुरू किया था, जो चला नहीं। हालात ऐसे हो गए कि जिस घर में रह रहे थे वो तक बेचना पड़ा। ये सब तब हुआ जब कृष्णा के तीन छोटे-छोटे बच्चे थे। आज कृष्णा यादव चार

कंपनियों की मालकिन हैं, जिनका सालाना टर्नओवर 4 करोड़ रुपए से भी ज्यादा है। जानिए रोड पर आने के बाद आखिर उन्होंने कैसे ये सब किया।

पति को 500 रुपए उधार लेकर दिल्ली भेजा था

कृष्णा यादव कहती हैं कि जब बुलंदशहर में हमारा घर बिक गया तो मैंने तय किया हम ये शहर ही छोड़ देंगे। क्योंकि, अगर वहां रहते तो हर कोई यही पूछता कि तुम्हारी ऐसी हालत कैसे हो गई। कितने लोगों को जवाब देते। पति से कहा कि आप दिल्ली जाओ और वहां कुछ काम ढूंढो। हम कहीं भी खेती-मजदूरी करके जिंदगी बिता लेंगे। पति के पास दिल्ली जाने के भी पैसे नहीं थे, तो मैंने एक रिश्तेदार से पांच सौ रुपए उधार लेकर उन्हें दिल्ली भेजा।

कृष्णा बताती हैं | पति वहाँ तीन महीने तक घूमते रहे लेकिन उन्हे कोई काम ही नहीं मिला |तीन महीने बाद मैं भी अपने तीनों बच्चों को लेकर दिल्ली उनके पास चली गई। कहीं काम नहीं मिल रहा था तो हमने सोचा कि किसी से किराए पर खेत ले लेते हैं और खेती करते हैं। क्योंकि, हम दोनों ही किसान परिवार से थे। मैं कभी स्कूल नहीं गई, लेकिन बचपन से माँ दादी के साथ खेतों में खूब काम किया |

कृष्णा यादव ने इस तरह एक छोटे से स्टॉल से अचार बेचने की शुरुआत की थी। उन्होंने अपने साथ आसपास की कई महिलाओं को भी जोड़ लिया था।

काम नहीं मिला तो सब्जियां उगाना शुरू कीं

हमने नजफगढ़ में किराए पर थोड़ी जमीन ले ली और वहां सब्जियां उगाने लगे। गाजर, मूली, धनिया खूब होने लगीं और सब्जियां बिकने लगीं, जिससे हमारी थोड़ी बहुत कमाई शुरू हुई। सब्जियां इतनी होती थी कि कई बार तो रखे रखे ही खराब हो जाती थीं। एक बार मैंने दूरदर्शन पर कृषिदर्शन प्रोग्राम देखा । उसमें किसानों की आय बढ़ाने के कई तरीके बताए जाते थे। उसी में एक बार अचार बनाने के बारे में बताया गया।

उस प्रोग्राम को देखने के बाद मेरे मन में आया कि क्यों न जो सब्जियां बच रही हैं, उनसे अचार तैयार कर बेचा जाए। गांव में हमारे घरों में बचपन से अचार बनता रहा है। मैंने पति से कहा कि आप पता

करो कि यहां सरकार कोई ट्रेनिंग करवाती है क्या, जहां मैं अच्छे से अचार बनाना सीख सकूं।

उन्होंने खोजबीन की तो पता चला कि कृषि विज्ञान केंद्र में कोई भी बेरोजगार जाकर निशुल्क ट्रेनिंग ले सकता है | मैं तुरंत वहाँ पहुँच गई और बताया कि मुझे आचार बनाने की ट्रेनिंग लेना है |वहां से मैं अचारमुरब्बा बनाना सीख गई। इसके बाद घर में अचार बनाना शुरू कर दिया।

शुरू में दो किलो बनाया , लेकिन अचार बिक नहीं रहा था। पति दुकानों पर लेकर गए तो उन्होंने कहा कि हम खुला अचार नहीं खरीदते। वो घर आ गए और उन्होंने गुस्सा भी किया कि अच्छी खासी सब्जी बिक रही थी ये अचार के चक्कर में सब्जी भी खराब हो गई। फिर मैंने सोचा क्यों न हम खेत के पास में रोड से ही सब्जियां और अचार बेचें।

मैंने पति से कहा कि आप सड़क किनारे टेबल लगाओ। मैं ताजी सब्जियां आपको दूंगी और वहीं आप अचार भी रखना। बहुत से लोग सड़क से निकलते हैं, हम उन्हें बेचेंगे। उन्होंने ऐसा ही किया। हमने राहगीरों के पानी पीने के लिए दो मटके भी रखे। यह बात 90 के दशक की है। तब उस रोड पर बहुत ज्यादा ट्रेफिक नहीं हुआ करता था। जो लोग सब्जियों के लिए रुकते थे, हम उन्हें थोड़ा सा अचार टेस्ट के लिए देते थे। उनसे कहते थे कि अच्छा लगे तो फिर आप ऑर्डर दीजिएगा।

कृष्णा यादव शुरू में इस तरह से अपने प्रोडक्ट्स बेचा करती थीं, अब उनकी चार कंपनियां हैं। जिनमें सैकड़ों कर्मचारी हैं।

धीरेधीरे लोग अचार का ऑर्डर देने लगे

कृष्णा बताती हैं मैं अकेली ही अचार तैयार करती थी | सारे मसाले सिलबट्टे में तैयार करती थी |क्योंकि इतने पैसे नहीं थे कि चक्की में कुछ पिसवा सकें |बच्चे स्कूल से आते थे तो उन्हे भी इसी काम में लगा लेती थी | पति टेबल पर ग्राहकों को देखते थे। यह सिलसिला पांच साल तक चलता रहा। टेबल से ही हमें बुकिंग मिलती थी।

सब्जियां हम खेत में उगाते थे और अचार घर में ही पूरा तैयार करते थे। इससे घर भी अच्छे से चलने लगा और पैसे भी आने लगे। फिर धीरे धीरे इधर उधर की दुकानों पर भी थोड़ा बहुत माल सप्लाई होने लगा |

फूड डिपार्टमेंट से हमने लाइसेंस के लिए अप्लाई किया और हमें लाइसेंस मिल गया |

"लाइसेंस मिलने के बाद हमने श्री कृष्णा पिकल्स की शुरूआत की। एक दुकान किराए से ली। हम वहां से पैकिंग वाला अचार बेचने लगे। मैंने आसपास रह रही महिलाओं को भी साथ जोड़ लिया था। उन सबको अचार बनाने की ट्रेनिंग दी। धीरे-धीरे हमारा काम बढ़िया चलने लगा।

आज हमारी चार कंपनियां हैं। दो हरियाणा में हैं और दो दिल्ली में हैं। चार करोड़ रुपए से ज्यादा का टर्नओवर है। अचार के साथ ही मसाले, जूस, तेल, आटा भी हम तैयार करते हैं। सैकड़ों लोगों को रोजगार दे रहे हैं। मुझे किसान सम्मान से लेकर नारी शक्ति पुरस्कार तक मिल चुका है।"कृष्णा यादव को तत्कालीन राष्ट्रपति प्रतिभा पाटिल सम्मानित कर चुकी हैं।

सपना पूरा जरूर होता है

जो लोग खुद का कुछ करना चाहते हैं, उन्हें यही सलाह देना चाहती हूं कि यदि कोई सपना देखा है तो उसके पीछे पड़े रहो। हार मत मानो। मैं पढ़ी-लिखी नहीं हूं। लेकिन, मैंने बचपन से टीवी पर आने का सपना देखा था। अपने इस काम की बदौलत कई दफा टीवी पर आ चुकी हूं। मेरे कई प्रोग्राम आते हैं। कई जगह मुझे बुलाया जाता है। ये सब आप भी अपनी दम पर हासिल कर सकते हैं, बस कदम बढ़ाने की देर है।

22

देव प्रताप सिंह की कहानी

"यदि कोई संघर्ष नहीं है तो कोई प्रगति नहीं है |"
-फ्रेडरिक डगलस

पति-पत्नी कभी स्टेशन पर कचरा बीने , नशेड़ी बने, चोरियां की और जेल भी गए; आज बदल रहे ऐसे हजारों बच्चों की जिंदगी |

कुछ करने की जिद हो तो सब कुछ संभव है। जब हम कचरे बीनने वाले समाज को बदलने की कोशिश कर सकते हैं, तो दुनिया में कोई भी कुछ भी कर सकता है। ये शब्द हैं देव प्रताप सिंह के, जो मात्र 11 साल की उम्र में अपने घर से भाग गए थे। भूख मिटाने के लिए रेलवे स्टेशन पर कचरा उठाया, होटलों में बर्तन भी धोए। यहां तक की मजबूरी में छोटी मोटी चोरियाँ भी की,पुलिस स्टेशन में भी बंद रहे |

आज वे अपनी पत्नी चांदनी खान के साथ दूसरे बच्चों की वॉइस, यानी आवाज बने हैं। कोई दूसरा बच्चा उनके जैसा समाज से कटा, अनपढ़ या भूखा न रहे, ऐसे बच्चों के लिए 'वॉइस ऑफ स्लम' नाम से NGO की शुरुआत की। जिसके जरिए झुग्गी झोपड़ियों के हजारों बच्चों

की मदद कर रहे हैं जो न तो स्कूल जानस चाहते थे और न ही उनके परिवार में कोई पढ़ा है |

आज इनकी बदौलत बच्चे सड़क पर फलसब्जी बेचने की बजाय इंग्लिश मीडियम स्कूल में पढ़ने जाते हैं, फर्राटेदार इंग्लिश में बात करते हैं और कुछ अलग करने की चाह भी रखते हैं। पूर्व राष्ट्रपति प्रणब मुखर्जी ने इन दोनों को टीचर्स डे पर सम्मानित भी किया।

क्या है वॉइस ऑफ स्लम

'वॉइस ऑफ स्लम' अलगअलग प्रोग्राम के जरिए सड़क पर रहने वाले बच्चों को पढ़ा कर उन्हें स्कूल में एडमिशन लेने की तैयारी करवाता है।

'वॉइस ऑफ स्लम', दिल्ली स्थित एक NGO है, जो समाज के अंडर प्रिविलेज्ड बच्चों को एजुकेशन के जरिए समाज की मुख्य धारा से जोड़ने का काम कर रहा है। देव प्रताप कहते हैं, "शिक्षा दुनिया का सबसे शक्तिशाली हथियार है। इससे कुछ भी बदल जा सकता है"। कई बार ऐसा कहना काफी नहीं होता, आप उन बच्चों को कैसे पढ़ा सकते हैं, जो पढ़ना ही नहीं चाहते? जिनके परिवार में आज तक कोई पढ़ा न हो ?

अगर सरकारी स्कूल में इन बच्चों को एडमिशन मिल भी जाता है तो ये सही मार्गदर्शन और जागरूकता के अभाव में पढ़ नहीं पाते। इनके लिए हमने वॉइस ऑफ स्लम (VOS) की शुरुआत की। जिसके जरिए हम इन बच्चों को न सिर्फ शिक्षा देने की कोशिश करते हैं, बल्कि इन्हें समाज की मुख्य धारा से जोड़ रहे हैं।"

वॉइस ऑफ स्लम (VOS) में हर साल करीब 470 बच्चों का एडमिशन होता है। इनमें ऐसे बच्चे होते हैं जो कभी रेलवे स्टेशन पर कचरा बीनते थे, सब्जी या फूल बेचते थे या किसी अमीर के घर झाड़ूपोंछा लगाते थे। आज वे बच्चे पढ़ रहे हैं और जिंदगी में आगे बढ़ रहे हैं। देव का NGO बच्चों को सिर्फ शिक्षा देने का काम नहीं कर रहा, बल्कि उन्हें समाज की मुख्य धारा से जोड़ने का काम कर रहा है।

पापा के डर से बचपन में घर छोड़कर भागा

देव 'फीड द स्लम' अभियान के जरिए हर दिन हजारों बच्चों को खाना भी खिलाते हैं। अब तक 22 लाख से ज्यादा बच्चों को खाना खिला

चुके हैं।

देव प्रताप मध्य प्रदेश के चंबल के डबरा के रहने वाले हैं। उनका बचपन दूसरे बच्चों जैसा ही था। पिता की अच्छी नौकरी थी और मां हाउस वाइफ थीं। देव बताते हैं कि जब वे स्कूल जाते थे तो घर से कुछ पैसे बिना किसी को बताए ले जाते थे। और उन्ही पैसों से दोस्तों के साथ जुआ खेला करते थे और समोसा जलेबी खाया करते थे | तब उनकी उम्र 11 साल थी |

जुआ खेलने की रकम हर दिन बढ़ती जाती। पैसे न देने पर बड़े बच्चे उन्हें बहुत मारते थे और घर से चोरी कर पैसे लाने को कहते थे। देव ने इस बात का जिक्र अपनी मां से डरते डरते किया, लेकिन मां ने इस पर ध्यान नहीं दिया। उन बच्चों से बचने के लिए उन्होंने पिता की घड़ी चुराकर बेच दी।

एक बार बड़ी क्लास के दो बच्चों का झगड़ा हुआ और एक का पैर टूट गया। पूरा मोहल्ला देव के घर शिकायत करने के लिए इकट्ठा हो गया। वे पापा की मार के डर से घर से 120 रुपए लेकर भाग गए। घर से कुछ ही दूर रेलवे स्टेशन था। जो ट्रेन खड़ी थी उसमें बैठ गए और जब नींद खुली तो घर से दूर जा चुके थे।

रैग पिकर, ड्रग एडिक्ट और फिर चोर

देव की जब नींद खुली तब ट्रेन मध्य प्रदेश के ग्वालियर रेलवे स्टेशन पर खड़ी थी। देव बताते हैं, "मुझे बहुत भूख लगी थी। मैंने स्टेशन पर घर से लाए हुए पैसों से खाना खाया। रात को स्टेशन पर ही सो गया। इस तरह 3 दिन निकल गए और सारे पैसे खत्म हो गए। मैं घर वापस जाने से डर रहा था और मुझे भूख लगी थी। कुछ समझ नहीं आ रह था की क्या करूं?

स्टेशन पर कुछ बच्चे कचरा बीन रहे थे, जिससे उनकी छोटी मोटी कमाई हो जाती थी | मैं भी एक कचरा बीनने वाल बन गया | मैं भी वही करने लगा | बच्चे थिनर का नशा करते थे | मैं भी करने लगा | फिर हम स्टेशन पर छोटी मोटी चोरियाँ भी करने लगे | एक दिन हमें पुलिस वाले उठा कर ले गए |यह मेरे तीसरी जिंदगी की शुरुआत थी |दूसरी तो मैं पहले ही जी रहा था |"

पुलिस स्टेशन में 15 दिन भी बिताए

देव कभी जिस रेडिसन होटल के बाहर भुट्टा बेचा करते थे, आज उसी के अंदर लोगों को मोटिवेशनल लेक्चर देने जाते हैं |देव को पुलिस स्टेशन में करीब 15 दिन रहना पड़ा। देव बताते हैं, "पुलिस वाले हमसे खूब काम करवाते थे। हमें टॉर्चर भी करते थे। मैं वहां टॉयलेट में सोया और तब मुझे एहसास हुआ कुछ भी हो जाए अब मैं दोबारा इस तरह का काम नहीं करूंगा।

जब मैं पुलिस स्टेशन से निकला तो एक ढाबे में बर्तन धोने की नौकरी की। वहां मैं काम करता और टाइम पर पैसे भी मिल जाते थे। एक दिन मुझे लगा की बर्तन धोने से अच्छा तो वेटर का काम है सिर्फ कस्टमर से ऑर्डर ही तो लेना है।

पहली सैलरी से मिले पैसों से एक वाइट शर्ट, ब्लैक पेंट और सेकंड हैंड जूते खरीदे। फिर एक दूसरे ढाबे पर काम मांगने गया, काम मिल भी गया। कुछ दिनों बाद किसी ने कहा गोवा चले जाओ, वहां इस काम के ज्यादा पैसे मिलेंगे। मैं गोवा चला गया, इस तरह जिंदगी पटरी पर आने लगी। मुझे गोवा में घरवालों की याद आने लगी, एक दिन मां को फोन किया। मां और मैं फोन पर घंटों रोए। घरवालों के लिए वापस दिल्ली आ गया।"

सालों बाद मां से मिला और कुछ दिन बाद उनकी मौत हो गई

देव को जो लोग कभी चोर कह कर बुलाते थे, आज उन्हें अपने घर के बड़े आयोजनों में गेस्ट के तौर पर बुलाते हैं |दिल्ली में देव ने अपने एक रिश्तेदार की मदद से मोबाइल शॉप किराए पर शुरू की। देव कहते हैं, "किस्मत मेरा साथ दे रही थी और मैं आगे बढ़ रहा था। मेरी दुकान काफी अच्छी चलने लगी। ये देख दुकान के मालिक ने मुझसे दुकान वापस ले ली। मैं फिर से सड़क पर आ गया। उसके बाद मैं नौकरी कर आगे बढ़ता गया। एक समय आया जब मुझ जैसा पांचवी पास 'एरिया सेल्स मैनेजर' बन गया। अच्छी सैलरी के साथ अच्छी जिंदगी चलने लगी।

कुछ दिन बाद मेरी मां मुझसे मिलने आई। मैंने उनको सोने की कान की बालियां दी। मां की खुशी का ठिकाना नहीं था। सालों बाद बेटा मिला

और वह भी एक अच्छी जिंदगी जी रहा था। मां इस पल के लिए भगवान का शुक्रिया करना चाहती थी। हम दोनों ने गोवर्धन परिक्रमा करने का प्लान किया। मथुरा के लिए माँ और मैं अलग अलग जा रहे थे | माँ की बस का एक्सीडेंट हो गया और उनकी मौत हो गई |

मैं फिर से हार गया। एक दम पागल हो गया। सालों बाद खुशी मिली थी और वह भी चली गई। जीने का मकसद ही खत्म हो गया। एक दिन मैं रेलवे स्टेशन पर बैठा था। सामने बच्चे कचरा बीन रहे थे। मुझे लगा बस, अब इनके लिए ही काम करूंगा।

फिर मिला पत्नी चांदनी का साथ

देव कहते हैं, अगर रैग पिकर दुनिया बदलने का सपना देख सकते हैं, तो दुनिया में कुछ भी नामुमकिन नहीं।

मां को खोने के बाद देव को उनकी पत्नी चांदनी का साथ मिला। चांदनी का भी बैकग्राउंड देव जैसा ही था। वे भी कभी रैग पिकर हुआ करती थीं। देव कहते हैं, "मुझे कहीं से चांदनी के बारे में पता चला, तब वे किसी NGO में काम कर रही थीं। वे उस NGO को छोड़ने वाली थीं। मैंने उनसे बात की तो पता चला, वे भी इन बच्चों की मदद करना चाहती हैं। फिर हम दोनों मिलकर कई NGO में काम मांगने गए। चूंकि हम पढ़ेलिखे नहीं थे तो हमें काम नहीं दिया।

हम हार नहीं माने, हमने खुद का NGO शुरू करने का मन बना लिया। हम दोनों के पास पैसे नहीं थे। मेरे पास तब सिर्फ एक बाइक और एक लैपटॉप था। मैंने उन्हें बेच दिया। जो पैसे मिले उससे एक टीवी और एक स्मार्ट फोन खरीदा। हम काम करने लगे, लेकिन अब भी पैसा हमारी सबसे बड़ी मुसीबत थी। एक समय आया जब हम हारने लगे। फिर एक दिन हमने सोचा क्यों न लोगों से मदद मांगी जाए।"

देव ने फेसबुक के जरिए लोगों से वॉइस ऑफ स्लम के लिए सिर्फ एक रुपए डोनेट करने को कहा। एक दिन में ही 10 हजार की मदद मिल गई। और फिर शुरू हुआ वॉइस ऑफ स्लम का सिलसिला।

बदल दी हजारों बच्चों की तकदीर

देव के काम की सराहना के लिए 2019 में राष्ट्रपति प्रणब मुखर्जी ने उन्हें अपने घर पर वॉइस ऑफ स्लम के बच्चों के साथ बुलाया, उनकी

जिंदगी का सबसे खूबसूरत पल था।

2016 में देव और चांदनी ने वॉइस ऑफ स्लम को ऑफिशियली रजिस्टर करा लिया। आज उनकी टीम में करीब 30 लोग काम कर रहे हैं। देव बताते हैं, "हम 5 से 13 साल के झुग्गी-झोपड़ी के बच्चों को अपने स्कूल में एडमिशन देते हैं। उन्हें इस तरह तैयार किया जाता है कि वे अपनी

उम्र के अनुसार किसी स्कूल में पढ़ने लायक हो जाएँ | हमारे यहाँ स्पेशल टीचर्स हैं जो बेंगलूरू से आए हैं वो बच्चों को किसी न किसी स्कूल में एडमीशन के लायक बना देते हैं |

अब हमारा काम उन बच्चों को किसी अच्छे इंग्लिश मीडियम स्कूल में एडमिशन दिलाना है। वॉइस ऑफ स्लम से जाने के बाद भी हम उन बच्चों को ट्रैक करते रहते हैं। देखते हैं कि बच्चा स्कूल जा रहा है या नहीं। पढ़ रहा है या नहीं। उसके खाने-पीने से लेकर लेकर उनकी कई जरूरतों को हम पूरा करने की कोशिश करते हैं।"

अब तक देव और चांदनी वॉइस ऑफ स्लम के जरिए 15000 से ज्यादा बच्चों को पढ़ाने में कामयाब हुए हैं।

23

आई पी एस मनोज शर्मा

“जीवन में महत्वपूर्ण बात जीत नहीं बल्कि संघर्ष है |”

-पियरे डी क्यूबर्टिन

गर्लफ्रेंड के चक्कर में हुए 12वीं क्लास में फेल और चलानी पड़ी ऑटो, यूपीएससी एग्जाम देकर 121वीं रैंक लाकर बने IPS |

“असफलता एक चुनौती है, स्वीकार करो, क्या कमी रह गई, देखो और सुधार करो।” अपनी कमी पर पछताने के बजाए हमें अपनी कमी को सुधारकर आगे बढ़ने का प्रयास करना चाहिए।

बने काबिल आईपीएस ऑफिसर

एक ऐसे शख्स की बात करेंगे, जिनके सफलता के ऊपर एक किताब भी लिखी जा चुकी है। वे शख्स 12th में फेल होने के बाद पछतावा करने के बजाए कोशिश करना नहीं छोड़े और आज एक काबिल आईपीएस अफसर बना गए|

इस शख्स के ऊपर जो किताब लिखी गई है उस किताब का शीर्षक है, 12th फेल, हारा वहीं जो लड़ा नहीं', और इस किताब को लिखा है, अनुराग पाठक ने।

कौन है वह शख्स?

मध्यप्रदेश के मुरैना जिले के रहने वाले आईपीएस मनोज शर्मा ने अपनी शुरुआती शिक्षा पर ज्यादा ध्यान नही दिया। नौंवी और दसवीं की परीक्षा में उन्होंने थर्ड डिवीज़न से पास किया, लेकिन बारहवीं में नकल करने का मौका नही मिलने के वजह से वह फेल हो गए। इसकी जानकारी उन्होंने खुद अपने एक इंटरव्यू के दौरान दी थी।

चीटिंग नहीं कर पाने की वजह से फेल

उन्होंने बताया था कि 12वीं में वें इसलिए फेल हो गए क्योंकि वहां का SDM बहुत सख्त था नकल के मामले में जिस वजह से उनको नकल करने का मौका नही मिला।

12वीं में फेल होने के बाद SDM बनने की ठानी

मनोज ने अपनी 12th की परीक्षा में SDM के सख्ती के कारण नकल नही की, जिस कारण वह फेल हो गए। उनको तभी SDM के पावर का अंदाजा हुआ और वह उन्होंने उसी समय तय कर लिया कि वह SDM बनेंगे, लेकिन यह सफर उनके लिए आसान नही थी।

12th में फेल होने के बाद चलाई टेम्पो

बता दें कि, 12th की परीक्षा में असफल होने के बाद मनोज घर की आर्थिक तंगी को दूर करने के लिए टेम्पो चलाने का काम करने लगे। एक दिन उनकी टेम्पो पकड़ी गई तो उसे छुड़वाने के लिए वह SDM के पास पहुंचे। वहां पहुंचने के बाद वह टेम्पो छुड़वाने की बजाय UPSC की परीक्षा की जानकारी SDM से पूछने लगे। उस अधिकारी ने इनको परीक्षा से सम्बंधित पूरी जानकारी दी। उसके बाद उन्होंने ठान ली कि वह फिर से 12th की परीक्षा देंगे और पास होने के बाद UPSC की तैयारी

करेंगे। 12th की परीक्षा में जैसे-तैसे करके वह पास कर गए |

वह कहते हैं, 12वीं फेल का ठप्पा मेरे ऊपर से मिटने का नाम ही नहीं ले रहा था | मैं जिस लड़की से प्यार करता था, उससे भी सिर्फ़ इसलिए दिल की बात नहीं कर पाता था क्योंकि मैं फेलियर था | मनोज कहते हैं, मैं घर से थैला लेकर ग्वालियर आ गया | पैसे नहीं थे, इसलिए भीखारियों के पास सोता था | खाने तक को कुछ नहीं था | किस्मत ने साथ दिया और लाइब्रेरियन कम चपरासी की नौकरी मिल गई | यहां मैंने गोर्की और अब्राहम लिंकन को पढ़ा | मुक्तिबोध को जाना और फ़िर तैयारी शुरू कर दी |

दिल्ली में गर्लफ्रेंड के साथ मिलने के बाद जारी की UPSC की तैयारी

मनोज इसके बाद दिल्ली आ गए | यहां वह लोगों के घरों के कुत्तों को टहलाने का काम करते थे| 400 रुपये प्रति कुत्ता ख़र्च मिलने लगा | इसी बीच उन्हें एक टीचर ने बिना किसी फीस के ट्यूशन पढ़ाना शुरू कर दिया | 12th में फेल होने के बाद उनकी गर्लफ्रेंड ने उनको छोड़ दिया था, लेकिन दुबारा 12th की परीक्षा देने के बाद सफलता मिलने पर मनोज ग्वालियर चले गए और वहां जाकर लाइब्रेरियन कम चपरासी की नौकरी की, ग्रेजुएसन किया |

उसके बाद अपनी गर्लफ्रेंड के पास जाकर उससे UPSC की तैयारी में साथ देने की रिक्वेस्ट की। उससे उन्होंने कहा कि, अगर तुम मेरा साथ दोगी तो मैं जरूर सफल होऊंगा। इस बातों को सुनकर उनकी गर्लफ्रेंड ने भी साथ देने का वादा किया और उसके बाद मनोज ने अपनी सिविल सर्विसेज की तैयारी शुरू की।वह कहते हैं, मैं जिस लड़की से प्यार करता था, उससे कहा कि तुम साथ दो तो दुनिया पलट दूंगा | इस तरह मोहब्बत में जीत के बाद मैंने पढ़ाई शुरू कि और चौथे अटेम्प्ट में आईपीएस बन गया |

पहली, दूसरी और तीसरी प्रयास में नहीं मिली सफलता

मनोज ने UPSC की तैयारी के लिए दिल्ली का रुख किया और उन्हें एक ऐसे शख्स मिले, जिन्होंने इनको फ्री में ट्यूशन पढ़ाना स्टार्ट किया। बता दें कि, पहले प्रयास में मनोज में प्री तो निकाल लिया लेकिन मेंस में उनको सफलता नही मिली। इसके बाद वह दूसरी बार फिर से UPSC

की परीक्षा में शामिल हुए, लेकिन इस बार भी उनको सफलता हाथ नहीं लगी। तीसरी बार भी वह परीक्षा में सफल नही हो पाए।

चौथे प्रयास में 121वीं रैंक प्राप्त कर बने आईपीएस अफसर

तीन बार असफल होने के बाद में मनोज ने हार नही मानी बल्कि और मजबूती के साथ परीक्षा की तैयारी में जुट गए। शुरुआती पढ़ाई सही नही रहने के कारण इनको बहुत मेहनत करना पड़ा लेकिन उस मेहनत का परिणाम भी बेहतर मिला। उन्होंने चौथी प्रयास में 121वीं रैंक हासिल की और आईपीएस अधिकारी बन गए।

अपने अंदर भी है एक क्वालिटी

उन्होंने बताया कि, UPSC के इंटरव्यू के दौरान उनसे पूछा गया कि, यहां अच्छे-अच्छे डिग्री हासिल कर बहुत लोग आते है, तो हम आपको क्यों सेलेक्ट करे? इसका जवाब मनोज बड़े ही सरलता से दिया, ' अगर 12th फेल होने के बाद भी मैं यहां तक पहुंचा हूँ तो कुछ तो मेरे अंदर भी क्वालिटी होगी।'

मनोज शर्मा की कहानी उन सभी युवाओ के लिए प्रेरणादायी बनी है, जो असफलता के बाद कोशिश करना छोड़ देते है तथा उनकी यह संघर्षभरी कहानी सबको यह सीख देती है कि, अगर किसी काम को मेहनत और लगन से की जाए तो उसमें सफलता जरूर मिलती है |

24

बी टेक चाय की कहानी

"संघर्ष के बिना कोई जिंदगी नहीं है |"

-संतोष कालवार

इंजीनियरिंग के बाद चाय बेचना शुरू किया तो घर वालों ने विरोध किया, अब बीटेक चाय से हर महीने 1.5 लाख कमाई |कहते हैं जब एक रास्ता बंद होता है, तब दूसरा रास्ता अपने आप खुल जाता है। इसका मतलब जब आप हिम्मत नहीं हारते तो मुश्किल से मुश्किल परिस्थिति भी आपको नहीं झुका सकती । ये पंक्तियां केरल के तीन दोस्तों पर सटीक बैठती हैं, जो कोरोना काल में नौकरी खोने के बाद हिम्मत नहीं हारे। उन तीनों ने मिलकर B Tech Chai बी टेक चाय नाम से स्टार्ट अप शुरू किया |आज पूरे देश में उनके ब्रांड की

फ्रेंचाईजी की डिमांड है और वे हर महीने 1.5 लाख की कमाई भी कर रहे हैं।

जितना अनोखा इस स्टार्टअप का नाम है, उतनी ही अनोखी यहां मिलने वाली चाय। ये चाय का स्टॉल तो केरल में है, लेकिन आपको यहां भारत के हर शहर की मशहूर चाय मिलती है। असम की चाय, पहाड़ों की बटर चाय से लेकर दार्जिलिंग चाय और कश्मीरी कहवा सहित करीब 100 तरह की चाय मिलती है। जिनका लुत्फ आप 5 रुपए से लेकर 50 रुपए में उठा सकते हैं।

कोरोना के दौरान हुई बीटेक चाय की शुरुआत

आनंदु के घरवाले उन्हें गुस्से-गुस्से में बीटेक चाय के नाम से बुलाते थे और उन्हें ये नाम इतना अच्छा लगा कि उन्होंने इस स्टार्टअप का नाम बी टेक दे दिया।

बीटेक चाय की शुरुआत करने वाले आनंदु अजय 25, मोहम्मद सैफी 25 और मोहम्मद शाहनवाज 28 केरल के कोल्लम जिले के पल्लीमुक्कू के रहने वाले हैं। इन तीनों ने केरल के यूनुस इंस्टीट्यूट ऑफ टेक्नोलॉजी, कन्नानल्लूर से इंजीनियरिंग की पढ़ाई की है।

कोरोना ने दुनिया के लोगों की तरह इन दोस्तों की भी जिंदगी बदल दी। लॉकडाउन के दौरान इन तीनों की नौकरी चली गई। तब इन लोगों ने मिलकर तय किया कि वो खुद का बिजनेस करेंगे।

आनंदु अजय बताते हैं, “कोरोना से पहले मैं byju's में बतौर सेल्स एंड बिजनेस डेवलपमेंट काम कर रहा था। अच्छी पोस्ट और सैलरी होने के बावजूद कोरोना में हमने अपनी नौकरी खो दी। तब मेरा दोस्त मोहम्मद सैफी भी काफी परेशानियों से गुजर रहा था। हम दोनों ने मिलकर तय किया कि हम खुद का बिजनेस ही करेंगे। हमारे पास ज्यादा पैसे तो नहीं थे और न ही हम कोरोना के दौर में किसी तरह का रिस्क लेना चाहते थे। तो हमें टी स्टॉल का आइडिया सुझा। इसका कारण हम दोस्तों का 'चाय प्रेम' भी था।

उस दौरान सैफी के भाई शाहनवाज भी मिडिल ईस्ट में काम कर रहे थे। कोरोना की वजह से उन्हें घर आना पड़ा। इस तरह तीनों ने मिलकर

बीटेक चाय की शुरुआत की।

इंजीनियर होकर चाय बेचने पर घर वाले नाखुश थे

आनंदु बताते हैं 'बी टेक' नाम की वजह से हमारे स्टार्टअप को काफी पब्लिसिटी मिल रही है। काफी लोग यहां सिर्फ स्टॉल को देखने आते हैं फिर चाय पीकर जाते हैं |

चाय के बिजनेस शुरू करने को लेकर आनंदु के घर वाले काफी दुखी थी। उन्हें लग रहा था कि उनका बेटा इंजीनियरिंग की पढ़ाई के बाद चाय का स्टॉल पर कैसे काम कर सकता है?

आनंदु बताते हैं, "हम नौकरी जाने की वजह से पहले ही परेशान थे ऊपर से घरवालों को समझाना तो और भी मुश्किल था। मेरे मम्मी पापा कह रहे थे कि उनका बेटा बी टेक ग्रेजुएट होने के बाद भी सड़क किनारे चाय बेचेगा | कुछ समय बाद मम्मी मेरा साथ देने लगी वहीं पापा मुझसे काफी नाराज थे |

बिजनेस शुरू करने से दोस्तों ने काफी रिसर्च किया और फिर प्लान तैयार कर दिया। फिर भी बिजनेस के लिए बड़ी चुनौती इन्वेस्टमेंट की आ रही थी। आनंदु के परिवार की तरफ से किसी भी तरह का आर्थिक सहयोग नहीं था। तीनों दोस्तों ने अपनी सेविंग और छोटी-छोटी रकम उधार लेकर 1.50 लाख रुपए इकट्ठे किए। और फिर 2021 अक्टूबर में B.Tech chai की शुरुआत कर दी।

यहां गिन्जा, नीलगिरी सहित 100 तरह की चाय हैं

बीटेक चाय पर आप 5 रुपए से लेकर 50 रुपए तक की चाय के 100 से ज्यादा जायके का लुत्फ उठा सकते हैं।

आनंदु को चाय और खाने का काफी शौक है। इस वजह उन्होंने खुद ऐक्सपैरिमैंट करके कई तरह की चाय तैयार की हैं। उन्होंने 50 तरह की चाय से शुरुआत की और आज 100 तरह की चाय बनाते हैं।

आनंदु कहते हैं, "हमारे पास चाय की 100 से ज्यादा वैराइटी हैं। हालांकि, जब हमने शुरुआत की थी तब हमारे पास सिर्फ 50 तरह की ही चाय थीं। हमारी मसाला चाय, असम चाय , ग्रीन टी, बटर टी, कश्मीरी कहवा, शीर चाय, नीलगिरी चाय, दार्जिलिंग चाय के अलावा वनीला चाय, अनानास चाय, स्ट्रॉबेरी चाय, चॉकलेट चाय और पुदीना चाय

सहित 100 तरह की चाय है। हमारे पास एक खास तरह की गिन्जा चाय भी है। जो काफी पॉपुलर है। इसे 10 तरह के मसालों और टॉप क्वालिटी की चार जड़ी बूटियों से मिलाकर तैयार किया जाता है | इसे हम खुद तैयार करते हैं |

बीटेक स्टॉल पर 5 रुपए की बेसिक चाय से लेकर 50 रुपए की केसर चाय मिलती है। इसके अलावा यहां पर केरल के खास तरह के स्नैक्स जैसे चट्टी पथिरी किलिकूडु, उन्नाकाया, एराची अदा, मट्टा पेटी का भी लुत्फ उठाया जा सकता है। आनंदु के अनुसार उनके स्टॉल पर मिलने वाले स्नैक्स ज्यादातर घर के बने होते हैं और आसपास की जगहों से मंगाए जाते हैं।

कोई काम छोटा नहीं होता

कई बार ये सुनने में आता है कि कोई काम छोटा या बड़ा नहीं होता। जितना ये बात कहने में आसान लगती है उतनी ही ये अपने जीवन में उतारनी होती है। आनंदु और उनके दोस्तों ने इस कथनी को साकार भी कर दिखाया।

आनंदु कहते हैं, "हमने जब इस बिजनेस की शुरुआत की तब घर वालों का साथ नहीं था। जो मिलता था वो हमने इस काम को न करने की सलाह देता था, क्योंकि ये काम उनकी नजर में छोटा था। हमने उन सभी लोगों को गलत साबित कर दिया, जो ये मानते थे कि अच्छी नौकरी पाने या सफल होने के लिए विदेश जाना जरूरी है। मेरा मानना है कि अगर आपके पास दिमाग है, तो आप अपने दम पर कुछ भी कर सकते हैं और सफल हो सकते हैं। चाहे आप कहीं भी हों। आज हम एक छोटे स्टॉल से हर दिन 5 हजार रुपए से ज्यादा कमा लेते हैं। इस तरह महीने की कमाई डेढ़ लाख रुपए के आस-पास हो जाती है।"

जल्द ही वे लोग दूसरे राज्यों में भी अपना बिजनेस फैलाना चाहते हैं।

25

माउन्टेन गर्ल शीतल

"विश्वास जीत से आती है , लेकिन संघर्ष से ताकत आती है |"

-अरनाल्ड श्वार्जनेगर

मेरे जन्म से दादी दुखी थीं, पापा के पास पैसे नहीं थे, मां के साहस और साथ से मैं बन गई माउंटेन गर्ल |

कहते हैं कि मुसीबत अपने साथ चुनौती लाती है और उसके साथ ही कई बेहतर अवसर भी। जिसने चुनौती को पार कर अवसर का फायदा उठा लिया, उसे आगे बढ़ने से कोई रोक नहीं सकता। कुछ ऐसा ही मुश्किल भरा बचपन रहा माउंटेन गर्ल शीतल का। शीतल उत्तराखंड के पिथौरागढ़ से हैं। उनका जब जन्म हुआ, तब उनकी दादी बेटी पैदा होने पर दुखी हुईं।

पिता ड्राइवर थे, घर की आर्थिक स्थिति बहुत कमजोर थी। उनकी मां एक साधारण ग्रामीण महिला थीं जिन्हे देश दुनिया की ज्यादा

खबर नहीं थी | ये शीतल का हौसला था , जो तमाम मुश्किलों के बावजूद अपने दम पर आगे बढ़ीं। सिर्फ परिवार का ही नहीं, बल्कि अपने राज्य और देश का भी नाम रोशन किया। इस पहाड़ी लड़की को पहाड़ों से कुछ ऐसा प्रेम हुआ कि दुनिया की सबसे ऊंची पर्वत चोटी माउंट एवरेस्ट को फतह कर लिया। शीतल दुनिया की तीसरी सबसे ऊंची चोटी कंचनजंघा पर चढ़ने वाली सबसे कम उम्र की युवा महिला भी बनीं। उन्होंने अपनी उपलब्धियों को 'गोल्डन बुक ऑफ वर्ल्ड रिकॉर्ड' में दर्ज कराया। राष्ट्रपति रामनाथ कोविंद ने 'तेनजिंग नोर्गे अवार्ड' से सम्मानित कर, उनके साहस को सलाम किया है।

बचपन पहाड़ों और चुनौतियों में बीता

शीतल का जन्म 1995 में उत्तराखंड के पिथौरागढ़ के सल्लोड़ा गांव में हुआ। उनका बचपन आम बच्चों से अलग काफी चुनौतीपूर्ण रहा। जब जन्म हुआ तब उनकी दादी बहुत दुखी हुईं, बेटी जो घर जन्मी थी। शीतल के पिता उमाशंकर टैक्सी ड्राइवर हैं और मां सपना देवी गृहिणी।

शीतल बताती हैं, "मेरे घर की आर्थिक स्थिति बहुत अच्छी नहीं थी। मां ने केवल दसवीं तक ही पढ़ाई की थी। पिता का अधिकांश समय एक जगह से दूसरी जगह सवारियों को लाने छोड़ने में चला जाता था। पापा घर पर ज्यादा समय नहीं दे पाते थे, लेकिन मां का हमेशा से बहुत सपोर्ट मिला। मैं बचपन से ही मां के साथ उनकी मदद के लिए जंगल जाती थी। हम दोनों जंगल से घास काट कर लाते थे। आज मैं जो भी हूं, उसमें मेरी मां का बहुत बड़ा रोल है। वे चाहती थीं कि मैं पढ़ूँ लिखूँ और जिंदगी में आगे बढ़ती जाऊं | मेरे बचपन की कठिनाइयों ने ही मुझे माउंटेनियरिंग का साहस दिया |

हाइट छोटी थी, नहीं मिला परेड में शामिल होने का मौका

शीतल ने सतशिलिंग इंटर कॉलेज और एलएसएम पीजी पिथौरागढ़ से इंटर और ग्रेजुएशन किया।शीतल को पहाड़ों पर चढ़ने में दिलचस्पी तो थी, लेकिन उन्हें इसके बारे में कुछ ज्यादा पता नहीं था। अपने शहर के सतशिलिंग इंटर कॉलेज और एलएसएम पीजी कॉलेज पिथौरागढ़ से इंटर और ग्रेजुएशन की पढ़ाई की। वे कॉलेज के दिनों से एनसीसी से जुड़ी थीं और माउंटेनियरिंग का मौका भी वहीं से मिला।

शीतल बताती हैं, "मैं NCC की रिपब्लिक डे की परेड में भाग लेना चाहती थी। मेरी छोटी हाइट के कारण मेरा सिलेक्शन नहीं हुआ। इस बात से मैं बहुत दुखी थी और उसी दौरान मुझे माउंटेनरिंग की ट्रेनिंग का ऑफर आया। मैं बिना देर किए ऑफर को स्वीकार लिया। पहली बार मैंने उत्तराखंड के रुद्र गैरा माउंटेन की चढ़ाई की। किसी माउंटेन पर चढ़ने का एहसास बहुत ही अद्‍भुत था। इस तरह मैंने तय किया कि माउंटेनरिंग ही मेरा करियर है।"

कंचनजंघा पर चढ़ना था WOW मोमेंट था !

शीतल का माउंटेनियरिंग का सफर 2013 से शुरू हुआ। 2015 में उन्होंने 'हिमालयन इंस्टीट्यूट आफ माउंटेनियरिंग, दार्जिलिंग' और फिर 'पर्वतारोहण संस्थान, जम्मू से माउंटेनियरिंग का एडवांस कोर्स किया। 2015 में ही उन्होंने 7,120 मीटर ऊंची त्रिशूल पीक पर चढ़ाई की। इसके बाद 2017 में 7,075 मीटर फंची सतोपंथ पर पहुंचकर उन्होंने तिरंगा फहराया।

शीतल कहती हैं, "मैं 2013 से ही माउंटेनियरिंग कर रही थी, लेकिन मेरे लिए बड़ा दिन तब आया, जब मैंने 21 मई 2018 की सुबह दुनिया की तीसरी सबसे ऊंची चोटी कंचनजंघा (8,586 मीटर)

पर देश का झंडा फहराया। मैंने कंचनजंघा पर चढ़ने वाली सबसे कम उम्र की महिला बन गई। उस वक्त मेरी उम्र 22 साल थी। मैं चोटी पर 3 बजे भोर में पहुंच गई थी तो मुझे उस लम्हे को कैमरे में कैद करने के लिए सुबह तक का इंतजार करना पड़ा। इसके बाद मैंने यूरोप की सबसे ऊंची चोटी माउंट एल्ब्रुस पर भी चढ़ाई किया।

कई अवॉर्ड और पुरस्कार से नवाजी गईं शीतल

शीतल को लैंड एडवेंचर के लिए राष्ट्रपति रामनाथ कोविंद ने 'तेनजिंग नोर्गे अवॉर्ड' दिया है। शीतल के साहस और जज्बे के लिए उन्हें कई खिताब दिए गए हैं। शीतल को उत्तराखंड सरकार ने वीर बाला तीलू रौतेली के नाम पर दिए जाने वाले अवॉर्ड 'स्त्री शक्ति तीलू रौतेली पुरस्कार' से सम्मानित किया।उन्हें उत्तराखंड राज्य के 'बेटी बचाओ, बेटी पढ़ाओ' अभियान का ब्रांड एंबेसडर भी बनाया है। राज्य में साहसिक गतिविधियों को बढ़ावा देने के लिए शीतल, 'क्लाइंबिंग बियॉन्ड द

सम्मिट्स' की कोफाउंडर बनीं | आज वे बतौर माउन्टेन गाइड का काम भी करती हैं |लैंड एडवेंचर के लिए राष्ट्रपति रामनाथ कोविन्द ने शीतल को 'तेनजिंग नोरगे अवॉर्ड भी दिया है|

शीतल का कहना है, "मैं अपनी कामयाबी का श्रेय पूरी तरह से अपने माता-पिता और अपने ट्रेनर को देती हूं। उन्होंने मुझे यहां तक का सफर तय करने में मदद की है। मेरी प्रेरणा पर्वतारोही प्रभा ऐतवाल हैं। उनसे मुझे बहुत कुछ सीखने को मिला है। मुझे खुशी है कि मैं उन चुनिंदा लड़कियों में शामिल हूं , जिसे परिवार, समाज और देश ने कुछ अलग करने के लिए बहुत सपोर्ट किया। मेरे लिए जिंदगी का सबसे खूबसूरत वो पल था, जब मुझे राष्ट्रपति भवन में अवॉर्ड मिला था। मेरा माता- पिता के लिए प्राउड मोमेंट था।"

पर्वतों की चोटियों पर जान ले लेती है छोटीसी गलती

शीतल के अनुसार माउंटेनियरिंग फिल्मी पर्दे पर जितना एक्साइटिंग और एडवेंचरस दिखता है, असल में वह उतना ही रिस्की है।

माउंटेनियरिंग चुनने के बारे में पूछे जाने पर शीतल का कहना था कि माउंटेनियरिंग को चुनने के लिए एक तरह का पागलपन होना जरूरी है। ये ऐसा कोई खेल नहीं, जिसमें गिरने पर आपके हाथ पैर टूटेंगे | यहाँ एक छोटी सी गलती से आपकी जाँचली जाती है |

शीतल आगे कहती हैं, "माउंटेनियरिंग फिल्मी पर्दे पर जितना एक्साइटिंग और एडवेंचरस दिखता है, असल में वह उतना ही रिस्की है। इसे करने के लिए दृढ़ निश्चय और अदम्य साहस चाहिए। कई बार ऊपर चढ़ने के बाद आपकी हालत खराब हो जाती है, कई बार मौसम भी मुश्किल भरा होता है। ऐसे में आपका विश्वास और साहस ही आपको आगे लेकर जाता है।"

शीतल का मानना है कि जिन लड़कियों को पहाड़ आकर्षित करता है, उन्हें माउंटेनियरिंग जरूर करनी चाहिए। लड़कियां लड़कों से ज्यादा ताकतवर होती हैं। बस, कई बार उन्हें इस बात का एहसास नहीं होता। जिस दिन इसका एहसास होता है तो वे इतिहास रच जाती हैं।

26

अर्पिता की कहानी

"हर संघर्ष के केंद्र में बढ़ने का अवसर है|"

-मेलानी एम कौलारीस

आर्ट के लिए लाखों की नौकरी छोड़कर होम डेकोर स्टार्टअप शुरू किया, अब सालाना 50 लाख टर्नओवर|

"बचपन से मेरा इंटरेस्ट आर्ट और क्रिएटिविटी की तरफ रहा है, लेकिन मेरी कई कोशिशों के बावजूद मैं इस फील्ड में न तो पढ़ाई कर पाई ना ही इसमें अपना करियर बना सकी। ये बात अलग है कि मैं अपने फ्री टाइम में घर में पेंटिंग या क्राफ्ट मेकिंग करती रहती थी। तब मैं भारती एयरटेल की ओडिशा और पश्चिम बंगाल की हेड हुआ करती थी। किसी कारण मुझे रघुराजपुर के पट्टचित्र कलाकारों से मिलना हुआ। उस मुलाकात के बाद मुझे लगा हम पढ़-लिखकर आगे बढ़ जाते हैं, लेकिन अपनी संस्कृति के लिए कुछ खास नहीं कर पाते न ही अपने ट्रेडिशन को बढ़ावा देने के लिए कोई ठोस कदम उठाते हैं।" ये कहना है

भुवनेश्वर की अर्पिता साहू का।

ओडिशा की लोक कला को इंटरनेशनल लेवल पर पहुंचने और इस काम को करने वाले कलाकारों को बढ़ावा देने के लिए अर्पिता ने लाखों की नौकरी छोड़ शुरू किया 'विंटेज विस्तारा' (VintageVistara) नाम से होम डेकोर का स्टार्टअप। जिसके जरिए करीब 20 से ज्यादा कलाकारों को रोजगार दिया। देश ही नहीं विदेश में ही अपने प्रोडक्ट्स की बिक्री कर रही हैं और अब इनके बिजनेस का सालाना टर्नओवर 50 लाख रुपए का है।

विंटेज विस्तारा है क्या?

विंटेज विस्तारा होम डेकोर का स्टार्टअप है, जिसमें करीब 200 से अधिक प्रोडक्ट्स बनाए जाते हैं।विंटेज विस्तारा हैंड-पेंटेड या हैंड-मेड होम डेकोर, यानी घर सजाने के सामान का स्टार्टअप है। इसकी खासियत ये है कि ये ऐसे प्रोडक्ट तैयार करता है जो घर सजाने के साथ डेली लाइफ में इस्तेमाल भी होते हैं। ये प्रोडक्ट्स ट्रैडीशनल आर्ट फॉर्म और मॉडर्न स्टाइल का बेहतरीन मिश्रण है।

अर्पिता बताती हैं, "पट्टचित्र ओडिशा की काफी पुरानी और ट्रैडीशनल कला है जिसके इस्तेमाल से हम फंक्शनल होम डेकोर बनाते हैं। ऐसी चीजें जो दिखने में सुन्दर और डेकोरेटिव तो होती ही हैं, साथ ही उन्हें इस्तेमाल भी किया जा सकता है। उदाहरण के तौर पर आप वॉल क्लॉक ले लीजिए, अब हर किसी को अपने घर में वॉल क्लॉक की जरूरत तो होती ही है। अगर ये वॉल क्लॉक को आर्टिस्टिक फॉर्म में तैयार किया जाए तो लोगों को काफी पसंद आता है। हम इसी तरह की कई चीजें बनाते हैं। हमारे पास करीब 200 प्रोडक्ट्स हैं, जिनमें टी पॉट्स, स्टोरेज कैनिस्टर, टेबल लैंप, वॉल प्लेट, बुल हेड और कई तरह की साड़ियां भी शामिल हैं।"

इन सभी प्रोडक्ट्स पर ओडिशा का पट्टचित्र, बिहार की मधुबनी सहित कई जगह की ट्रैडीशनल पेंटिंग्स बनी होती हैं। जो काफी आकर्षक होती हैं और जिनका इस्तेमाल रोजमर्रा की जिंदगी में होता है।

कला की तरफ बचपन से रुझान रहा है

34 साल की अर्पिता साहू ने इंजीनियरिंग की पढ़ाई SOA यूनिवर्सिटी भुवनेश्वर और फिर MBA की पढ़ाई जेवियर इंस्टीट्यूट ऑफ मैनेजमेंट भुवनेश्वर से की है। वो कोका-कोला और कोलगेट-पामोलिव जैसे कई कॉर्पोरेशन के साथ काम करने के बाद भारती एयरटेल की ओडिशा और पश्चिम बंगाल की HR हेड भी रही हैं।

अर्पिता बताती हैं, "मेरा इंटरेस्ट हमेशा क्रिएटिव फील्ड में ही रहा है। इतना कि मैंने इंजीनियरिंग की पढ़ाई से पहले नेशनल इंस्टिट्यूट ऑफ फैशन डिजाइनिंग (NIFD) और नेशनल इंस्टिट्यूट ऑफ डिजाइनिंग (NID) के लिए फॉर्म भी भरा था, लेकिन किसी वजह से मेरा करियर अलग ही डायरेक्शन में बढ़ता गया। MBA की पढ़ाई पूरी होने से पहले ही मुझे कोको कोला से ऑफर मिल गया। तो इस तरह मैं मैनेजमेंट फील्ड में आगे बढ़ती गई, लेकिन मुझे एक तरह की कमी खलती रही।

जब मुझे ये बिजनेस का आइडिया आया तब मुझे लगा कि मैं यहां अपने पैशन को फॉलो तो करूंगी ही, साथ ही साथ मैं अपने मैनजमेंट स्किल से बिजनेस को भी बड़े लेवल पर ले जाऊंगी। हां, ये HR के काम से बिल्कुल अलग था, लेकिन मुझे लगता है कि कोई भी बिजनेस लोगों को मैनेज करने का ही होता है।"

इसकी शुरुआत कैसे हुई?

अर्पिता स्टार्टअप के जरिए ट्रैडीशनल आर्ट को कॉन्टेम्परेरी टच के साथ लोगों तक पहुंचा रही हैं।भारती एयरटेल में काम करने के दौरान अर्पिता का ओडिशा के रघुराजपुर गांव जाना हुआ। ये गांव सदियों से हेरिटेज क्राफ्ट्स विलेज की तरह मशहूर है। वहां के कलाकारों से मिलने के बाद अर्पिता ने नौकरी छोड़ खुद का बिजनेस करने का मन बनाया।

स्टार्टअप को शुरू करने के पीछे कारण पूछने पर अर्पिता कहती हैं, "एक बार किसी काम से रघुराजपुर गई थी। वहां से मैं कुछ पेंटिंग खरीद कर लाई, जिनकी फोटो विदेश में रहने वालों दोस्तों को भेजी तो उन्हें भी बहुत पसंद आया। दोस्तों का कहना था कि चादर या कपड़े पर बनी ये पेंटिंग्स सुंदर तो बहुत हैं, लेकिन कपड़े पर बने होने के कारण इन्हें दीवारों पर नहीं लगाया जा सकता। उनकी बातों से मुझे लगा कि अगर इस ट्रैडीशनल आर्ट को कॉन्टेम्परेरी टच के साथ लोगों तक पहुंचाया

जाए तो ये उन्हें ज्यादा पसंद आएगा। इस तरह मुझे होम डेकोर के स्टार्टअप का आइडिया आया।"

2019 में मैंने अपनी नौकरी छोड़ 'विंटेज विस्तारा' नाम से कंपनी की शुरुआत की थी। वाल क्लॉक पर पहला आइडिया आजमाया था। जिसकी डिजाइन लोगों को काफी पसंद आई, काफी सराहना मिली और फिर उनका काम आगे बढ़ता गया।

कई कारीगरों और शिल्पकारों को रोजगार मिला

अर्पिता फिलहाल करीब 12 कलाकारों और 4 शिल्पकारों को रोजगार दे रही हैं। "हमारे सेटअप में काम करने वाले सभी कलाकार की कई पीढ़ियां इसी काम से जुड़ी हैं। इसलिए वह इस काम को बहुत ही बेहतरीन तरीके से करते हैं। मुझे इस बात की खुशी मिलती रहती है कि मैं बिजनेस करने के अलावा इन लोगों के लिए कुछ कर पा रही हूं। इनका काम भी इतना अच्छा है कि लोगों को हमारे प्रोडक्ट्स काफी पसंद आ रहे हैं। दिल्ली, मुंबई, तमिलनाडु, कर्नाटक, केरल, हैदराबाद , तेलंगाना और असम सहित हमारे कस्टमर पूरे देश में हैं। ज्यादातर कस्टमर रिपीटेड ऑर्डर देते हैं। इसके अलावा हमारे कस्टमर अमेरिका और ब्रिटेन में भी हैं, जो बल्क में ऑर्डर करते हैं।"

अर्पिता आगे बताती हैं कि प्रोडक्ट में इस्तेमाल होने वाली अधिकांश लकड़ी और फाइबरबोर्ड (एमडीएफ) UP के सहारनपुर से मंगाई जाती है। कारीगरों की एक टीम प्रोडक्ट के अनुसार इन लकड़ियों को शेप देती है। वहीं बुल हेड को केरल में तैयार कराया जाता है। मेटल प्रोडक्ट्स पश्चिम बंगाल और घड़ियां दिल्ली से आती हैं। ये सभी ओडिशा में ही पेंटिंग कर तैयार की जाती हैं।

अर्पिता की कंपनी टाटा, बिरला और फर्न एंड पेटल्स के साथ भी जुड़ी है। इसके अलावा वो Etsy के माध्यम से दुनिया भर में शिपिंग करती हैं। इन सभी जगहों से उन्हें हर महीने करीब 500 ऑर्डर मिलते हैं। पिछले एक साल में उनकी कंपनी का टर्नओवर 50 लाख रुपए रहा है।

करियर में यू-टर्न लेना बड़ा चैलेंज था

अर्पिता कहती हैं कि वो देश की लोकल आर्ट को पूरी दुनिया में प्रेजेंट कर रही हैं।अर्पिता एक अच्छी कंपनी पर अच्छे पद पर काम कर रही

थीं, जहां उनकी सैलरी भी बहुत अच्छी थी। इस तरह एक अच्छे जॉब को छोड़ किसी काम को जीरो से शुरू करना कितना मुश्किल था, पूछने पर उनका कहना है, "एयरटेल में मेरी लाखों की सैलरी थी, लेकिन मेरा मन इस काम में पूरी तरह लग गया था। तो जॉब छोड़ना तो मुश्किल था ही, लेकिन मैंने कंपनी को अलविदा बोलने से पहले अपने बिजनेस का ब्लू प्रिंट तैयार कर लिए था। मुझे विश्वास था कि मैं इस काम में जल्द से जल्द कामयाब हो जाऊंगी। हालांकि, शुरुआत में ये इतना आसान नहीं था।

सबसे बड़ी चुनौती थी छोटे स्टोर में हैंडमेड प्रोडक्ट्स तैयार करना। इन प्रोडक्ट्स को आराम से ही बनाया जा सकता है, क्योंकि हमारे पास कई तरह के लिमिटेशंस होते हैं। शुरू के दिनों में कस्टमर बनाना भी एक बड़ा चैलेंज होता है। इन सभी हालत के बावजूद मैं और मेरी टीम बिना रुके काम करती रही । शायद यही वजह है कि कम समय में हमने दुनिया भर में अपने कस्टमर बना लिए हैं।"

अर्पिता के अनुसार वो आने वाले समय में अपना काम और बढ़ाना चाहती हैं। तीन साल में वो अपनी इनकम को तीन गुना ज्यादा देखती हैं। इस बात से वो संतुष्ट है कि अपने राज्य-देश की ट्रैडीशनल कला को पूरी दुनिया में प्रेजेंट कर पा रही हैं। खत्म हो रही कला को उनकी एक पहल के कारण फिर से पंख लग गए हैं।

27

आदर्श शिक्षक गिरीश

"मैं जीने के लिए अपने पिता का ऋणी हूँ, पर अच्छे से जीने के लिए अपने गुरू का।"

-अलेक्जेंडर दि ग्रेट

गिरीश का बचपन गरीबी में बीता, मजदूरी भी की; अब कबाड़ से मॉडल बनाकर बच्चों को पढ़ाते हैं साइंस।

गुजरात के राजकोट के रहने वाले गिरीश बावलिया का बचपन गरीबी में बीता। परिवार की आर्थिक हालत ठीक नहीं थी। कम उम्र में ही उन्हें मजदूरी करनी पड़ी, किराने की दुकानों पर काम किया, लेकिन कभी हौसला नहीं खोया। वे लगातार कोशिश करते रहे और सरकारी स्कूल से पढ़कर प्रिंसिपल बने। इसके बाद उन्होंने तय किया कि जिन मुश्किलों का सामना उन्हें करना पड़ा है, दूसरे बच्चों को नहीं करना पड़े।

फिर क्या था, गांव के सरकारी स्कूल की सूरत ही बदल डाली। जिस स्कूल की गंदगी और पढ़ाई देखकर बच्चे स्कूल नहीं आते थे, अब उस

इलाके के प्राइवेट स्कूल के बच्चे भी अपना स्कूल छोड़कर उनके यहां दाखिला ले रहे हैं। क्योंकि उनका पढ़ाने तरीका अनोखा है। वे कबाड़ की चीजों से अलग अलग मॉडल बनाकर बच्चों को खेलखेल में साइंस पढ़ाते हैं ताकि बच्चों का मन पढ़ाई में लगे |

कोरोना में बच्चे स्कूल नहीं आ सकते तो उन्होंने खुद के पैसे से ऑनलाइन क्लास की व्यवस्था शुरू कर दी। जो बच्चे ऑनलाइन क्लास जॉइन नहीं कर सकते उनके घर घर जाकर वे पढ़ाते थे | इतना ही नहीं वे स्कूल में झाड़ू पोंछा भी लगाते हैं | टॉयलेट भी खुद साफ करते हैं |

पहले न के बराबर बच्चे ही स्कूल आते थे |

गिरीश के पढ़ाने का तरीका अनोखा है। वे नएनए प्रयोग करते रहते हैं ताकि बच्चों का पढ़ाई में मन लगे।38 साल के गिरीश एक प्राइमरी स्कूल के प्रिंसिपल हैं। 2004 से वे बच्चों को पढ़ा रहे हैं। इसके पहले वे शिवराजपुर गांव के सरकारी स्कूल में टीचर रहे। 2018 में उन्होंने Head Teacher Aptitude Test (HTAT) एग्जाम पास किया। उसके बाद 'वडोद प्राइमरी स्कूल' के प्रिंसिपल बने।गिरीश कहते हैं, "जब मैंने स्कूल ज्वॉइन किया यहां 230 बच्चे रजिस्टर्ड थे, लेकिन 120 के आसपास बच्चे रेगुलर स्कूल आते थे | कई बच्चों ने रजिस्ट्रेशन करवाया था लेकिन पढ़ाई कहीं और करते थे |बच्चों की अटेंडेंस की समस्या को जानने के लिए मैं घर घर जाकर उनके पेरेंट्स से मिला और बच्चों को स्कूल भेजने की अपील की | लोग अपने बच्चों को सरकारी स्कूल में नहीं भेजना चाहते थे | उनकी शिकायत थी कि सरकारी स्कूल में न ही पढ़ाई होती है और न ही साफ सफाई रहती है |

वे कहते हैं कि मैंने लोगों को भरोसा दिलाया कि मैं इन सब चीजों का ध्यान रखूंगा। उसके बाद मैंने स्कूल की सूरत बदलने की ठान ली। सुंदर बिल्डिंग बनाई गई और साफ सफाई का पूरा ध्यान रखा | नये मॉडल से पढ़ाना शुरू किया | इसका फायदा यह हुआ कि कुछ ही समय बाद बच्चों की अटेंडेंस बढ़ने लगी |

प्रिंसिपल होकर टॉयलेट की साफ सफाई करते हैं |

गिरीश स्कूल दो घंटे पहले जाते हैं ताकि स्कूल की साफसफाई, गार्डनिंग या दूसरे जरूरी काम कर सकें।गिरीश बताते हैं कि मेरी पहल

के बाद स्कूल में लड़कों की संख्या तो बढ़ गई, लेकिन अभी भी कम ही लड़कियां स्कूल आ रही थीं। उन्होंने लड़कियों के घर जाकर उनसे कारण जानने की कोशिश की। लड़कियों का कहना था कि स्कूल का टॉयलेट साफ नहीं रहता। इसलिए वो स्कूल ही नहीं जाती थीं।

गिरीश कहते हैं, " मैंने लड़कियों से कहा अगर टॉयलेट साफ मिले तो आप सब स्कूल आओगी? जिसका जवाब उन्होंने 'हां' में दिया। फिर मैं बाजार से फिनायल और टॉयलेट ब्रश खरीद कर लाया। मैंने सफाई शुरू की तो स्कूल के दूसरे टीचर्स और बच्चे हैरान रह गए और मुझे ऐसा करने के लिए मना भी किया । मैंने उन्हें समझाया जिस तरह मैं अपने घर को साफ रखता हूं उसी तरह स्कूल की सफाई भी मेरे लिए जरूरी है। इसके बाद स्कूल में लड़कियों की संख्या भी बढ़ गई।

सरकारी स्कूल में सरकार स्वीपर की सुविधा मुहैया कराती है तो आप क्यों टॉयलेट साफ करते हैं? ऐसा पूछा जाने पर गिरीश का कहना है की सरकार स्वीपर के लिए बहुत कम वेतन देती है। कम पैसों की वजह से वो लोग हफ्ते में सिर्फ एक ही दिन आते हैं। जब स्कूल ओपन रहता है तो हर दिन टॉयलेट साफ करने की जरूरत होती है। ऐसे में कुछ दिन वो लोग सफाई करते हैं और कुछ दिन मैं करता हूं, जिससे सफाई मेंटेन रहती है।

कबाड़ से बनाते हैं साइंस के मॉडल

गिरीश ने बच्चों को पढ़ाने के लिए सोलर सिस्टम, रोबोट, तोप, सैटेलाइट, फाइटर प्लेन, पृथ्वी और परमाणु सहित कई मॉडल बनाए हैं।गिरीश बच्चों को मेले और प्रदर्शनियों में ले जाते हैं। इसके अलावा प्रोजेक्टर या वीडियो की मदद से भी बच्चों को पढ़ाते हैं। एक बार साइंस की क्लास में एक बच्चे ने उनसे मिसाइल के बारे में पूछा तो उन्होंने उसे फोटो और वीडियो की मदद से मिसाइल के बारे में समझने की कोशिश की, लेकिन उसे समझ नहीं आया। तब उन्होंने मिसाइल का मॉडल बनाने का सोचा।

गिरीश कहते हैं, " सरकारी स्कूल का बजट बहुत कम होता है। हम मॉडल बनाने के लिए ज्यादा पैसे खर्च भी नहीं कर सकते इसलिए मैंने कबाड़ में फेंकी चीजों को मॉडल बनाने के लिए इस्तेमाल किया। मुझे

मिसाइल का मॉडल बनाने के लिए पीवीसी पाइप की जरूरत थी। जो कबाड़ में बहुत ही कम रुपए में मिल गई। मैंने सबसे पहले मिसाइल का मॉडल बनाया। फिर सोलर सिस्टम, रोबोट, तोप, सैटेलाइट, फाइटर प्लेन, पृथ्वी और परमाणु सहित कई मॉडल बनाए।"

गिरीश कोई प्रोडक्ट बनाने से पहले उसे अच्छी तरह से समझ लेते हैं। फिर उसे कबाड़ की चीजों से तैयार करते हैं। उसके सारे पार्ट्स अलग अलग करके उसके पार्ट्स बच्चों से ज्वाइन करवा कर मॉडल तैयार करते हैं | इस तरह से बच्चे मॉडल की मदद से किसी टोपिक को आसानी से समझ जाते हैं |

160 किलोग्राम का बनाया तोप का मॉडल

पिछले दो सालों में उन्होंने 15 मॉडल बनाए हैं जिसके लिए अलग-अलग चीजों का इस्तेमाल किया। इनमें से सबसे खास तोप का मॉडल है जो 160 किलोग्राम का है।पिछले दो सालों में उन्होंने 15 मॉडल बनाए हैं | अपने सबसे मुश्किल मॉडल के बारे में गिरीश बताते हैं, "मुझे तोप बनाने में सबसे अधिक समय लगा था, वो थोड़ा मुश्किल भी था। तोप को मैंने सीमेंट से बनाया था जिसका वेट सबसे ज्यादा है। इसे बनाने में मुझे 15 दिन लगे थे।"

तोप बनाने के पीछे की कहानी के बारे में वे कहते हैं, "एक बार एक टीचर सोशल साइंस की क्लास ले रहे थे। तभी मैं भी उस क्लास में पहुंचा। एक लड़के ने मुझसे पूछा कि तोप क्या है? मैंने उसी समय क्लास के टीचर को कहा कि हमें बच्चों को एक तोप दिखानी चाहिए। गांव के करीब एक होटल में तोप का मॉडल था, हमने बच्चों को दिखाया भी, लेकिन बाद में मैंने खुद बच्चों के लिए तोप का मॉडल बनाया।"

गिरीश स्कूल के लिए बनाए गए मॉडल को खुद के खर्च पर तैयार करते हैं। जिसे बनाने के बाद स्कूल में ही रख देते हैं, ताकि भविष्य में भी दूसरे बच्चे इन मॉडल्स से सीख सकें।

गांव के स्कूल को बनाया आधुनिक स्कूल

कोरोना में देश के कई स्कूलों की तरह गिरीश के स्कूल के बच्चों की पढ़ाई पर असर हो रहा था। इसको देखते हुए वे बच्चों के पेरेंट्स से मिले और 2 से 3 ग्रुप में बच्चों को घर जा कर उन्हें ट्यूशन देने लगे।वे कहते हैं

कि मैं नहीं चाहता था कि किसी हाल में बच्चों की पढ़ाई बंद हो। स्कूल में 301 बच्चे हैं तो सबके घर जाना मुमकिन नहीं था। सभी बच्चे पढ़ सके इसके लिए मैंने अपने स्कूल के बाकी टीचर्स को भी घर जा कर पढ़ाने के लिए प्रोत्साहित किया। सोशल डिस्टेंसिंग के लिहाज से कुछ समय बाद वह भी मुश्किल होने लगा, तो हमने पेरेंट्स को ऑनलाइन क्लास के लिए ट्रेनिंग दी। इस तरह हमने 301 में से 250 बच्चों को ऑनलाइन क्लास दिया। ओमिक्रॉन में भी हम यही कर रहे हैं।"

कहां से मिलती है प्रेरणा

स्कूल के बच्चे भी गिरीश के पढ़ाने के तरीके से काफी खुश रहते हैं और अच्छी संख्या में स्कूल आते हैं। हालांकि कोरोना के बाद वे ऑनलाइन पढ़ा रहे हैं।

गिरीश अपने बचपन के अनुभव और पिता की दी हुई सिख को अमल कर अपने काम में आगे बढ़ रहे हैं। बचपन गरीबी में बीता, कॉलेज की फीस के लिए एक रिश्तेदार के दुकान पर काम भी किया। मेहनत करके आगे बढ़ते रहे और इस तरह आज वह एक स्कूल के अनोखे प्रिंसिपल बने।

गिरीश कहते हैं, "मुझे लगता है शिक्षा हर किसी को मिलनी चाहिए। जो लोग आर्थिक रूप से मजबूत नहीं उनके पास सरकारी स्कूल के अलावा कोई विकल्प नहीं है। अगर मेरे कुछ बदलाव से बच्चों का भविष्य बन सकता है तो मैं वह हर काम करूंगा। मेरी प्रेरणा मेरे पिता रहे हैं जिन्होंने मुझे ये सिखाया है कि कोई काम बड़ा या छोटा नहीं होता। काम तो सिर्फ काम होता है और जिसे पूरी लगन और मेहनत से करना चाहिए। मैं उनकी इन्हीं बातों को अपने जीवन में अमल करते आया हूं।

28

डॉक्टर सुबोध कुमार

“समाज सेवा ईश्वर की सेवा की तरह होती है, हमें समाज सेवा करनी चाहिए |”

-आज्ञात

13 की उम्र में पिता को खोया, सड़कों पर साबुन बेचे; डॉक्टर बने तो 37 हजार बच्चों की फ्री सर्जरी |

वाराणसी के रहने वाले डॉसुबोध कुमार सिंह का बचपन गरीबी और संघर्षों में बीता। 13 साल की उम्र में पिता का साथ छूट गया। सड़कों पर साबुन और अगरबत्ती बेचने पड़े, लेकिन उन्होंने हौसला नहीं खोया। तमाम तकलीफों और मजबूरियों के बावजूद उन्होंने गवर्नमेंट स्कूल कॉलेज से पढ़ाई की और एक कामयाब प्लास्टिक सर्जन बने |

डॉ सिंह कामयाबी के बाद भी अपना संघर्ष नहीं भूले। उन्होंने अब तक करीब 37,000 बच्चों की फ्री क्लेफ्ट सर्जरी (Cleft Surgery) की है। इतना ही नहीं डॉक्टर सिंह दुनिया में सबसे काम समय में क्लेफट में

सबसे ज्यादा सर्जरी करने के लिए भी फेमस हैं | उन पर बेस्ड डाक्यूमेंटरी फिल्में भी बनी हैं | 'स्माइल पिंकी' नाम की डाक्युमेंट्री को ऑस्कर अवार्ड से नवाजा गया है। उसमें सुबोध कुमार के काम को दिखाया गया था। वे देश के पहले डॉक्टर हैं जिन्हें रेड कारपेट पर चलने का मौका मिला।

प्लास्टिक सर्जन बनने का सपना था

डॉ सुबोध कुमार सिंह MBBS, MS, MCH, DNB, FUICC जैसी डिग्रियां ले चुके हैं। वे वर्ल्ड फेमस प्लास्टिक और क्लेफ्ट सर्जन हैं।55 साल के डॉ. सुबोध कुमार सिंह ने आर्म्ड फोर्सेस मेडिकल कॉलेज (AFMC, पुणे), बनारस हिंदू विश्वविद्यालय (BHU-PMT) और उत्तर प्रदेश राज्य संयुक्त प्री-मेडिकल टेस्ट CPMT एक साथ पास किया। फिर BHU से मेडिकल की पढ़ाई पूरी की।

BHU से MBBS और MS करने के बाद 1993 में उन्होंने सुपर स्पेशलाइजेशन इन प्लास्टिक सर्जरी (M.Ch.) की पढ़ाई पूरी की। 1994 से वो बतौर एक प्लास्टिक सर्जन की प्रैक्टिस कर रहे हैं। सर्जरी की शुरुआत उन्होंने बर्न (जले हुए) पेशेंटस से की | कैंसर पेशेंट के लिए भी बहुत काम आए |

2004 में अपने पिता को श्रद्धांजलि देने की भावना से उन्होंने 'G.S.Memorial Plastic Surgery Hospital And Trauma Center' नाम से एक छोटा सा हॉस्पिटल ओपन किया। अब तक इस हॉस्पिटल में हजारों फ्री क्लेफ्ट बर्न सर्जरी हो चुकी है।

डॉ सुबोध कहते हैं "मेडिकल की पढ़ाई के दौरान से ही मेरा सपना प्लास्टिक सर्जन बनने का था और जितना हो सके उतना लोगों की मदद करने का। मैं लकी हूं कि डॉक्टर बनकर समाज में जरूरतमंद लोगों के लिए कुछ कर पा रहा हूं।"

बचपन के पन्नों को पलटते हुए खुद पर गर्व होता है

डॉ सुबोध का बचपन काफी संघर्षपूर्ण रहा, 13 साल के उम्र में उनके पिता का देहांत हुआ। उनकी मां भी काफी बीमार रहती थीं।सुबोध जब 13 साल के थे तब उनके पिता की मौत हो गई। इसके बाद उनकी मां भी बीमार रहने लगीं। घर में आमदनी का कोई और सोर्स नहीं था। लिहाजा

सुबोध ने सड़कों पर साबुन, अगरबत्ती जैसे कई सामान बेचे। कई बार तो दुकानों पर छोटी मोटी नौकरी की | पैसों की कमी के कारण हालत इतनी खराब थी कि उनके भाइयों को घर चलाने के लिए पढ़ाई छोड़नी पड़ी |इन सबके बावजूद उन्होंने अपनी पढ़ाई जारी रखने के लिए हर संभव कोशिश की |

डॉ सुबोध बताते हैं, "मैं जब अपने बचपन के बारे में सोचता हूं तो लगता है वो समय कैसे निकला होगा, लेकिन बचपन में मैं आम बच्चों जैसा ही था। मेरा पढ़ाई की तरफ काफी रुझान रहा। इसके लिए मेरे भाइयों ने बहुत सपोर्ट किया। उनकी मेहनत और त्याग बेकार न जाए, इसलिए मैं कड़ी मेहनत करता रहा। दसवीं कक्षा की परीक्षाओं के दौरान मैंने एक जनरल स्टोर में भी काम किया। इसके अलावा मां की मदद के लिए पढ़ाई के साथ घर पर खाना भी बनाता था। हमारी मां काफी बीमार रहती थीं, इसलिए घर चलाने की जिम्मेदारी हम भाइयों के कंधों पर थी।"

सुबोध के पिता रेलवे में क्लर्क थे। उनके देहांत के बाद, बड़े भाई को मुआवजे के तौर पर नौकरी मिली, लेकिन भाई को मिलने वाली ज्यादातर सैलरी कर्ज चुकाने में चली जाती थी। घर चलाना मुश्किल था।

शुरुआत बर्न पेशेंट की सर्जरी से हुई

डॉ. सिंह ने 1994 से 2004 तक Homi Bhabha Cancer Hospital & Research Centre में 1000 से ज्यादा कैंसर पेशेंट्स की रिकंस्ट्रक्शन सर्जरी की।

डॉ सुबोध पढ़ाई के बाद 1994 से बर्न पेशेंट्स की सर्जरी करने लगे। 1997 में वाराणसी के प्राइवेट हॉस्पिटल में उन्होंने एक बर्न यूनिट ओपन किया जिसे कुछ कारणों से बंद करना पड़ा। फिर उन्होंने अपने ही हॉस्पिटल में एक बर्न यूनिट तैयार कराया। जहां किसी हादसे में जल गए लोगों को एडमिट कर उनका इलाज किया जाता है। फिर प्लास्टिक सर्जरी की मदद के बॉडी पार्ट को फिर से बनाया जाता है।

सर्जरी के खर्च के बारे में पूछने पर सुबोध बताते हैं, "इन सर्जरी में काफी पैसा लगता है, जिसके लिए कई NGO हमारी मदद करते हैं। हॉस्पिटल मेरा अपना है इसलिए कई खर्च बच जाते हैं। सर्जरी में लगने

वाली दवाइयों और दूसरी जरूरतें NGO की मदद से पूरी हो जाती हैं।

सबसे पहले वंडरवर्क (WonderWork) नाम की एक इंटरनेशनल ऑर्गेनाइजेशन ने हमारी मदद की। उनके साथ मिल कर हमने करीब 6000 से ज्यादा बर्न पेशेंट्स की सर्जरी की। इसके अलावा आयुष्मान भारत योजना, शाहरुख खान का मीर फाउंडेशन और अतिजीवन फाउंडेशन सहित कई और NGO हमारे साथ जुड़े हैं। इस तरह कई लोग हमारी मदद करते हैं और हम जरूरतमंद लोगों की सर्जरी फ्री में करते हैं।"

इन पर मूवी बनी और ऑस्कर अवार्ड भी मिला

डॉक्टर सुबोध रेड कारपेट पर चलकर ऑस्कर अवार्ड लेने वाले देश के पहले डॉक्टर हैं।डॉक्टर सुबोध अपने अस्पताल में कई फ्री कैंप ऑर्गनाइज करते हैं | सन 2004 में उन्होंने पहली बार फ्री क्लेफ्ट सर्जरी कैंप ऑर्गेनाइज किया, जिसमें 135 पेशेंट्स रजिस्टर हुए। जो क्लेफ्ट के लिहाज से एक बड़ा नंबर था। उसी कैंप में 'स्माइल ट्रेन' (Smile Train) नाम की इंटरनेशनल NGO के साउथ एसियन डाइरेक्टर सतीश कालरा भी आए | उन्होंने डॉक्टर सुबोध के साथ जुड़ कर काम करने की इच्छा जताई जिसे डॉक्टर सुबोध ने स्वीकार कर लिया |इस तरह वो 2004 से स्माइल ट्रेन के साथ मिल कर काम करने लगे। डॉ सुबोध कहते है, "2004 से अब तक हमने पीछे मुड़ कर नहीं देखा। उसी साल हमने करीब 500 क्लेफ्ट सर्जरी की। इसके बाद 2005 तक 2500 सर्जरी की। 2006 के अंत तक हम दुनिया में सबसे ज्यादा क्लेफ्ट सर्जरी करने के लिए पहचाने जाने लगे।

"जब ये लोगों को पता चला कि भारत में वाराणसी जैसी जगह में इतनी बड़ी मात्रा में क्लेफ्ट सर्जरी होती है। तो मेरे काम पर 'स्माइल पिंकी' नाम की एक डॉक्युमेंट्री बनी। जिसे ऑस्कर अवॉर्ड समेत कई पुरस्कार मिले हैं। मैं भारत का पहला डॉक्टर हूं जो रेड कारपेट पर चला हूं

डॉ.सुबोध की लाइफ पर नेशनल जियोग्राफिक ने भी 'बर्न गर्ल रागिनी' नाम की 5 मिनट की डॉक्युमेंट्री बनाई है। इसमें एक जली हुई लड़की की बिफोर एंड आफ्टर सर्जरी लाइफ को दिखाया गया है। ये

फिल्म इंटरनेट पर काफी पॉपुलर हुई, बाद में नेशनल जियोग्राफिक की एडिटर्स चॉइस में भी इसका नाम शुमार हुआ, AIB सहित कई अवार्ड भी मिले। स्माइल पिंकी अब तक की सबसे पॉपुलर मेडिकल डॉक्युमेंट्री है जो वर्ल्ड के कई देशों में देखी गई है।

अब तक 37 हजार बच्चों की फ्री सर्जरी की है

सुबोध के अनुसार कटे होंठ वाले बच्चे अक्सर दूसरों के रवैये से तंग आकर स्कूल छोड़ देते हैं। उन्हें नौकरी ढूंढने में भी काफी मुश्किलें आती हैं।

डॉ सुबोध अब तक 37,000 बच्चों की फ्री सर्जरी कर चुके हैं और 25,000 परिवारों को इसका लाभ पहुंचा है। वो बताते हैं, "जो बच्चे क्लेफ्ट लिप के साथ पैदा होते हैं उन्हें स्तनपान कराने में मुश्किल होती है। अच्छे से दूध न पीने के कारण उनकी ग्रोथ रुक जाती है। इन बच्चों को ढंग से बोलने में भी तकलीफ होती है। इसके अलावा कई बार इनके कान में भी इन्फेक्शन हो जाता है, इसलिए उनकी सर्जरी बहुत जरूरी होती है।"

अपने काम करने के ढंग के बारे में बताते हुए डॉ सुबोध कहते हैं, "सर्जरी के लिए सबसे पहले बच्चों का चेकअप होता है, डाइटीशियन बच्चे और मां को सही खानपान की सलाह देते हैं। इसके लिए बच्चे का वजन और अहार चार्ट बनाया जाता है। सर्जरी के बाद उन्हें सावधानी बरतनी होती है। इस दौरान स्पीच थेरेपी और अन्य मेडिकल सहायता के साथ हर समय बेहतर देखभाल की जरूरत होती है।"

सुबोध के अनुसार कटे होंठ वाले बच्चों को सोशल इनजस्टिस झेलना पड़ता है। ये बच्चे अक्सर दूसरों के रवैये से तंग आकर स्कूल छोड़ देते हैं। उन्हें नौकरी ढूंढने और पाने में भी काफी मुश्किलें आती हैं। सर्जरी इन सभी समस्याओं से निजात दिला सकती है।

एक लाख से ज्यादा पेड़ भी लगा चुके हैं

डॉक्टर सुबोध के अस्पताल से ठीक होकर जाने वाले को एक पौधा दिया जाता है | डॉक्टर सुबोध सिर्फ सर्जरी ही नहीं बल्कि कई सोशल वर्क में भी हिस्सा लेते हैं। उनका मानना है कि सोसाइटी और नेचर ने हम सबको बहुत कुछ दिया है। एक समय के बाद हमें भी उनके लिए बदले

में कुछ करना चाहिए।

सुबोध लोगों को पेड़ लगाने के लिए प्रेरित करते हैं। अब तक वो खुद एक लाख से ज्यादा पेड़ लगा चुके हैं। वे बताते हैं, "हमारे हॉस्पिटल का एक नियम है जो भी पेशेंट ठीक हो कर वापस घर जाता है, उस समय हम उसको एक पौधा गिफ्ट करते हैं। इससे उनमें भी पेड़ लगाने की भावना जागती है। अब तक हमने हजारों पेशेंट्स को पौधे गिफ्ट किए होंगे।"

वे कहते हैं, "शायद मैंने अपने जीवन में बहुत पैसा नहीं कमाया है, लेकिन प्यार बहुत कमाया हूं। मेरे पास प्यार का बैंक बैलेंस जितना है, उतना कम ही लोगों के पास होता है। मैं भगवान का शुक्रगुजार हूं जिसने मुझे इतने अवसर और लोगों का साथ दिया। मैं आगे भी इसी तरह समाज के लिए काम करता रहूंगा।"

29

सामाजिक कार्यकर्ता जयश्री रवींद्र राव

"यदि हम समाज सेवा करें तो हम काफी हद तक समाज में फैली अशिक्षा,गरीबी को दूर कर सकते हैं |"

-अज्ञात

गरीबों की मदद के लिए करोड़ों की कंपनी बेच दी, 40 गांवों को गोद लिया; 40 हजार लोगों तक पीने का पानी पहुंचाया |

समाज में बदलाव के बारे में कई लोग बात करते हैं, लेकिन कुछ ही लोग इसकी वजह बन पाते हैं। महाराष्ट्र की रहने वाली जयश्री उन चंद लोगों में से हैं जो अपनी सुख सुविधा और करोड़ों की कंपनी छोड़कर गाँव में आ बसीं |उन्होंने गाँव वालों की जिंदगी बेहतर बनाने के लिए खुद को समर्पित कर दिया | पिछले 14 सालों से वे लगातार गांव में काम कर

रही हैं। उन्होंने 40 गांवों को गोद लिया है। अब तक 40 हजार से ज्यादा लोगों को पीने का साफ पानी मुहैया कराया है। साथ ही हजारों महिलाओं को ट्रेनिंग देकर रोजगार से जोड़ा है।

14 साल की उम्र से ही लोगों के लिए काम करने लगीं

72 साल की जयश्री रविंद्र राव, महाराष्ट्र के पंचगनी में ग्रामपरी नाम का NGO चलाती हैं। जयश्री बचपन से ही सोशल वर्क से जुड़ी रहीं हैं। जब वे 14 साल की थीं तभी इनिशिएटिव ऑफ चेंज (IOFC)' नाम के NGO से जुड़ गयीं थी। इसकी नींव महात्मा गांधी के पोते राजमोहन गांधी ने रखी थी। इसके बाद राजमोहन से प्रेरित जयश्री समाज में बदलाव के लिए काम करे लगीं।

72 साल की जयश्री बेंगलुरु में लंबे समय तक रही हैं और वहां उन्होंने करोड़ों की अपनी कंपनी खड़ी की थीं।

जयश्री बताती हैं, " मैंने राजमोहन गांधी जी के साथ काम किया। उन्हीं से मुझमें समाज सेवा की भावना जागी। उस दौरान मैं पंचगनी के पास गांव में रहकर लोगों के लिए काम कर रही थी। तब NGO की बिल्डिंग बनाने वाले मजदूरों के बच्चों को पढ़ाती थी। उस NGO के साथ मैंने 10 साल से ज्यादा समय तक काम किया। इसके बाद बेंगलुरु के एक डेंटिस्ट से जयश्री की शादी हो गई और वे वही शिफ्ट हो गईं। वे वहां एक नॉर्मल लाइफ जीने लगीं।

सब्जी वाले से साथ हुई घटना ने बदल दिया जिंदगी का मकसद

जयश्री बताती हैं, "मेरे पिता बड़े इंडस्ट्रियलिस्ट थे। उनका इंजीनियरिंग टूल्स बनाने का कारोबार था। पिता की वजह से मुझे भी टूल्स की काफी जानकारी थी। इसलिए मैंने भी एक इंजीनियरिंग टूल कंपनी शुरू की। धीरे-धीरे मेरा बिजनेस काफी बढ़ने लगा। अच्छी कमाई हो रही थी। हमारे कई प्रोडक्ट लाखों में बिक रहे थे। हम काफी खुश थे, लेकिन एक दिन हमारी लाइफ में कुछ ऐसा हुआ जिससे मेरी लाइफ और जिंदगी का मकसद बदल गया।

साल 2006 की बात है। दरअसल मैं ऑफिस से आ रही थी। रास्ते में सब्जी वाला मिला। मैंने सब्जी खरीदने लगी। उस वक्त मैं 5 रुपए के लिए सब्जी वाले से मोल भाव कर रही थी। काफी देर बाद वो मान

गया और मैं सब्जी लेकर घर आ गई, लेकिन उसके बाद मुझे अफसोस होने लगा। मुझे यह रियलाइज होने लगा कि मैं गलत कर रही हूं। इतनी कमाई का क्या फायदा जब एक गरीब से 5 रुपए के लिए मोलभाव करना पड़ा। जयश्री कहती हैं कि उस घटना ने मुझे अंदर तक झकझोर कर रख दिया। कमाई और धन-दौलत से मेरा नाता टूटने लगा | मैंने तय किया कि अब आगे की लाइफ कमाने की बजाय गरीबों की सेवा और उनकी लाइफ बेहतर करने में खपाऊँगी |जयश्री के पति बेंगलुरु के जाने माने डेंटिस्ट हैं। वे भी जयश्री की मुहिम में खुलकर मदद करते हैं।

करोड़ों की कंपनी 25 हजार में बेच दी

साल 2007 में जयश्री ने अपने कर्मचारियों को ही अपनी कंपनी 25 हजार रुपए में बेच दीं और पंचगनी आकर बस गईं। चूंकि उन्होंने पहले यहां काम किया हुआ था। लिहाजा उन्होंने पंचगनी से ही अपने काम की शुरुआत की। उन्होंने ग्रामरी नाम से एक NGO शुरू किया और गांव के लोगों के लिए काम करने लगीं। वे कहती हैं कि यहां काम करने के दौरान मुझे रियलाइज हुआ कि ज्यादातर लोगों को सरकारी योजनाओं के बारे में जानकारी नहीं है। इसलिए उन्हें जरूरी लाभ नहीं मिल पाता है।

इसके बाद जयश्री ने गांव के लोगों को सरकारी योजनाओं को लेकर अवेयर करना शुरू किया। वे जिले के अधिकारियों से भी मिलीं। शुरुआत में ज्यादातर लोग इसमें दिलचस्पी नहीं ले रहे थे, लेकिन बाद में लोग उनकी मुहिम से जुड़ने लगें। इसके बाद कई लोगों को सरकारी योजनाओं का लाभ मिला।

जयश्री कहती हैं कि महिलाओं और लड़कियों को मजबूत और सेल्फ डिपेंडेंट बनाने के लिए हमने ट्रेनिंग दी और उन्हें रोजगार से जोड़ा।जयश्री आगे बताती हैं कि गांव में ज्यादातर लोग गरीब थे और उनके पास आमदनी का कोई जरिया नहीं था। इसलिए मैंने तय किया कि इन लोगों की मदद से कुछ काम किया जाए ताकि इन्हें रोजगार मिल सके, कुछ आमदनी हासिल हो सके। इसी को लेकर मैंने दिवाली में गांववालों से मिट्टी के दिए बनवाए और उन्हें अपने NGO की मदद से बेचने का काम किया। जिससे यहां के स्थानीय लोगों का अच्छा खासा मुनाफा मिला।

झरनों को बचाया, लोगों को पीने का पानी मुहैया कराया

जयश्री की मेहनत धीरे धीरे रंग लाने लगी | गाँव के लोग उन पर भरोसा करने लगे | यहाँ के अखेगानी गाँव में पानी की समस्या थी |लोगों को पीने का पानी नहीं मिल पा रहा था। उन्हें दूर से पानी लाने के लिए जाना पड़ता था। इसलिए उन्होंने इसको लेकर योजना बनानी शुरू कर दी।

जयश्री बताती हैं,“पंचगनी के ज्यादातर गांव पहाड़ों में बसे हैं। जहां पानी का सोर्स झरना है, लेकिन वो झरने या तो सूख चुके थे या फिर उनका पानी बहुत गंदा हो गया था। संयोगवश उस समय गांव में इनिशिएटिव ऑफ चेंज (IOFC) NGO से जुड़े अमेरिका से एक हाइड्रोलॉजिस्ट आए हुए थे। उन्होंने हमारी काफी मदद की। उन्होंने बताया कि हम कंक्रीट से ढंके टैंक की मदद से झरनों के पानी को दूषित होने से बचा सकते हैं। हमने उसी तरह काम करना शुरू किया और झरनों के पानी को सेव करना शुरू किया। जिससे गांव के लोगों को साफ पानी मिलने लगा।”इसी तरह धीरेधीरे दूसरे गांवों में भी उन्होंने अपनी मुहिम शुरू की। एक के बाद एक गांवों को साफ पानी से जोड़ती गईं। अब तक जयश्री करीब 40 से अधिक गांव में 40 हजार लोगों को साफ पीने के पानी का इंतजाम कर चुकी हैं।

महिलाओं को रोजगार से जोड़ा, बच्चों को मुफ्त एजुकेशन

पानी की तकलीफ दूर करने के बाद जयश्री ने धीरेधीरे महिलाओं को रोजगार दिलाने के लिए कई योजनाएं शुरू की। वे कहती हैं कि हमने महिलाओं को इम्पावर करने के लिए उन्हें कई तरह की ट्रेनिंग दी। इससे उन्हें आर्थिक मदद भी मिलने लगी। इसके बाद ऑर्गेनिक फार्मिंग की ट्रेनिंग दी और उससे लोगों को जोड़ा। इससे गांव के लोगों को अच्छी इनकम होने लगी। इसके साथ ही उन्होंने गांव के लोगों को सफाई के लिए मोटिवेट किया।जयश्री गरीब बच्चों को मुफ्त एजुकेशन भी प्रोवाइड करा रही हैं। अलग-अलग गांवों में हजारों बच्चे उनकी इस मुहिम के साथ जुड़े हैं।

वे कहती हैं कि आज कोरोना के डर से हर कोई हाथ धोने की बात कर रहा है, लेकिन हम लोग ये काम बहुत पहले से करते रहे हैं। जयश्री

तकरीबन 162 स्कूलों में बच्चों को प्रॉपर हैंड वॉश के लिए ट्रेनिंग दे चुकी हैं। इसके अलावा वे गरीब बच्चों को मुफ्त एजुकेशन भी प्रोवाइड करा रही हैं | अलग अलग गाँव से हजारों बच्चे उनसे जुड़े हैं |

30

शिक्षक शंकर काग की कहानी

“एक औसत दर्जे का शिक्षक बताता है, एक अच्छा शिक्षक समझाता है ,एक बेहतर शिक्षक कर के दिखाता है और एक महान शिक्षक प्रेरित करता है |”

-विलियम आर्थर वार्ड

शिक्षक की कहानी जिसने छात्राओं के लिए अपने ट्रेक्टर को ही बना दिया स्कूल वाहन ताकि बच्चियां स्कूल जा सकें इसलिए दो महीने का वेतन इसी पर खर्च करते हैं शंकर काग | हमारे देश में कई ऐसे इलाके हैं जहां बच्चों को शिक्षा जैसा बुनियादी अधिकार पाने के लिए भी संघर्ष करना पड़ता है | कोई छात्र मुश्किलों से नदी पार

कर स्कूल पहुंचता है तो कोई छात्र कईं किलोमीटर पैदल चलकर स्कूल पहुंचता हैं | कईं छात्राओं को तो अपनी पढ़ाई केवल इसीलिए छोड़नी पड़ती है क्यों कि उनके मां बाप उन्हें अकेले गांव से दूर स्कूल नहीं भेजना चाहते। ऐसे में एक शिक्षक हम सभी के लिए मिसाल बनकर सामने आए हैं जिन्होने अपने स्कूल में पढ़ने वाली छात्राओं के लिए खुद के खर्चे पर एक ट्रेक्टर खरीदा और स्वयं ही उसे चलाकर दूसरे गांव से इन छात्राओं को स्कूल तक लेकर आते हैं |

सभी के लिए मिसाल बने शंकर काग

शंकर काग मध्यप्रदेश के मनावर के पास गुलाटी के शासकीय कन्या प्राथमिक विद्यालय में प्रधानअध्यापक हैं लेकिन वो इसे केवल एक नौकरी नहीं मानते | उन्होने अपनी मेहनत और लगन से पूरे स्कूल का कायाकल्प कर दिया है | शंकर ने देखा कि उनके स्कूल में तीन किलोमीटर दूर से छात्राएं पैदल पढ़ने आती हैं लेकिन अगर स्कूल में सुविधाएं बढ़ा दी जाएं तो छात्राओं की संख्या बढ़ सकती है। इसलिए उन्होने सबसे पहले स्कूल को चमकाया और उसमें सुविधाएं बढ़ाई।

जुगाड़ से बैठने लायक बनाया ट्रेक्टर

शंकर ने पहले 1 लाख 75 हजार रुपए में ट्रेक्टर खरीदा लेकिन ट्रेक्टर पर चार छात्राओं से ज्यादा के बैठने की जगह नहीं थी। इसलिए उन्होने जुगाड़ लगाकर सीट की लंबाई बढ़ाई और ट्रेक्टर को बैठने लायक बनाया। अब रोज वो सुबह-सुबह आसपास के गांवों में ट्रेक्टर लेकर जाने लगे | इससे कईं छात्राएं जो पहले स्कूल नहीं जा पाती थी वो खुशी-खुशी स्कूल आने लगी और उनके मां-बांप भी प्रधानअध्यापक के साथ अपनी बेटियों को स्कूल भेजने में सुरक्षित महसूस करते हैं।

2 माह का वेतन इसी पर खर्च करते हैं

किसी के लिए भी सबसे मुश्किल होता है अपनी जेब से पैसे खर्च करना | लेकिन अगर दिल में जूनून और कुछ बदलने की ठानी हो तो फिर पैसा कठिनाई नहीं बनता | शंकर पिछले 7 सालों से अपना 2 महीने

का वेतन स्कूल के विकास कार्यों के लिए ही खर्च करते आ रहे हैं |

उनका कहना है कि अगर मेरे गांव के स्कूल की छात्राएं तरक्की करती है तो इससे बड़ी बात मेरे लिए और क्या होगी। मैं एक किसान हूं और जानता हूं कि खेत में जितना खर्च करूंगा उतनी अच्छी फसल होगी| इसी तरह अगर स्कूल का प्रधानअध्यापक होने के नाते अगर मैं अपने बच्चों को अच्छी शिक्षा दूंगा तो वो भी अपने क्षेत्र का नाम रोशन करेंगे |

31

IPS इल्मा अफ़रोज की कहानी

"कोई लक्ष्य इंसान के साहस से बड़ा नहीं, और हारा वही जो लड़ा नहीं |"

-अज्ञात

यह एक ऐसे ऑफीसर्स की सफलता की कहानी है जिसको सुन आप कभी निराशा के बाद हार नहीं मानेंगे। बल्कि हार को अपनी अगली सीढ़ी बनाकर आगे को ओर कदम बढ़ाएंगे। इस कड़ी में आप बेहद संघर्षों में पली-बढ़ी 2017 बैच की IPS इल्मा अफरोज की कहानी पढ़ रहे हैं । इल्मा अफरोज ने ऑल इंडिया सिविल सर्विसज में 217वीं रैंक हासिल की है। गरीबी से जूझकर वह IPS ऑफिसर बन गई हैं। जानें उनके संघर्ष की कहानी ।

उन्होंने बताया सफलता की राह आसान नहीं होती है। कई बार ऐसा हुआ है, जब कामयाबी हाथ नहीं लगी। मैं वकील बनना चाहती थी, लेकिन स्कॉलरशिप न मिलने पर कोलंबिया यूनिवर्सिटी में दाखिला नहीं

हो पाया। वहीं जब मेहनत शुरू की तो रास्ते अपने आप दिखने लगे। एक छोटे से गांव कुंदरकी की रहने वाली इल्मा अफ़रोज़ बहुत मेहनती लड़की थी।बचपन से ही जिन्होंने अपनी मेहनत और लगन के दम पर यूपीएससी जैसे भारत की सबसे कठिन परीक्षाओं में से एक को पास कर अपनी किस्मत बदल दी और इतिहास रच दिया। UPSC का नाम सुन लोगो के पसीने छुड़ने लगते है सोचते है ये सब अमीर लोगो के लिए है, बहुत मेहनत करनी पड़ती है, महंगी कोचिंग में पढ़ना पड़ता है।

ये सब को दरकिनारे कर इल्मा ने अपने आपको साबित कर दिखाया कि मेहनत के दम पर सब कुछ हासिल किया जा सकता है। अम्मी ने मुझे जीवन में संघर्ष एवं कड़ी मेहनत, लगन एवं अटूट विश्वास के ज़रिये से अपने पैरों के नीचे की ज़मीन ढूँढने की, निरंतर आगे बढ़ने की सीख दी। शिकायत करने, कमियां निकलने के बजाए वक़्त और हालात की आँखों में आँखें डाल कर मुकाबला करना सिखाया।

खामियां, चुनौतियाँ चाहें कितनी भी हों, अम्मी हमेशा सिखाती हैं की, तुझे अर्जुन जी की तरह सिर्फ मछली की आँख दिखनी चाहिए। इल्मा की परिवार की आर्थिक स्थिति अच्छी नहीं थी। उन्होंने कभी सोचा नही था कि कभी इस मुकाम को हासिल कर पायेगी। गरीबी में पली बढ़ी इल्मा के लिए ये सब एक सपना था।

उन्होंने दिल्ली स्टीफेंस कॉलेज से लेकर ऑक्सफोर्ड यूनिवर्सिटी जैसे अंतरराष्ट्रीय संस्थानों में पढ़ाई की हैं, जिस बात पर किसी को भी यकीन नहीं होता है। लेकिन देश के लिए कुछ करने की इच्छा ने उन्हें दोबारा से देश की सेवा करने को मजबूर कर दिया और उन्होंने एक बार फिर से अपने मेहनत और लगन के दम पर यूपीएससी परीक्षा को पास कर अपने जीवन में नया कीर्तिमान स्थापित कर दिया।

मुरादाबाद के कस्बे कुंदरकी का नाम कोई जानता भी नहीं था, बेटी इल्मा अफरोज़ ने अपने गांव का नाम रोशन कर दिया। आज उन्हें हर कोई सम्मान के साथ पहचानता है। अचानक से लोग जानने लगे कि कुंदरकी भी कोई जगह है, क्योंकि आईपीएस ऑफिसर बनकर देश की सेवा का सपना देखने वाली इल्मा इसी गांव की हैं। इल्मा की कहानी सबसे अलग है।

अगर उनका इतिहास उठाकर देखें तो पता चलेगा कि इनकी बचपन की शिक्षा कैसे हुई, उसको देखकर कोई अंदाजा भी नहीं लगा सकता कि यह लड़की दिल्ली के स्टीफेन्स कॉलेज से लेकर, ऑक्सफोर्ड यूनिवर्सिटी और न्यूयॉर्क तक जा सकती है। पर कहते हैं न कि सपने सच्चे हों तो दुनिया की कोई ताकत उन्हें पूरा होने से नहीं रोक सकती।

इल्मा की किस्मत ने भी कुछ इसी तरह उनका साथ दिया। लेकिन जब पूरे जीवन के संघर्ष को पार कर इल्मा को विदेश में बसने का और एक आरामदायक जिंदगी जीने का सुनहरा अवसर मिला तो इल्मा ने इन सबको दरकिनारे कर अपने वतन, अपनी मिट्टी और अपनी मां को चुना।

परिवार में कोई कमाई का साधन नही रहा |इल्मा और उनके खुशहाल परिवार को नज़र तब लगी जब उनके पिता का साया उनके सर से उठ चुका था। उस समय इल्मा 14 वर्ष की थी और उनका भाई उनसे दो साल छोटा। घर में कमाई करने वाला कोई नही था, इस कारण अचानक मुसीबतों का पहाड़ टूट पड़ा। इल्मा की अम्मी को समझ नहीं आ रहा था कि क्या करें। परिवार की जिम्मेदारी कैसे निभाये।

उनके मन मे बहुत सवाल आने लगे तभी लोगों ने सलाह दी कि लड़की को पढ़ाने में पैसे वेस्ट न करके इसकी शादी कर दें, बोझ कम हो जाएगा। इल्मा की अम्मी हमेशा सबकी सुनती रही किसी को जवाब नहीं दिया पर करी हमेशा अपने मन की । इल्मा कक्षा एक से हमेशा सबसे आगे रहती थी। बचपन से ही होशियार थी। ऐसे में उनका पढ़ाई की जिज्ञासा मां से छिपी नहीं थी।

उनकी मां ने दहेज के लिए पैसा इकट्ठा करने की जगह उस पैसे से बेटी को पढ़ाया। इल्मा भी पारिवारिक स्थिति को बहुत अच्छे से समझती थी। इसलिए उन्होंने बहुत पहले से अपनी मेहनत और लगन के दम पर स्कॉलरशिप्स पाना शुरू कर दिया था। इल्मा की पूरी पढ़ाई स्कॉलरशिप्स के जरिये हुई हैं।

इलमा बताती हैं ,एक बार छात्रवृत्ति के काम से मैं कलक्ट्रेट गयी थी। ऑफिस के बाहर खड़े सफ़ेद यूनिफॉर्म वाले अर्दली ने कहा किसी बड़े के साथ आओ बच्चों का क्या काम, मैं सीधे अंदर चली गयी। स्कूल की

यूनिफॉर्म में एक छात्रा को देख कर डीएम साहब मुस्कुराये, मेरे फार्म पर हस्ताक्षर किये, बोले सिविल सर्विसेज ज्वाइन करो इल्मा। बस यही बात दिल मे घर कर गई।

कुंदरकी से पहुंची सेंट स्टीफेन्स, दिल्ली |इल्मा अपने सेंट स्टीफेन्स में बिताए सालों को जीवन का श्रेष्ठ समय मानती हैं, जहां उन्होंने बहुत कुछ अनुभव किया कैसे परिस्थिति से मुकाबला करना है। हालांकि बेटी को दिल्ली भेजने के कारण उनकी मां ने लोगो के ताने सुने, बेटी हाथ से निकल जायेगी, उसको पढ़ाकर क्या करना है। उन्होंने किसी की बात नही सुनी सबको दरकिनारे कर उन्होनें अपने मन की सुनी क्योकि उन्हें अपनी बेटी पर पूरा विश्वास था।

सेंट स्टीफेन्स के बाद इल्मा को मास्टर्स के लिये ऑक्सफोर्ड जाने का मौका मिला। अब तो गांव वालों और रिश्तेदारों ने लड़की को ताने देने में कोई कमी नहीं छोड़ी और यहां तक सभी ने फैसला कर लिया था की लड़की हाथ से निकल गई, अब वापस आने वाली नही । इल्मा की अम्मी ने अभी भी किसी की बात पर ध्यान नहीं दिया।

यहां इल्मा की अम्मी सभी की बातें सुन रही थी, वहां इल्मा यूके में अपने पढ़ाई के अलावा और खर्चों की पूर्ति के लिए कभी बच्चों को ट्यूशन पढ़ा रही थी, कभी छोटे बच्चों की देखभाल का काम किया करती थी। उसने कभी भी परिस्थिति का रोना नही रोया। हर परिस्थिति का मुस्कुरा कर मुकाबला किया। यहां तक कि लोगों के घर के बर्तन भी धोये किसी काम को छोटा नही समझा, जो काम मिला हँसते हुए किया।

हर कोई अपनी समस्या इल्मा के पास लेकर आते थे। इल्मा इन सब से खुश नहीं थी, उनके मन मे कुछ और ही चल रहा था उनको देश का जुनून चढ़ गया था। अपने वतन की सेवा करना चाहती थी । इल्मा को भी लगा की यूपीएससी एक ऐसा माध्यम है, जिसके द्वारा वे अपना देश सेवा का सपना सच कर सकती हैं। इल्मा ने तैयारी के लिए विचार बना लिया और दिन रात इसी में लग गई। अपने सपनो को अपनी जिंदगी का लक्ष्य बना लिया था। पढ़ाई में वे हमेशा से आगे थी और इरादे की मजबूत थी। उस पर मां और भाई का भरपूर समर्थन मिला।

आखिरकार इल्मा ने साल 2017 में 217वीं रैंक के साथ 26 साल की उम्र में यूपीएससी की परीक्षा पास कर ली। जब सर्विस चुनने की बारी आयी तो उन्होंने आईपीएस चुना। बोर्ड ने पूछा भारतीय विदेश सेवा क्यों नहीं तो इल्मा बोली, नहीं सर मुझे अपनी जड़ों को सींचना है, अपने देश के लिये ही काम करना है। मेरा देश मेरी मिट्टी के लिए कुछ करना है।

सफलता का मूलमंत्र

इल्मा की कहानी यह बताती है कि जमीन से जुड़े रहना कितना आवश्यक है। जमीन से जुड़ें रहकर नजर केवल अपने लक्ष्य पर रखें। इल्मा ने कभी अपनी सफलता को अपने ऊपर कभी हावी नहीं होने दिया न ही इस सफलता की राह में मिले लोगों के सहयोग को ऊंचाई पर पहुंकर भूल गई हो । बल्कि इस संघर्ष में जो भी उनके साथी बने थे, सबका शुक्रिया अदा किया और मौका आने पर अपना सहयोग देने में कभी पीछे नहीं हटी।

लेखक की रचनाएं

1. BORDERMAN
2. सीमा प्रहरी
3. आवारा
4. कमीने दोस्त
5. संगिनी
6. काबिल
7. मुक्तिदाता
8. माया
9. चरित्रहीन
10. चक्रव्यूह
11. परिवार
12. प्रेम विवाह
13. वफ़ादार दोस्त
14. जीवन-संघर्ष
15. नारी-शक्ति
16. नारी-महिमा
17. रॉकेट लक्ष्मी
18. अग्निपथ

लेखक से पत्र व्यवहार का पता : rps1959@gmail.com , मोबाईल नंबर 7000153809

ये सभी उपन्यास Notionpress.com, Amazon.in and Flipcart पर उपलब्ध हैं |

www.ingramcontent.com/pod-product-compliance
Lightning Source LLC
LaVergne TN
LVHW040429051026
849517LV00002B/529

* 9 7 9 8 8 8 7 4 9 1 0 3 5 *